GESCHICHTE DER USA

Von Anton Golecki
unter Mitarbeit von Gudrun Marci-Boehncke
und Harald Focke

BUCHNERS KOLLEG. THEMEN GESCHICHTE

Buchners Kolleg. Themen Geschichte

Geschichte der USA
Bearbeitet von Anton Golecki
unter Mitarbeit von Gudrun Marci-Boehncke
und Harald Focke

Dieses Werk folgt der reformierten Rechtschreibung und Zeichensetzung. Ausnahmen bilden Texte, bei denen künstlerische, philologische oder lizenzrechtliche Gründe einer Änderung entgegenstehen.

1. Auflage 5 4 3 2 1 2009 06 04 02 00
Die letzte Zahl bedeutet das Jahr dieses Druckes.

Herstellung: ARTBOX GRAFIK & SATZ GmbH, Bremen
Druck: Fränkischer Tag GmbH & Co. KG, Bamberg
Bindearbeiten: Universitätsdruckerei H. Stürtz AG, Würzburg

ISBN 3 7661 **4682** 3

Inhalt

Vorwort

Seit dem Ende der Sowjetunion sind die Vereinigten Staaten von Amerika die einzige Supermacht in der Welt. Nach ihrem Verständnis haben sie diese Stellung aus eigener Kraft erreicht und vertreten ihren Führungsanspruch selbstbewusst.
Nicht immer geht die übrige Welt mit diesen Ansprüchen konform, doch wird anerkannt, dass die USA im Allgemeinen politisch und moralisch die Werte vertreten, die heute fast weltweit als Grundlage einer erstrebenswerten menschlichen Gesellschaft angesehen werden, nämlich die Freiheit des Einzelnen und sein Recht auf Selbstverwirklichung ebenso wie politische und juristische Gleichberechtigung. Zudem ist die liberale Wirtschaftsordnung ein US-amerikanisches Grundprinzip, das derzeit im Rahmen der Globalisierung überall Nachahmung findet.
Die politische Ordnung der USA kann sich auf die europäische Aufklärung berufen, die der Französischen Revolution vorausgeht. Die Geschichte der USA ist seitdem unlösbar mit der Geschichte Europas verbunden. Die Vereinigten Staaten waren für Millionen Europäer Auswanderungsziel und Projektionsfläche für Wünsche und Sehnsüchte, manches vom „American Dream“ ist noch heute lebendig. Die USA spielen seit dem 20. Jahrhundert auch eine entscheidende Rolle in der europäischen Politik. Daraus entwickelte sich eine vertrauensvolle Allianz mit Westeuropa und der Bundesrepublik Deutschland.
Das Thema bringt eine Reihe besonderer methodischer Herausforderungen mit sich. Eine zeitgemäße Behandlung der Vereinigten Staaten im Geschichtsunterricht erfordert multiperspektivische Fragestellungen nach Anspruch und Wirklichkeit ethischer Konzepte, die Diskussion um Sieger und Verlierer der Geschichte, die Beschäftigung mit ethnischen Randgruppen, mit Wirtschaft und Moral, Konsum, Generationenkonflikten und nicht zuletzt mit dem langen und mühsamen Kampf der US-amerikanischen Frauenbewegung.
Die Forderung einer allgemeinen Methodenkompetenz verlangt darüber hinaus eine klar schwerpunktorientierte Aufbereitung des Stoffes, die den Schülerinnen und Schülern einen selbständigen, differenzierten und reflektierten Zugriff ermöglicht. Dabei müssen verschiedene historische Fragestellungen und Erkenntnisweisen angeboten und in ihrer jeweiligen Eigenart so transparent werden, dass sie übertragbar und verfügbar gemacht werden können zur Behandlung ähnlicher Probleme. Der Band stellt daher das Quellenmaterial ganz in den Vordergrund und bietet dazu ein umfangreiches Instrumentarium zur Erkenntnisschulung in Form jeweils gekennzeichneter methodischer Arbeitsaufträge, ausführlicher Exkurse („Methodenbausteine“) sowie eines Anhangs zum Umgang mit Quellen. Darüber hinaus sind die Abbildungen als Diskussionsgrundlagen aufgewertet und – wo immer möglich – mit entsprechenden Arbeitsaufträgen versehen.
Es kann und darf nicht die Aufgabe eines modernen Geschichtsbuchs sein, die Vergangenheit monokausal auszudeuten und ein fertiges Geschichtsbild zu liefern. Vielmehr soll es das Material bereitstellen für einen kontroversen und vielschichtigen Unterricht, in dem sich Schülerinnen und Schüler unter fachkundiger Anleitung ihr eigenes historisches Urteil erarbeiten können.

1 Von der Kolonie zur Großmacht

1.1 Eine amerikanische Identität entsteht

▲ *Jamestown: Von hier nahm die angelsächsische Besiedlung Nordamerikas ihren Anfang. Das im Frühjahr 1607 errichtete Fort war als gleichschenkliges Dreieck mit den Kantenlängen 91 und 127 Meter angelegt. Da Holzbauten und Palisadenwände bereits Anfang 1608 abbrannten, fehlte von der Festung jede Spur. Erst Grabungen in den Jahren 1994 bis 1996 ermöglichten eine Rekonstruktionszeichnung. Bis zur 400-Jahr-Feier im Jahr 2007 hoffen die Archäologen auf weitere wichtige Funde.*

1604
Französische Soldaten und Händler stoßen ins Landesinnere Nordamerikas vor

1607
In Jamestown (Virginia) entsteht die erste dauerhafte britische Niederlassung

1619
Die ersten Afrikaner werden nach Amerika verkauft

1620
Die ersten religiös verfolgten Gruppen aus England landen in Nordamerika (Pilgrim Fathers)

M1

Der „Mayflower Compact“

Unter den Auswanderern auf dem Schiff „Mayflower“ befand sich eine Gruppe englischer Calvinisten. Bevor sie an Land gingen, legten die 41 Familienoberhäupter am 11. November 1620 ein feierliches Gelöbnis (engl. compact) ab.

Bevor wir an diesem Tag vor Anker gingen, hielt man es – da einige wenig Neigung zur Einigkeit und Eintracht, vielmehr Zeichen von Parteisucht erkennen ließen – für angebracht, eine Vereinigung zu bilden und eine Vereinbarung einzugehen, nämlich uns zu einem einzigen Körper zusammenzuschließen und der Regierung und den Leitern zu unterstellen, deren Einrichtung und Wahl wir unter allgemeiner Zustimmung vereinbaren wollten, und uns an das zu machen, was Wort für Wort hier folgt …: Im Namen Gottes, Amen. Wir, die Unterzeichner dieses, treue Untertanen unseres erhabenen Herrschers und Herrn König Jakobs I., von Gottes Gnaden Königs von Großbritannien, Frankreich und Irland, Hüters des Glaubens usw., haben zur Ehre Gottes und zur Ausbreitung des christlichen Glaubens und zum Ruhm von König und Vaterland eine Fahrt unternommen, um die erste Kolonie in den nördlichen Teilen von Virginia zu gründen. Und wir kommen hiermit feierlich und wechselseitig, vor Gottes Angesicht und voreinander, überein und vereinigen uns selbst zu einem bürgerlichen politischen Körper; zur besseren Ordnung unter uns und zu Schutz und Förderung der oben genannten Absichten; und kraft dieses wollen wir von Zeit zu Zeit verordnen, errichten und einrichten rechte und billige Gesetze, Verfügungen, Erlässe, Einrichtungen und Ämter, wie es uns am zuträglichsten und zweckmäßigsten für das allgemeine Wohl der Kolonie erscheint: Und wir versprechen dazu alle schuldige Unterwerfung und Gehorsam.

Fritz Wagner, USA. Geburt und Aufstieg der neuen Welt. Geschichte in Zeitdokumenten 1607-1865, München 1947, S. 18 f.

1. *Wozu verpflichten sich die Unterzeichner? Nennen Sie ihre Gründe und ihre Zielsetzung.*
2. *Erörtern Sie anhand von M 1 und der Abbildung das Verhältnis zwischen christlichen Siedlern und den indianischen Ureinwohnern.*

◀ *The Peaceable Kingdom, Gemälde des Quäker-Predigers Edward Hicks (1780-1849) aus dem Jahre 1840. Im Hintergrund der allegorischen Darstellung schließt der aus einer reichen englischen Familie stammende William Penn (1644-1718) einen Vertrag mit den Delaware-Indianern über die Abtretung eines Territoriums ab (1682). Dort sollten seine Glaubensbrüder, die Quäker, ihre Religion frei ausüben können.*

M2

„Der Franzosen Schlange"

Der Franzose Louis-Armand de Lahontan (1666-1715) beschreibt 1703 Charakter und Ansichten der Irokesen.

Die Wilden in Kanada wissen nichts von Mein und Dein, denn man möchte wohl sagen, was dem einen gehöre, sei auch des anderen. Wenn's einem Wilden auf der Biberjagd nicht glückt, helfen ihm seine Mitbrüder ungebeten. Springt ihm seine Flinte oder bricht entzwei, drängt sich einer vor den anderen, die seine anzubieten. [...] Nur die, so Christen und vor den Toren oder doch unweit der französischen Pflanzerstädte wohnen, wissen vom Geld. Die anderen wollen weder damit umgehen noch nur einmal es sehen. Sie nennen's der Franzosen Schlange. Sie sagen, man schieße sich bei uns tot, man plündere, schmähe, verkaufe und verrate sich um das Lumpengeld. Um Geld gebe ein Mann sein Weib und die Mütter ihre Töchter weg. Es kommt ihnen seltsam vor, dass einer mehr Güter hat als der andere, und ein Reicher mehr Respekt als die Armen. Kurz: Sie sagen, der Titel eines Wilden, wie wir sie schelten, reime sich besser zu uns, als dass wir Menschen heißen sollen, indem aus all unserem Tun nichts weniger als ein verständiger Mensch hervorleuchte. [...]

Übrigens zanken sie miteinander nicht, sie schlagen noch plündern noch lästern sich nicht. Sie spotten den Wissenschaften und Künsten und haben ihr Gelächter über den Unterschied der Ehrenstellen unter uns. Sie schelten uns für Sklaven und sagen, wir seien elende Leute, deren Leben nichts wert, wir stürzten uns selbst von unserm Stand durch Unterwerfung an einen einzigen Menschen, der alles vermöge und kein anderes Gesetz als seinen Willen habe; wir hätten stete Händel, die Kinder spotteten der Väter; niemals seien wir einig, einer lege den andern ins Gefängnis, und öffentlich gar rieben wir uns auf.

Sie halten sich höher als man sich nur immer einbilden kann, und führen dazu die Gründe an. Sie seien einer ein so großer Herr als der andere, weil die Menschen alle aus einem Holz gemacht, es sei kein Unterschied noch Stufen unter ihnen zu dulden. Sie meinen, ihre Gemütsvergnügung gehe unserm Reichtum weit vor; alle unsere Wissenschaften seien nicht so viel wert als die Kunst, das Leben in vollkommener Gelassenheit zuzubringen. [...] Die Alten gelten bei ihnen als Orakel. Sagt etwa ein Vater zu seinem Sohn, es sei Zeit, dass er sich verheirate oder in den Krieg, auf die Jagd oder den Fischfang gehe, wird er ihm zuweilen antworten: Das ist wichtig, ich will mich darauf bedenken. Ist's aber der Altvater, wird er gleich antworten: Es ist gut. Ich will's tun. Tötet etwa ein Wilder Rebhühner, Gänse, Enten, oder er fängt einen leckeren Fisch, wird er's gewiss seinen ältesten Blutsfreunden verehren.

Die Wilden sind recht sorglose Leute. Ihr ganzes Wesen bestehet in Essen, Trinken, Schlafen, und wenn sie daheim sind, laufen sie im Dorf des Nachts herum. Zur Mahlzeit haben sie keine gewisse Zeit. Sie essen, wenn sie hungert, und machen insgeheim eine starke lustige Gesellschaft zusammen.

Wolfgang Behringer (Hrsg.), Lust an der Geschichte: Amerika. Die Entdeckung und Entstehung einer neuen Welt. Ein Lesebuch, München 1992, S. 336 ff.

▲ *The Native Americans, Gemälde von Charles Bird King, 1821.*

1. *Analysieren Sie die wesentlichen Unterschiede zwischen der indianischen und der europäischen Gesellschaft, die Lahontan sieht.*
2. *Prüfen Sie die Glaubwürdigkeit des indianischen Charakterbildes.*
3. *Der Text enthält idealisierende und utopische Züge. Benennen Sie diese und diskutieren Sie die vom Autor beabsichtigte Wirkung.*

M3
Ein ehrenwerter Handel?

In der britischen Hafenstadt Bristol fand im Sommer 1999 eine Ausstellung mit dem Titel „Ein ehrenwerter Handel? Bristol und der transatlantische Sklavenhandel" statt. Die „Frankfurter Allgemeine Zeitung" berichtet darüber am 6. August 1999.

Die Ausstellung weist deutlich darauf hin, dass afrikanische Häuptlinge selbst am Handel interessiert waren und ihresgleichen den Europäern bereitwillig zum Kauf anboten. Die Menschen wurden im Tausch vor allem gegen Gewehre und Munition veräußert – Waffen wurden bald für einzelne afrikanische Stämme zur Notwendigkeit, um sich gegen andere Stämme zur Wehr setzen zu können. Zunächst hatten sich einige afrikanische Oberhäupter dem Handel verweigert. Doch ihre Ablehnung schlug schnell in Kollaboration[1] um: Widerstand führte oftmals erst recht zur brutalen Versklavung des eigenen Stammes. Sie hofften, durch die Gefangennahme von Mitgliedern anderer Stämme, die sie dann den weißen Händlern als Sklaven anboten, der eigenen Ausrottung zuvorzukommen. So entzündete der Sklavenhandel grausame Kriege, die zwischen den verschiedenen afrikanischen Stämmen ausbrachen. Den britischen Händlern war es recht: Je leichter sich der Kauf von Menschen in Afrika gestaltete, desto weniger mussten sie auf eigene Gefahr entführen und verschleppen.

Trotz breitester Übersicht wird das Individuum in Bristol nicht vergessen. So kann der Besucher beispielsweise das Schicksal von Olaudah Equiano verfolgen. Geboren im Gebiet des heutigen Nigeria, wurde der Schwarze im Alter von zehn Jahren an englische Sklavenhändler verkauft. Nachdem er mit seinem ersten Besitzer, einem Offizier der britischen Marine, den Siebenjährigen Krieg[2] überstanden hatte, brach dieser sein Versprechen, verweigerte ihm die Freiheit und verkaufte ihn stattdessen auf die westindischen Inseln. Erst 1766 gelang es Equiano, sich freizukaufen. Er schrieb seine Geschichte auf: „The interesting narrative of the Life of Olaudah Equiano, or Gustavus Vassa, the African" erschien 1789 in England. [...] Geschildert wird die Schiffspassage von Afrika nach Amerika, wo der arme Teufel mit Hunderten anderer Schwarzer dicht an dicht im Bauch des Schiffes saß. Er hörte die Schreie der Gequälten und das Wimmern der Sterbenden, doch konnte er sich nicht bewegen – nicht um ihnen zu helfen, nicht einmal, um die Latrineneimer zu erreichen.

Der Plantagenbesitzer John Pinney, damals ein Vorzeigebürger Bristols, dessen georgianisches[3] Stadthaus ein paar Straßen weiter zu besichtigen ist, wird ebenfalls zitiert. Er war zunächst über den Menschenhandel schockiert. Doch seine Skrupel wichen rasch: „Sicherlich hat Gott sie für unseren Nutzen vorgesehen."

Felicitas von Lovenberg, Frankfurter Allgemeine Zeitung, 6.8.1999, S. 45

▲ *Bestrafungsarten für Sklaven. Stich nach einer Vorlage aus dem Jahr 1647.*

1. *Erläutern Sie die sozialen und politischen Folgen des Sklavenhandels für Afrika.*
2. *Diskutieren Sie die moralische Argumentation des Plantagenbesitzers John Pinney. Beziehen Sie die Abbildung in Ihre Diskussion mit ein.*
3. *Erörtern Sie Möglichkeiten und Grenzen einer Ausstellung für das Verständnis eines historischen Themas.*

---

1) *Zusammenarbeit mit dem Feind*
2) *See- und Kolonialkrieg zwischen England und Frankreich; gleichzeitig führten in Europa Preußen (als Verbündeter Englands), Österreich und Russland (verbündet mit Frankreich) Krieg gegeneinander.*
3) *Epochenbezeichnung für die Zeit der englischen Könige Georg I.-IV. (1714-1830)*

Voraussetzungen

Der Gründung der *Vereinigten Staaten von Amerika* im Jahr 1776 (siehe Seiten 24 ff.) ging ein rund 150 Jahre dauernder Prozess der Kolonisation voraus. Die Erfahrungen aus dieser Epoche beeinflussten Entstehung und Geschichte der USA und wirken bis heute nach. Drei Faktoren im Besonderen erwiesen sich als bedeutsam:

1. das Aufeinandertreffen dreier unterschiedlicher Kulturen (siehe Seite 11)
2. die ethnische und religiöse Vielfalt der Siedler (siehe Seiten 12 f.)
3. die Beziehungen der Kolonien zum englischen Königreich (siehe Seite 14).

„Rot", „Weiß" und „Schwarz" in der „Neuen Welt"

Die „Neue Welt" war nur vermeintlich eine neue Welt, denn die Geschichte Amerikas begann nicht erst mit der Entdeckung durch die Europäer. Schon 40 000 bis 25 000 Jahre vor Christus siedelten hier die ersten indianischen Ureinwohner. Obwohl seit ca. 1000 n. Chr. skandinavische Seefahrer, Kaufleute und Missionare bis zur nordostamerikanischen Küste Neufundlands segelten, trat erst mit der navigatorischen Pioniertat des *Christoph Kolumbus*[1)] (1492) die westliche Hälfte der Erde in den Gesichtskreis der Europäer.

Ebenso wie in Mittel- und Südamerika wurden die *Indianer* auch im Norden Opfer der europäischen Expansion (➧ M 2). Schutzlos waren sie eingeschleppten Krankheiten ausgeliefert; Hungersnöte und Alkoholismus dezimierten ihre Zahl zusätzlich. Der Kultur und Waffentechnik der Weißen unterlegen, wurden die indianischen Stämme von den immer weiter nach Westen vordringenden Siedlern aufgerieben. Heute schätzt man, dass die ursprünglich sechs bis sieben Millionen Ureinwohner auf dem Gebiet der USA und Kanadas gegen Ende des 19. Jahrhunderts um mehr als 90 Prozent geschrumpft waren.

Als eine andere, bis in die Gegenwart dauernde Belastung der amerikanischen Gesellschaft sollte sich die Versklavung von *Afrikanern* erweisen (➧ M 3). Die ersten Schwarzen waren bereits 1619 von einem holländischen Schiff als Arbeitskräfte in die Kolonie *Virginia* verkauft worden. Anfangs wurden sie nach Ablauf einer Frist in die Freiheit entlassen, aber etwa ab der zweiten Hälfte des 17. Jahrhunderts blieben sie auf Lebenszeit mit Kind und Kindeskindern persönlicher Besitz ihrer weißen Herren.

1776 lebten etwa 500 000 *Sklaven* in den britischen Kolonien, das waren knapp 20 Prozent der Bevölkerung. Besonders die Plantagenwirtschaft hatte Bedarf an billigen Arbeitern, so dass in manchen südlichen Regionen um diese Zeit schon mehr Schwarze als Weiße lebten. Dort entwickelte sich eine afro-amerikanische Kultur mit eigener Sprache und Musik.

Der Kampf ums Überleben forderte große Entbehrungen von den weißen Siedlern. Sie bewältigten diese um den Preis der (weitgehenden) Ausrottung der Urbevölkerung und der ungezügelten Unterdrückung der ins Land gebrachten Afrikaner.

[1)] *Christoph Kolumbus (1451-1506) stammte wahrscheinlich aus Genua und stand in spanischen Diensten, als er 1492 Amerika entdeckte.*

Der Süden: Koloniegründungen aus wirtschaftlichen Motiven

Im Norden Amerikas drängten die Franzosen seit 1604 über den von *Jacques Cartier* (1491-1557) erkundeten Sankt-Lorenz-Golf in das Landesinnere vor und gründeten 1608 Québec. In gutem Einvernehmen mit den lokalen Indianerstämmen widmeten sie sich vornehmlich dem Pelzhandel und begnügten sich mit der Errichtung einzelner Forts, Missions- und Handelsstationen.
Weiter im Süden erwies sich das 1607 im Auftrag der *London Company of Virginia* gegründete Jamestown als erste lebensfähige Ansiedlung der Engländer. Kaufherren und adelige Geschäftsleute hatten in einem königlichen Freibrief (*charter*) das Recht erhalten, an der Atlantikküste Handel zu treiben und später Grundbesitz zu vergeben. Siedlungswillige Engländer erhielten, sofern sie ihre Überfahrt selbst bezahlt hatten, ein Stück Land zugewiesen. Mittellose, die ohne Entgelt die abenteuerliche Reise antraten, aber auch Sträflinge, waren als Arbeitskräfte ebenfalls willkommen. Als Kontraktarbeiter (*indentured servants*) arbeiteten sie für drei bis fünf Jahre auf den Höfen der Siedler, bis sie ihre Überfahrt verdient oder ihre Schuld gesühnt hatten.
Von den ersten 120 wagemutigen Siedlern, die sich in Jamestown niedergelassen hatten, lebten acht Monate später noch 38. Missernten, Krankheiten und Indianerüberfälle stellten das Unternehmen in Frage. Erst nach 25 Jahren stand diese früheste britische Kolonialgründung in Amerika, die den Namen *Virginia* erhielt, wirtschaftlich auf eigenen Füßen. Sie verdankte dies dem ab 1612 einsetzenden Tabakanbau, den die Siedler von den Indianern erlernten und mit der Arbeitskraft afrikanischer Sklaven betrieben. In der Folgezeit entwickelte sich in den südlichen Regionen ein gesellschaftliches Leben, das sich am Leitbild des englischen Landadels und der englischen Staatskirche orientierte.

Neu-England: Koloniegründungen als religiöse Aufgabe

Nicht aus wirtschaftlichen Motiven, sondern auf der Flucht vor religiöser Verfolgung verließ 1620 eine Gruppe besonders strenggläubiger *Calvinisten*[1] England. Die ersten *Pilgrims* landeten 1620 in *Neu-England*, nördlich des bisherigen englischen Hoheitsgebiets. Noch an Bord ihres Schiffes *Mayflower* schlossen die 41 Männer der Gruppe einen Gesellschaftsvertrag, in dem sie sich, fernab jeder weltlichen Obrigkeit, verpflichteten, den selbst erlassenen Gesetzen zu gehorchen und ein Gott und dem König gefälliges Leben zu führen (➧ M 1).
Während die „Pilgerväter" (*Pilgrim Fathers*) weltliche Macht und Wohlstand ablehnten, strebte die bald nachfolgende gemäßigte calvinistische Glaubensrichtung der *Puritaner* nach wirtschaftlichem Erfolg als Zeichen ihrer göttlichen Auserwähltheit. Von elitärem Selbstbewusstsein getrieben, wollten sie in der 1629 vom König genehmigten Kolonie *Massachusetts* ein für die Welt vorbildliches christliches Gemeinwesen errichten. Politische Rechte besaßen nur die männlichen puritanischen Kirchenmitglieder – etwa ein Fünftel der Gesamtbevölkerung.
Freiwillig unterwarfen sich die Puritaner einer rigorosen Gruppenmoral. Abweichendes Verhalten wurde hart bestraft. Auch in der „Neuen Welt" waren Außenseiter nicht vor

---

[1] *Jean Calvin (1509-1564) wollte die „Halbheiten der lutherischen Reformation" überwinden. Nach seiner Lehre ist der Mensch von Anfang an von Gott vorherbestimmt (prädestiniert), entweder zum ewigen Heil oder aber zur ewigen Verdammnis.*

Hexenprozessen sicher. Die Verdrängung und Vernichtung der Indianer war in puritanischen Augen ein Gott wohlgefälliges Werk, da diese „Wilden“ dem göttlichen Gebot nicht nachgekommen waren, sich die Erde untertan zu machen, und demnach keinen Anspruch auf das Land geltend machen konnten.

Die Mittelatlantik-Kolonien: Vielfalt und Toleranz

Wegen der strengen puritanischen Herrschaft in Massachusetts spalteten sich drei Kolonien ab. In dem unscheinbaren *Rhode Island* wurden erstmals Kirche und politisches Gemeinwesen getrennt und die religiöse Freiheit des Einzelnen rechtlich abgesichert. Andere religiöse Minderheiten aus dem englischen Königreich siedelten sich in *Maryland (Katholiken)* oder in *Pennsylvania (Quäker)* an.
In diesen *Mittelatlantik-Kolonien* herrschte in kirchlicher und in ethnischer Hinsicht ein buntes Bild. Hier lag das ursprünglich von Niederländern gegründete Hafen- und Finanzzentrum New York, hier siedelten sich bevorzugt deutsche und skandinavische Einwanderer an. Nirgends sonst lebten so viele ethnische und religiöse Gruppen tolerant und ohne Bevormundung nebeneinander.

▼ *Der Osten Nordamerikas im 17. und 18. Jahrhundert.*

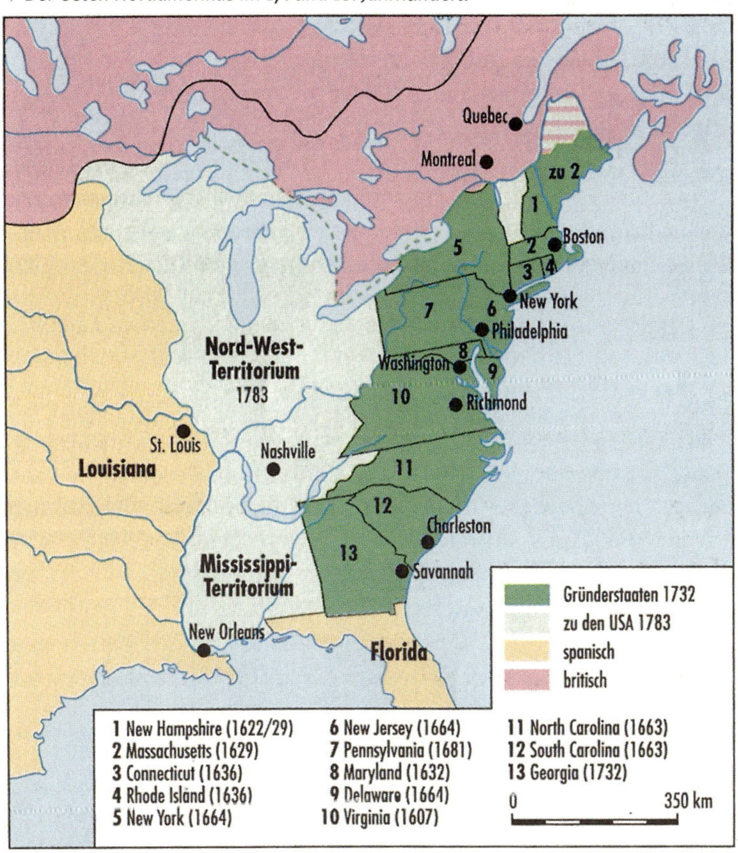

Politisches Leben unter dem Schutz der britischen Krone

Während die französischen Besitzungen von einem königlichen Intendanten zentralistisch geleitet wurden, räumten die Freibriefe der englischen Krone den Auswanderern aus der „Alten Welt“ innerhalb des Rahmens englischer Rechtsbräuche weitgehende Freiheiten ein. Nach dem Vorbild Virginias bildete sich deshalb in den insgesamt 13 Kolonien ein eigenständiges politisches Leben heraus. Es entstanden Volksvertretungen, die dem englischen Ober- und Unterhaus ähnelten. Die Siedler erhielten so im Laufe der Zeit und im Rahmen ihrer Zuständigkeit die Gesetzgebungskompetenz und die Aufsicht über ihren Finanzhaushalt.

Im englischen Mutterland erwachte das Interesse an den Kolonien erst, als der Handel zur See an Bedeutung gewann. Teilweise wurden bis 1752 die Freibriefe widerrufen und vom König ernannte Gouverneure in den einzelnen Kolonien an die Spitze von Verwaltung, Gerichtswesen und Militär gestellt. Aber überall regelten die Siedler ihre lokalen und regionalen Angelegenheiten relativ autonom.

Politische Mitbestimmungsrechte waren an Bedingungen wie Eigentum, Steueraufkommen und Aufenthaltsdauer gebunden. In den nördlichen Kolonien konnten etwa drei Viertel, in den südlichen immerhin bis zu 50 Prozent der weißen Männer an den Wahlen zu den Kolonialparlamenten teilnehmen. In England waren dagegen in der Mitte des 18. Jahrhunderts nur 15 Prozent der männlichen Bevölkerung wahlberechtigt. Allgemein waren Standesgrenzen oder Unterschiede zwischen Arm und Reich weitaus geringer ausgeprägt als in Europa.

Wirtschaftliche Expansion der Kolonien

1690 lebten etwa 200 000 Auswanderer in den britischen Kolonien, 1790 bereits 3,9 Millionen. Die überseeischen Besitzungen sollten Rohprodukte (besonders Baumwolle aus Virginia für die aufblühende englische Textilindustrie) billig liefern und als Markt für Fertigwaren aus England dienen. Ein eigener Seehandel war den Kolonien verboten. Es war ihnen nicht einmal erlaubt, aus dem in Neu-England gewonnenen Eisenerz einen Nagel in Manufakturen selbst herzustellen.

Zum Ausgleich gewannen die Kolonien eine Monopolstellung für den Verkauf ihrer Produkte in England, solange damit keine Konkurrenz für die im Mutterland produzierten Güter entstand. Dieses wirtschaftliche Zwangssystem wurde vielfach durch einen florierenden, von den Kolonialbehörden kaum unterbundenen Schmuggel umgangen. Seit die Engländer 1713 den Spaniern den Sklaventransport aus Westafrika abgepresst hatten, schalteten sich amerikanische Kaufleute und Reeder immer mehr in dieses Gewinn bringende Geschäft ein. Der transatlantische Handel zwischen Europa, Afrika und Nordamerika sorgte für den wachsenden Wohlstand der Kolonien.

1.2 Eine Nation erschafft sich selbst

▲ *In der Nacht vom 16. auf den 17. Dezember 1773 überfielen 60 als Indianer verkleidete Mitglieder des Geheimbunds „Sons of Liberty" drei Schiffe der East India Company und warfen die geladenen Teeballen ins Meer. Die nachträglich kolorierte Darstellung der „Boston Tea Party" stammt aus W.D. Coopers 1789 in London erschienener „History of North America".*

1763
Aus dem Siebenjährigen Krieg geht England als dominierende Kolonialmacht in Amerika hervor

1773
Die „Boston Tea Party" löst den Amerikanischen Unabhängigkeitskrieg aus

1775-1783
Im Unabhängigkeitskrieg siegen die Kolonien über England

1776
Die Verfassung von Virginia („Virginia Bill of Rights") wird zum Vorbild der internationalen Verfassungsentwicklung
Die amerikanischen Kolonien erklären ihre Unabhängigkeit

1781
Die 13 Kolonien schließen sich zu einem Staatenbund zusammen

1789
Die USA gründen sich als Bundesstaat
George Washington wird erster Präsident der USA

M1

Stempelsteuer-Kongress contra britisches Parlament

Die Vertreter von neun amerikanischen Kolonien baten in ihrem Kongress-Beschluss vom 19. Oktober 1765 die britische Regierung um die Rücknahme der Sondermaßnahmen, besonders der Stempelsteuer.

III. Dass es ein unzertrennlicher Bestandteil der Freiheit eines Volkes und das unzweifelhafte Recht von Engländern ist, dass ihnen Steuern nur mit ihrer eigenen, persönlich oder durch ihre Vertreter erteilten Zustimmung auferlegt werden.

IV. Dass die Bevölkerung dieser Kolonien im Unterhaus von Großbritannien nicht vertreten ist und wegen der räumlichen Entfernung nicht vertreten sein kann.

V. Dass die Vertreter der Bevölkerung dieser Kolonien nur Personen sein können, die daselbst von ihr selbst gewählt wurden, und dass ihr niemals Steuern auferlegt wurden, noch verfassungsmäßig auferlegt werden können, außer durch ihre entsprechenden gesetzgebenden Körperschaften.

VI. Da alle Geldbewilligungen für die Krone freie Spenden des Volkes sind, ist es unbegründet und unvereinbar mit den Grundsätzen und dem Geist der britischen Verfassung, wenn das Volk von Großbritannien Seiner Majestät das Eigentum der Kolonisten bewilligt. […]

VIII. Dass die Stempelsteuerakte, die den Einwohnern dieser Kolonien Steuern auferlegt, und mit ihr verschiedene andere Akte [...] offenbar den Umsturz der Rechte und Freiheiten der Kolonisten erstreben.

Obwohl das Stempelsteuer-Gesetz widerrufen wurde, beharrte das britische Parlament in der „ausdrücklichen Akte" vom 18. März 1766 auf seinem Rechtsstandpunkt.

Die genannten Kolonien und Pflanzungen in Amerika waren und sind rechtmäßig und notwendig der Reichskrone und dem Parlament von Großbritannien untergeordnet und von ihnen abhängig; und des Königs Majestät, durch und mit Rat und Zustimmung der geistlichen und weltlichen Lords und der Gemeinen von Großbritannien im versammelten Parlament, besaß und besitzt rechtmäßig und notwendig volle Gewalt und Vollmacht, Gesetze und Statuten zu erlassen, kraft deren die Kolonien und das Volk von Amerika, Untertanen der Krone Großbritanniens, in allen erdenklichen Fällen verpflichtet werden […]. Und alle Beschlüsse, Abstimmungen, Anordnungen und Verfahren in irgendeiner der genannten Kolonien und Pflanzungen, wodurch die Macht und Vollmacht des Parlaments von Großbritannien, Gesetze und Statuten wie oben gesagt zu erlassen, geleugnet oder bezweifelt wird, sind vollständig nichtig und kraftlos bezüglich aller und jeder Absichten und Zwecke, und sie werden hiermit dazu erklärt.

The TIMES are Dreadful, Dismal Doleful Dolorous, and DOLLAR-LESS.

An Emblem of the Effects of the STAMP

O! the fatal Stamp

Thursday, October 31, 1765. THE NUMB. 1195.

PENNSYLVANIA JOURNAL; AND WEEKLY ADVERTISER.

EXPIRING: In Hopes of a Resurrection to LIFE again.

I AM sorry to be obliged to acquaint my Readers, that as The STAMP-ACT, is fear'd to be obligatory upon us after the First of November ensuing, (the fatal To-morrow) the Publisher of this Paper unable to bear the Burthen, has thought it expedient TO STOP awhile, in order to deliberate, whether any Methods can be found to elude the Chains forged for us, and escape the insupportable Slavery, which it is hoped, from the last Representations now made against that Act, may be effected. Mean while, I must earnestly Request every Individual of my Subscribers many of whom have been long behind Hand, that they would immediately Discharge their respective Arrears that I may be able, not only to support myself during the Interval, but be better prepared to proceed again with this Paper, whenever an opening for that Purpose appears, which I hope will be soon. WILLIAM BRADFORD

▲ *Protest des Pennsylvania Journal gegen die Stempelsteuer.*

Fritz Wagner, USA. Geburt und Aufstieg der neuen Welt. Geschichte in Zeitdokumenten 1607-1865, München 1947, S. 44, 52

1. *Beschreiben Sie die Stellung der amerikanischen Kolonien im britischen Rechts- und Wirtschaftssystem.*
2. *Erläutern Sie, warum die Kolonisten die Stempelsteuer verweigerten. Auf welche Rechte beriefen sie sich?*
3. *Vergleichen Sie die Argumentation des englischen Parlaments mit den Beschlüssen des Stempelsteuer-Kongresses.*
4. *Untersuchen Sie, inwiefern der Konflikt, der später zwischen Kolonien und Mutterland ausbrechen sollte, bereits im ursprünglichen Kolonialsystem angelegt war.*

M2

Thomas Paine: Common Sense

Thomas Paine (1737-1809) war erst im November 1774 aus England eingewandert. Seine im Januar 1776 zunächst anonym veröffentlichte Streitschrift „Common Sense"[1] setzte die Gedanken der europäischen Aufklärung und des Naturrechts in eine einfache und wirkungsvolle Sprache um und wandte sie auf die aktuelle amerikanische Situation an. Die Schrift wurde zum ersten politischen Bestseller Amerikas und erreichte innerhalb von drei Monaten eine Auflage von 120 000 Exemplaren. Paine starb nach langem Aufenthalt in Europa arm und unbeachtet in Amerika.

Über die Monarchie und die Erbfolge

Da alle Menschen nach der Ordnung der Schöpfung ursprünglich gleich waren, kann diese Gleichheit nur durch spätere Ereignisse zerstört worden sein [...], ohne dass man dabei auf solch harte und böse klingende Begriffe wie Unterdrückung und Habgier zurückgreifen muss. [...]

Aber es gibt noch eine andere und wichtigere Unterscheidung, die auf keinen wahrhaft natürlichen oder religiösen Grund zurückgeführt werden kann, nämlich die Unterscheidung der Menschen in KÖNIGE und UNTERTANEN. Die Natur unterscheidet nur nach männlich und weiblich, der Himmel nach gut und böse; aber wie ein Menschengeschlecht auf die Welt kam, das so hoch über den anderen steht und von ihnen unterschieden wird wie eine völlig neue Spezies, und ob es den Menschen Glück oder Unglück gebracht hat, das lohnt sich genauer zu untersuchen. [...]

Kurz gesagt: Monarchie und Erbfolge (und dies nicht nur in diesem oder jenem Königreich) haben nichts anderes bewirkt, als die Welt in Schutt und Asche zu legen. Es ist eine Regierungsform, gegen die das Wort Gottes Zeugnis ablegt und die mit Blut befleckt ist. [...]

Je mehr sich eine Regierungsform der republikanischen annähert, desto weniger Aufgaben gibt es für einen König. [...]

In England hat ein König wenig mehr zu tun, als Krieg zu führen und Ämter zu vergeben oder, einfach gesagt, die Nation arm zu machen und Streit zu säen. In der Tat eine schöne Aufgabe für einen Mann, dem man dazu 800 000 Pfund Sterling pro Jahr bewilligt und den man obendrein noch verehrt. Ein aufrechter Mann ist für die Gesellschaft und in den Augen Gottes wertvoller als all die gekrönten Schurken, die jemals gelebt haben. [...]

Gedanken über den gegenwärtigen Stand der Sache Amerikas

[...] Da ganz Europa der Absatzmarkt für unseren Handel ist, sollten wir keine parteiische Verbindung mit einem Teil davon eingehen. Es liegt im wahren Interesse Amerikas, sich aus europäischen Streitigkeiten herauszuhalten, was es niemals tun kann, solange es durch die Abhängigkeit von Großbritannien zum Zugewicht in der Waagschale der britischen Politik wird.

In Europa gibt es einfach zu viele Königreiche, als dass es lange in Frieden leben könnte, und sobald zwischen England und irgendeiner fremden Macht ein Krieg ausbricht, wird der amerikanische Handel *wegen seiner Bindung an Großbritannien* ruiniert. [...] Alles was wahr und naturgemäß ist, spricht für die Trennung. Das Blut der Getöteten, die klagende Stimme der Natur schreien: ES IST ZEIT SICH ZU TRENNEN. Sogar die Entfernung voneinander, in der der Allmächtige England und Amerika geschaffen hat, ist ein starker und natürlicher Beweis dafür, dass die Herrschaft des einen über den anderen niemals im göttlichen Plan lag. [...]

Um die Sache auf einen Punkt zu bringen: Ist die Macht, die eifersüchtig auf unseren Reichtum ist, geeignet, uns zu regieren? Wer auch immer auf diese Frage mit *Nein* antwortet, ist ein Unabhängiger [independent], denn Unabhängigkeit bedeutet nichts anderes, als dass entweder wir unsere eigenen Gesetze machen werden, oder der König, der größte Feind, den dieser Kontinent hat oder haben kann, uns sagen wird: *Es soll keine anderen Gesetze geben als solche, die mir gefallen.*

Aber wo bleibt, sagen einige, der König von Amerika? Ich sage dir, mein Freund, er regiert oben im Himmel und richtet keine Gemetzel unter der

[1] *Der englische Ausdruck „Common Sense" ist nicht mit einem deutschen Begriff zu übersetzen; er bedeutet zugleich gesunder Menschenverstand, Gemeinsinn, Nüchternheit und praktische Vernunft.*

Menschheit an so wie der königliche Unmensch aus Großbritannien. Aber damit es nicht so aussieht, als ob es uns an irdischen Ehren mangelt, soll man einen Tag bestimmen, an dem feierlich die Charta proklamiert wird: Sie soll dann auf das göttliche Gesetz, das Wort Gottes, gelegt und herbeigebracht werden, darauf eine Krone, an der die Welt erkennen mag, dass, wenn wir eine Monarchie anerkennen, in Amerika ALLEIN DAS GESETZ KÖNIG IST. Denn wie in absoluten Regierungen der König das Gesetz ist, *sollte* in freien Ländern das Gesetz König sein und nichts anderes. Aber damit nicht später Missbrauch betrieben wird, sollte die Krone nach der Zeremonie zerstört und unter das Volk verstreut werden, das ein Recht darauf hat. Eine eigene Regierung ist unser natürliches Recht; und wenn man ernsthaft über die Vergänglichkeit menschlicher Dinge nachdenkt, wird man zur Überzeugung kommen, dass es sehr viel sicherer und weiser ist, uns gelassen und überlegt eine eigene Verfassung zu schaffen, solange wir noch die Möglichkeit dazu haben, als ihre Entstehung der Zeit und dem Zufall anzuvertrauen.

Thomas Paine, Common Sense, übersetzt und herausgegeben von Lothar Meinzer, Stuttgart 1982, S. 16, 27 ff., 31, 37, 45 und 52 f.

1. *Beschreiben Sie Paines Haltung zur Regierungsform der Monarchie.*
2. *Erläutern Sie, wie Paine das jetzige und das künftige Verhältnis zwischen den Kolonien und England sieht.*
3. *Vergleichen Sie Paines Argumentationsweise mit der Rechtsauffassung der Verfasser des Stempelsteuer-Protests (➧ M 1).*
4. *Prüfen Sie, auf welche verfassungsrechtlichen Prinzipien das unabhängige Amerika gegründet werden soll.*

▲ *Am 9. Juli 1776 wurde in New York das Standbild des englischen Königs gestürzt (französischer Kupferstich).*

M3
Die „Virginia Bill of Rights“

Am 15. Mai 1776 forderte der Zweite Kontinental-Kongress die zur Trennung von Großbritannien bereiten Kolonien auf, sich eigene Verfassungen zu geben. Die verfassunggebende Versammlung von Virginia stellte der Constitution am 12. Juni 1776 eine Rechteerklärung voran. Sie wurde zum Vorbild für alle späteren Grundrechtserklärungen.

Abschnitt 1. Alle Menschen sind von Natur aus in gleicher Weise frei und unabhängig und besitzen bestimmte angeborene Rechte, welche sie ihrer Nachkommenschaft durch keinen Vertrag rauben oder entziehen können, wenn sie eine staatliche Verbindung eingehen, und zwar den Genuss des Lebens und der Freiheit, die Mittel zum Erwerb und Besitz von Eigentum und das Erstreben und Erlangen von Glück und Sicherheit.
Abschnitt 2. Alle Macht ruht im Volke und leitet sich folglich von ihm her; die Beamten sind nur seine Bevollmächtigten und Diener und ihm jederzeit verantwortlich.
Abschnitt 3. Eine Regierung ist oder sollte zum allgemeinen Wohle, zum Schutze und zur Sicherheit des Volkes, der Nation oder Allgemeinheit eingesetzt sein; von all den verschiedenen Arten und Formen der Regierung ist diejenige die beste, die

imstande ist, den höchsten Grad von Glück und Sicherheit hervorzubringen [...]; die Mehrheit eines Gemeinwesens hat ein unzweifelhaftes, unveräußerliches und unverletzliches Recht, eine Regierung zu verändern oder abzuschaffen, wenn sie diesen Zwecken unangemessen oder entgegengesetzt befunden wird, und zwar so, wie es dem Allgemeinwohl am dienlichsten erscheint. [...]

Abschnitt 5. Die gesetzgebende und ausführende Gewalt des Staates sollen von der richterlichen getrennt und unterschieden sein; [...].

Abschnitt 6. Die Wahlen der Abgeordneten, die als Volksvertreter in der Versammlung dienen, sollen frei sein; alle Männer, die ihr dauerndes Interesse und ihre Anhänglichkeit an die Allgemeinheit erwiesen haben, besitzen das Stimmrecht. Ihnen kann ihr Eigentum nicht zu öffentlichen Zwecken besteuert oder genommen werden ohne ihre eigene Einwilligung oder die ihrer so gewählten Abgeordneten, noch können sie durch irgendein Gesetz gebunden werden, dem sie nicht in gleicher Weise um des öffentlichen Wohles willen zugestimmt haben.

Abschnitt 8. Bei allen schweren oder kriminellen Anklagen hat jedermann ein Recht, Grund und Art seiner Anklage zu erfahren, den Anklägern und Zeugen gegenübergestellt zu werden, Entlastungszeugen herbeizurufen und eine rasche Untersuchung durch einen unparteiischen Gerichtshof von zwölf Männern seiner Nachbarschaft zu verlangen, ohne deren einmütige Zustimmung er nicht als schuldig befunden werden kann; auch kann er nicht gezwungen werden, gegen sich selbst auszusagen; niemand kann seiner Freiheit beraubt werden außer durch Landesgesetz oder das Urteil von seinesgleichen. [...]

Abschnitt 9. Es sollen keine übermäßige Bürgschaft verlangt, keine übermäßigen Geldbußen auferlegt, noch grausame und ungewöhnliche Strafen verhängt werden. [...]

Abschnitt 12. Die Freiheit der Presse ist eine der starken Bollwerke der Freiheit und kann nur durch despotische Regierungen beschränkt werden.

Abschnitt 13. Eine wohl geordnete Miliz, aus der Masse des Volkes gebildet und im Waffendienst geübt, ist der geeignete, natürliche und sichere Schutz eines freien Staates; stehende Heere sollen in Friedenszeiten als der Freiheit gefährlich vermieden werden; auf alle Fälle soll das Militär der Zivilgewalt streng untergeordnet und von dieser beherrscht werden. [...]

Abschnitt 15. Eine freie Regierung und die Segnungen der Freiheit können einem Volke nur erhalten werden durch strenges Festhalten an der Gerechtigkeit, Mäßigung, Enthaltsamkeit, Sparsamkeit und Tugend und durch häufiges Zurückgreifen auf die Grundprinzipien.

Abschnitt 16. Die Religion oder die Ehrfurcht, die wir unserem Schöpfer schulden, und die Art, wie wir sie erfüllen, können nur durch Vernunft und Überzeugung bestimmt sein und nicht durch Zwang oder Gewalt; daher sind alle Menschen gleicherweise zur freien Religionsausübung berechtigt, entsprechend der Stimme ihres Gewissens; es ist die gemeinsame Pflicht aller, christliche Nachsicht, Liebe und Barmherzigkeit aneinander zu üben.

Günther Franz (Hrsg.), Staatsverfassungen, München, 2. Auflage 1964, S. 7 ff.

1. *Beschreiben Sie das Verhältnis zwischen Individuum und Regierung.*
2. *Benennen Sie die zentralen politischen Prinzipien, die für moderne Demokratien unverzichtbar sind.*
3. *Informieren Sie sich über die staatsphilosophischen Vorstellungen der Aufklärung. Prüfen Sie die Gemeinsamkeiten mit der Virginia Bill of Rights.*

M4

Die „Declaration of Independence"

Am 2. Juli 1776 beschloss der Zweite Kontinental-Kongress, dass die 13 Vereinigten Kolonien freie und unabhängige Staaten seien. Zwei Tage später, am 4. Juli, billigte der Kongress ohne Gegenstimmen, aber bei Enthaltungen des Staates New York, die Unabhängigkeitserklärung der „Vereinigten Staaten von Amerika".

Wenn es im Zuge der menschlichen Geschichte für ein Volk notwendig wird, die politischen Bande zu lösen, die es mit einem anderen Volke verbunden haben, und unter den Mächten der Erde den selbständigen und gleichen Rang einzunehmen, zu dem Naturrecht und göttliches Gesetz es berechtigen, so erfordert eine geziemende Rücksichtnahme auf die Meinung der Menschheit, dass es die Gründe darlegt, die es zur Trennung veranlassen.

Folgende Wahrheiten halten wir für selbstverständlich: dass alle Menschen gleich geschaffen sind; dass sie von ihrem Schöpfer mit gewissen unveräußerlichen Rechten ausgestattet sind; dass dazu Leben, Freiheit und das Streben nach Glück gehören; dass zur Sicherung dieser Rechte Regierungen unter den Menschen eingesetzt werden, die ihre rechtmäßige Macht aus der Zustimmung der Regierten herleiten; dass, wann immer irgendeine Regierungsform sich als diesen Zielen abträglich erweist, es Recht des Volkes ist, sie zu ändern oder abzuschaffen und eine neue Regierung einzusetzen und diese auf solchen Grundsätzen aufzubauen und ihre Gewalten in der Form zu organisieren, wie es ihm zur Gewährleistung seiner Sicherheit und seines Glückes geboten zu sein scheint. […]

Die Regierungszeit des gegenwärtigen Königs von Großbritannien ist von unentwegtem Unrecht und ständigen Übergriffen gekennzeichnet, die alle auf die Errichtung einer absoluten Tyrannei über diese Staaten abzielen. Zum Beweise dessen seien der gerecht urteilenden Welt Tatsachen unterbreitet:

[Es folgt eine Auflistung von 18 Beschwerden, darunter:]

Er hat wiederholt Abgeordnetenkammern aufgelöst, weil sie mit männlicher Festigkeit seinen Eingriffen in die Rechte des Volkes entgegengetreten sind. Er hat Richter hinsichtlich der Amtsdauer und der Höhe und des Zahlungsmodus ihrer Gehälter von seinem Willen allein abhängig gemacht.

Er hat eine Unzahl neuer Ämter geschaffen und Schwärme von Amtsträgern hierhergesandt, um unser Volk zu drangsalieren und seine Substanz aufzuzehren.

Er hat in Friedenszeiten ohne Zustimmung unserer gesetzgebenden Versammlung auf unserem Boden stehende Heere unterhalten.

Er hat danach gestrebt, das Militär von der Zivilgewalt unabhängig zu machen und es ihr überzuordnen.

Er hat sich mit anderen zusammengetan, um uns eine Form der Rechtsprechung aufzuzwingen, die unserer Verfassung fremd und von unseren Gesetzen nicht anerkannt war […].

Er hat seinen Herrschaftsanspruch hier dadurch aufgegeben, dass er uns als außerhalb seines Schutzes stehend erklärte und Krieg gegen uns führte.

Er hat unsere Meere geplündert, unsere Küsten verheert, unsere Städte niedergebrannt und unsere Mitbürger getötet.

Er schafft gerade jetzt große Heere fremder Söldner heran, um das Werk des Todes, der Verheerung und der Tyrannei zu vollenden, das er bereits mit Grausamkeit und Treuebrüchen begonnen hat, die ihresgleichen kaum in den barbarischsten Zeiten finden und des Oberhauptes einer Zivilisierten Nation völlig unwürdig sind.

Er hat im Inneren Aufstände in unserer Mitte angezettelt und versucht, die erbarmungslosen indianischen Wilden gegen unsere Grenzbewohner aufzuhetzen, deren Kriegführung bekanntlich darin besteht, ohne Unterschied des Alters, Geschlechts oder Zustands alles niederzumetzeln. […]

Daher tun wir, die in einem gemeinsamen Kongress versammelten Vertreter der Vereinigten Staaten von Amerika, unter Anrufung des Obersten Richters über diese Welt als Zeugen für die Ehrlichkeit unserer Absichten namens und im Auftrag der rechtschaffenen Bevölkerung dieser Kolonien feierlich kund und zu wissen, dass diese Vereinigten Kolonien freie und unabhängige Staaten sind und es von Rechts wegen bleiben sollen; dass sie von jeglicher Treuepflicht gegen die britische Krone entbunden sind, und dass sie als freie und unabhängige Staaten das Recht haben, Krieg zu

führen, Frieden zu schließen, Bündnisse einzugehen, Handel zu treiben und alle anderen Handlungen vorzunehmen und Staatsgeschäfte abzuwickeln, zu denen unabhängige Staaten rechtens befugt sind.
Und zur Erhärtung dieser Erklärung verpflichten wir uns gegenseitig feierlich in festem Vertrauen auf den Schutz der göttlichen Vorsehung zum Einsatz unseres Lebens, unseres Gutes und der uns heiligen Ehre.

Willi Paul Adams (Hrsg.), Die Amerikanische Revolution in Augenzeugenberichten, München 1976, S. 262 ff.

1. *Beschreiben Sie den Aufbau der Unabhängigkeitserklärung. Geben Sie den Inhalt der einzelnen Abschnitte wieder.*
2. *Beurteilen Sie die Funktion und Stichhaltigkeit der gegen den englischen König vorgebrachten Anklagepunkte.*
3. *Erörtern Sie die Wirkung der Erklärung in der amerikanischen Bevölkerung und bei ausländischen Regierungen.*
4. *Bestimmen Sie die über den aktuellen Anlass hinausweisende Bedeutung der Erklärung.*
5. *Begründen Sie, inwiefern die Überlegungen von Thomas Paine (➧ M 2), der Virginia Bill of Rights (➧ M 3) und der Unabhängigkeitserklärung einen staatsphilosophischen Neuanfang darstellen.*

M5
Die amerikanische Bundesverfassung von 1789

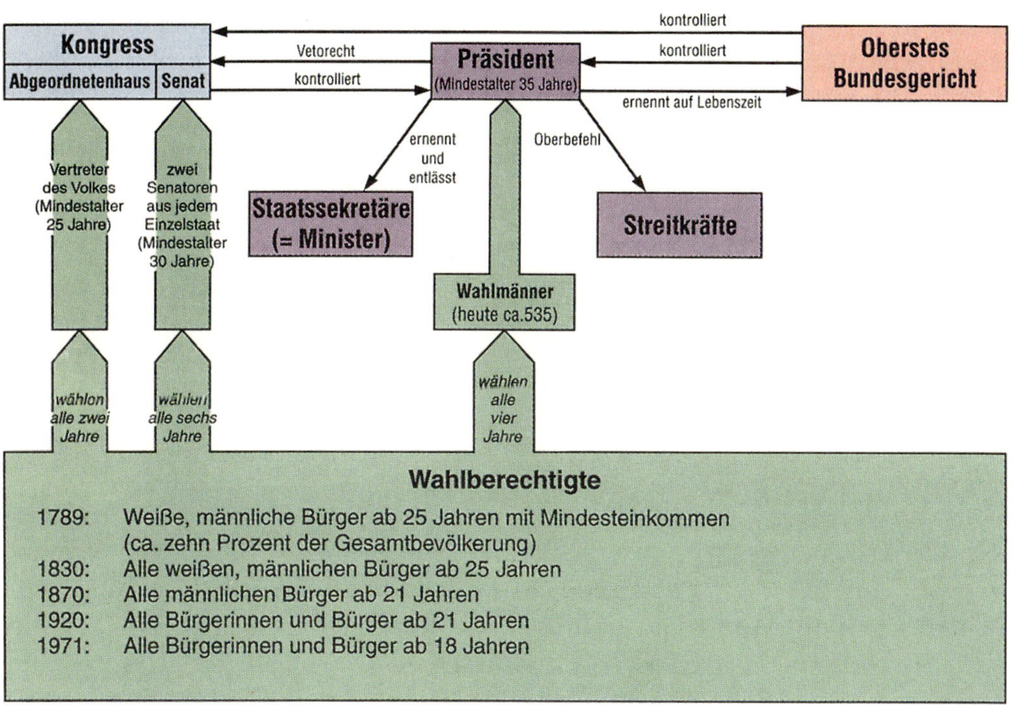

- *Vollziehen Sie anhand des Schemas das Prinzip der „Checks and Balances" nach.*
- *Vergleichen Sie mit dem bundesdeutschen System.*

M6

Politische Rechte für alle?

Viele Frauen hatten sich in den Siebzigerjahren des 18. Jahrhunderts an patriotischen Demonstrationen und Boykotten beteiligt. In diesem Zusammenhang schrieb Abigail Adams am 31. März 1776 an ihren Mann, John Adams, einen der Führer des kolonialen Widerstands. Er war von 1797 bis 1801 der zweite amerikanische Präsident.

Ich sehne mich nach der Nachricht, dass Ihr die Unabhängigkeit erklärt habt. Und, nebenbei, in dem neuen Gesetzbuch, das Ihr – meiner Meinung nach – notwendig machen müsst, solltet Ihr – wie ich wünsche – an die Frauen denken und sie großzügiger und günstiger behandeln als eure Vorfahren es taten. Gebt keine solche unbegrenzte Macht mehr in die Hände der Ehemänner. Erinnert euch, dass alle Männer Tyrannen wären, wenn sie könnten. Wenn den Frauen keine besondere Sorge und Berücksichtigung zuteil wird, sind wir entschlossen, einen Aufruhr zu schüren. Wir werden uns nicht durch irgendwelche Gesetze gebunden fühlen, bei denen wir kein Stimm- oder Vertretungsrecht haben.
Dass euer Geschlecht von Natur aus tyrannisch ist, ist als Wahrheit so völlig bewiesen, dass es keine Erörterung mehr erlaubt. Aber die von euch, die glücklich sein wollen, geben freiwillig das strenge Anrecht des Herren auf zugunsten des sanfteren und teureren als Freund. Warum dann nehmt Ihr es nicht aus der Macht der Bösen und Zügellosen, ohne Strafe mit uns grausam und entwürdigend umzugehen? Männer von Verstand verabscheuen in allen Zeiten solche Sitten, die uns nur als die Mägde eures Geschlechtes behandeln. Betrachtet uns also als von der Vorsehung unter euren Schutz gestellt. Und in Nachahmung des höchsten Wesens macht von dieser Gewalt nur zu unserem Glück Gebrauch.

John Adams antwortet am 14. April 1776:

Was dein außerordentliches Gesetzbuch betrifft, da kann ich nur lachen. Man hat uns erzählt, dass unser Kampf (gegen England) die Bande der Obrigkeit überall gelockert habe, dass Kinder und Lehrlinge ungehorsam würden, dass Schulen und Universitäten aufgewühlt würden, dass Indianer ihre Wächter missachteten und Neger unverschämt gegen ihre Herren würden. Aber dein Brief war der erste Hinweis, dass noch ein anderer Klüngel – zahlreicher und mächtiger als alle anderen – zur Unzufriedenheit herangezüchtet wird. Das ist ein ziemlich grobes Kompliment, aber du bist so frech, dass ich es nicht ausstreichen werde. Verlass dich drauf, wir wissen etwas Besseres, als unsere männlichen Einrichtungen außer Kraft zu setzen. Obwohl sie in voller Rechtskraft stehen, sind sie – wie dir bekannt – wenig mehr als Theorie. Wir wagen es nicht, unsere Gewalt auszuüben. Wir sind verpflichtet, fair und sanft vorzugehen: Und in der Praxis – du weißt es – sind wir die Untergebenen. Wir haben nur den Namen von Herren, und ehe wir diesen aufgeben (was uns völlig dem Despotismus des Unterrockes untertänig machte!), würden hoffentlich General Washington[1] und alle unsere tapferen Helden kämpfen.

Gerold Niemetz (Hrsg.), Vernachlässigte Fragen der Geschichtsdidaktik, Hannover 1992, S. 96

1. *Klären Sie die historische Situation zum Zeitpunkt der Entstehung des Briefs.*
2. *Arbeiten Sie die verfassungspolitische Argumentation von Abigail Adams heraus.*
3. *Diskutieren Sie die Antwort von John Adams.*
4. *Stellen Sie fest, welche Gruppen der Bevölkerung von den Errungenschaften der Verfassungsdebatte in der jungen Republik nicht profitiert haben.*

[1] *George Washington (1732-1799) brachte es als virginischer Tabakpflanzer durch Erbschaft, Heirat und Bodenspekulation zu Reichtum. Er kämpfte in der kolonialen Miliz gegen Indianer und Franzosen und beteiligte sich früh am Widerstand gegen die britische Regierung.*

Der Widerstand gegen das Mutterland formiert sich

Den Kampf um die Vormachtstellung in Europa und der Welt führten im 18. Jahrhundert vor allem England und Frankreich. Die Auseinandersetzung entschied sich im *Siebenjährigen Krieg* (1756-1763), dessen Schlachten auch in Nordamerika (bereits seit 1754) und Asien geschlagen wurden. England siegte, und im *Frieden von Paris* (1763) musste Frankreich in Nordamerika auf Kanada und die Gebiete östlich des Mississippi verzichten. Der Macht der britischen Krone schienen zwischen der Hudson Bay im Norden und dem Golf von Mexiko im Süden keine Grenzen mehr gesetzt zu sein.

Als kurz darauf König *Georg III.* (1760-1820) zum Schutze der Indianer eine weitere Ausdehnung des Siedlungsgebiets verbot, sorgte dies für eine Entfremdung zwischen den Kolonien und der englischen Regierung. Diese wuchs, als die Kolonisten, die weniger Steuern zahlten als die Bürger im Mutterland, an den Kosten der auch in ihrem Interesse geführten Kriege beteiligt werden sollten: Das britische Parlament hob die Zölle an (*Sugar Act*, 1764) und dehnte eine geringfügige – in England seit langem erhobene – Stempelsteuer für Urkunden und Druckerzeugnisse aller Art auf die Kolonien aus (*Stamp Act*, 1765). Es kam zu offenen Protesten. Die Kolonien proklamierten den Grundsatz „No taxation without representation." Demgegenüber vertrat das Parlament in London die Auffassung, jeden Engländer, wo immer er lebe, zu repräsentieren (➧ M 1). Nach Massendemonstrationen und einem Boykott britischer Waren wurde das Gesetz zurückgenommen.

Doch als die Engländer 1767 einen erneuten Versuch unternahmen, Zölle für Einfuhren auf dem amerikanischen Kontinent zu erheben, wurde deutlich, dass es grundsätzlich um eine Einbindung der Kolonien in das britische Königreich ging. Aus dem Streit um Abgaben war ein Kampf um politische Prinzipien geworden. Bei einer Demonstration gegen die englische Macht starben fünf Menschen unter den Kugeln britischer Soldaten (*Boston Massacre*, 1770). Amerika hatte seine ersten Märtyrer, und erneut musste London nachgeben. Nur der Teezoll blieb bestehen.

1773 gestattete die englische Regierung verbilligte Teeimporte in die Kolonien. Die amerikanischen „Patrioten" befürchteten, dass der seit drei Jahren durchgehaltene Boykott britischen Tees unterlaufen werden sollte. Dies hätte indirekt die Anerkennung der britischen Zollhoheit bedeutet. Der Widerstand entlud sich in der Versenkung einer Teeladung im Hafen von Boston (*Boston Tea Party*). Für die englische Regierung war dieser Protest ein Akt „offener Rebellion". Sie verstärkte die Truppen, sperrte vorübergehend den Hafen für den Handel, löste das gewählte Oberhaus von Massachusetts auf und machte Gemeindeversammlungen von der Genehmigung des königlichen Gouverneurs abhängig. Diese für die Bürger von Massachusetts „unakzeptablen Maßnahmen" (*Intolerable Acts*) lösten eine Welle der Solidarität in den anderen Kolonien aus.

„The Revolutionary War": Der Kampf um die Unabhängigkeit beginnt

Erst die offene Konfrontation mit England führte zu einem Zusammenschluss der Kolonien. Im September 1774 begann der *Erste Kontinental-Kongress (American Continental Congress)* in Philadelphia. 55 Delegierte aus zwölf Kolonien (die Vertreter Georgias fehlten) waren zusammengekommen, um ihr Vorgehen abzusprechen. Dieses erste Repräsentativorgan der *Vereinigten Kolonien* stellte zwar „die unveränderlichen Gesetze der Natur" über die englische Verfassung und vereinbarte einen Handelsboykott, doch stand eine Trennung von England nicht zur Diskussion. Nachdem aber Georg III. entschlossen war, die „Rebellen" mit Gewalt zu unterwerfen, kam es im April 1775 in Massachusetts zu den ersten Gefechten. Aus einem Kampf um die Rechte der Kolonien war ein *Unabhängigkeitskrieg* geworden.

Der im Mai 1775 einberufene *Zweite Kontinental-Kongress* organisierte den *Revolutionary War*. Zum Oberbefehlshaber der vereinigten Miliztruppen ernannten die Delegierten *George Washington*. Gleichzeitig weckte eine breit angelegte Kampagne für die Unabhängigkeitsbewegung auch bei den zögernden *Loyalisten* der bürgerlichen Mittelschicht die Bereitschaft zur Trennung von England (▶ M 2).

Eine neue Dimension des Rechts: die Erklärung der Grundrechte in Virginia

Ausdruck des einsetzenden Unabhängigkeitsstrebens war das Bemühen einer Reihe von Kolonien, sich eigene Verfassungen zu geben. Zu besonderer Bedeutung gelangte die *Virginia Bill of Rights* vom 12. Juni 1776 (▶ M 3). Sie enthielt einen aus dem *Naturrecht*[1] abgeleiteten Katalog von Grund- und Menschenrechten und schrieb erstmals die Gewaltenteilung, die regelmäßige Wahl der Abgeordneten, Geschworenengerichte, Pressefreiheit und Religionsfreiheit in einer Verfassung fest.

Weil die Erklärung den Vorrang der individuellen Freiheitsrechte des Menschen gegenüber allen Ansprüchen des Staates proklamierte, kommt ihr über den aktuellen Anlass hinaus universale Bedeutung zu. Deutlich wird „das Modell einer Zivilgesellschaft (*civil society*) das keine Trennung von Staat und bürgerlicher Gesellschaft kennt, sondern Politik als Konsequenz des Mehrheitswillens und der öffentlichen Meinung (*public opinion*) definiert" (Jürgen Heideking). Von hier aus wurde die folgende inneramerikanische und die zukünftige internationale Verfassungsentwicklung maßgeblich beeinflusst.

50 ✓ →

„Selbstverständliche Wahrheiten": die Unabhängigkeitserklärung

Am 4. Juli 1776 verkündeten die Delegierten des Zweiten Kongresses die *Unabhängigkeitserklärung (Declaration of Independence)*. Die Urkunde war unter der Leitung von *Thomas Jefferson*[2] von einem Ausschuss erarbeitet worden. Dessen herausragende Mitglieder wie *John Adams* und *Benjamin Franklin*[3] verkörperten das puritanische Freiheitsbewusstsein und die angelsächsische Rechtstradition der gebildeten und besitzenden Oberschichten der Kolonien.

2. Kontinentalkongress

---

1) Lehre von einem Recht, das im Wesen des Menschen begründet ist – unabhängig von Zeit und Ort, in denen er lebt. Dagegen steht das geschichtlich gewordene, gesetzte und daher veränderliche („positive") Recht.

2) Thomas Jefferson (1743-1826), Rechtsanwalt und wohlhabender Pflanzer, wurde als Mitglied des Abgeordnetenhauses von Virginia und des Kontinentalkongresses einer der Führer der Unabhängigkeitsbewegung. Jefferson organisierte in den Anfangsjahren der amerikanischen Republik die politische Opposition der Einzelstaaten gegen eine zu starke Bundesgewalt; zwischen 1801 und 1809 war er dritter Präsident der USA.

3) Benjamin Franklin (1706-1790), Publizist und Universalgelehrter aus Philadelphia, dem geistigen Zentrum der „Neuen Welt" im 18. Jahrhundert. Franklin war seit 1764 Repräsentant mehrerer Kolonien bei der britischen Regierung und setzte sich nach einem heftigen Konflikt mit dem Kronrat ab 1775 für die Unabhängigkeit der Kolonien ein.

▲ *Washingtons Übergang über den Delaware am 25. Dezember 1776. Ende 1776 schien Washingtons auf 3 000 Mann geschrumpfte „Rebellenarmee“ schon geschlagen. Durch die riskante Flussüberquerung entzog er sich jedoch einer Entscheidungsschlacht und rekrutierte mit freien Schwarzen und Sklaven eine neue Armee.*

- *Das Gemälde des Deutsch-Amerikaners Gottlieb Leutze (1816-1866) wurde Mitte des 19. Jahrhunderts von der amerikanischen Öffentlichkeit enthusiastisch aufgenommen. Erläutern Sie die Gründe.*

▼ *Robert Colescott, George Washington Carver Crossing the Delaware, 1975. In den Sechzigerjahren des 20. Jahrhunderts entsteht eine Bewegung afroamerikanischer Künstler, die mit originellen Techniken und Ausdrucksformen die amerikanischen Mythen mit eigenen Traditionen verbinden.*

- *Diskutieren Sie diese afroamerikanische Interpretation des Delaware-Mythos.*

Die Unabhängigkeitserklärung hatte eine doppelte Funktion: Sie nannte die Vergehen der englischen Krone und begründete damit formal, warum die Kolonien sich von England lossagten. Gleichzeitig legte sie in der Einleitung ein politisches Glaubensbekenntnis vor, um den Schritt in die Unabhängigkeit zu legitimieren. Auf dem Fundament der „selbstverständlichen Wahrheiten“ der Gleichheit, der Freiheit und des Strebens nach Glück („*pursuit of happiness*“) entstand der „*American Dream*“ (▸ M 4).

Ausgang und Ende des revolutionären Krieges

Ihre Freiheit erkämpften sich die „Patrioten“ in einem fast acht Jahre währenden Krieg. Sie hatten dabei nicht nur gegen die Engländer und die etwa 30 000 Söldner aus deutschen Landen, die so genannten „Hessians“, zu kämpfen, sondern auch gegen etwa ein Drittel der Kolonisten, die weiterhin zur britischen Krone hielten. Insofern war der Unabhängigkeitskrieg auch ein Bürgerkrieg. Militärisch entscheidend wurde die Intervention der Franzosen, die zuerst mit Waffen und Geld, ab 1778 auch mit Truppen die aufständischen Amerikaner gegen den „Erzrivalen“ England unterstützten.

Im *Frieden von Versailles* (1783) musste England die Souveränität der dreizehn Vereinigten Kolonien anerkennen und ihnen das Gebiet zwischen den Appalachen und dem Mississippi abtreten. Die über 80 000 königstreu gebliebenen Loyalisten wurden ausgestoßen oder emigrierten freiwillig, meist nach Kanada. In nicht wenigen Fällen wurde ihr Besitz konfisziert und aufgeteilt. Nahezu die Hälfte der kolonialen Oberschicht wurde auf diese Weise ausgetauscht.

Auf dem Weg zu einer Verfassung für den Staatenbund

Noch während des Krieges hatten zwischen 1776 und 1780 elf von dreizehn Kolonien eigenständige Verfassungen verabschiedet und die Regierungsgewalt in Exekutive, Legislative und Judikative geteilt. Alle Verfassungen führten ein Männerwahlrecht ein, das durch Eigentumsklauseln eingeschränkt war (*Zensuswahlrecht*). Diese Verfassungen beeinflussten die nun einsetzende Diskussion über eine Bundesverfassung.

In den 1777 angenommenen, aber erst 1781 endgültig ratifizierten *Konföderationsartikeln (Articles of Confederation)* hatten die dreizehn souveränen Kolonien ihre Zusammenarbeit als losen republikanischen Staatenbund organisiert. Nach dem Fortfall der äußeren Bedrohung schien der Zusammenhalt der *United States of America* schnell zu zerbröckeln.

Die Last der Kriegskosten, eine einsetzende Wirtschaftskrise und ein Autoritätsverfall der kolonialen Eliten offenbarten Probleme, die ein hilfloser Kongress mangels Befugnissen nicht lösen konnte. Ein Staatsbankrott drohte. Weitere Argumente für eine stärkere Zentralgewalt lieferte nicht zuletzt eine Rebellion verschuldeter Farmer im Hinterland von Massachusetts. Sie hatten zu den Waffen gegriffen, um von den Behörden eine Reduzierung der Steuerlast und die Erschwerung von Zwangsvollstreckungen zu erzwingen (*Shays' Rebellion*, 1786/1787). Die Tatsache, dass das Parlament von Massachusetts dem Druck der Farmer zum Teil nachgab, mochte manchen Angehörigen der politischen Oberschicht in dem Willen bestärkt haben, die Macht der einzelstaatlichen Legislativversammlungen durch eine neue Bundesverfassung zu begrenzen.

„Checks and Balances": die amerikanische Bundesverfassung

Mit der Verfassungsdiskussion sollte die *„Amerikanische Revolution"* beendet werden. Am 25. Mai 1787 kamen in Philadelphia 55 Delegierte aus zwölf Staaten mit dem Auftrag zusammen, „die Konföderationsartikel zu revidieren". Hinter verschlossenen Türen einigten sich die Delegierten unter dem Vorsitz von George Washington stattdessen auf eine völlig neue Verfassung für eine präsidiale föderalistische Republik. Der Entwurf der Verfassungsväter (*Founding Fathers*) wurde am 17. September 1787 beschlossen. Er schuf ein System der Gewaltenteilung und wechselseitigen Kontrolle (*Checks and Balances*) zwischen Exekutive, Legislative und Judikative:

1. Die *Macht des Bürgers* findet ihren Niederschlag darin, dass alle politische Gewalt vom Volk ausgeht und das Gemeinwohl Maßstab allen staatlichen Handelns ist. Einer Allmacht des Volkes setzt die kontrollierende *Kraft der Rechtsprechung* Grenzen. Diese kann in letzter Instanz durch das oberste Bundesgericht (*Supreme Court*) auch die Gesetzgebungsakte des Bundes und der Einzelstaaten einer Kontrolle unterziehen (ab 1803).
2. Die *Macht des Kongresses*, der aus zwei Kammern, dem *Senat* (Vertreter der Staaten) und dem *Repräsentantenhaus* (direkt gewählte Volksvertreter) besteht, findet ihr Gegengewicht in der *Autorität des Präsidenten*, der zugleich Staatsoberhaupt und Chef der von ihm selbst ausgewählten Regierung ist. Er wird nicht vom Parlament, sondern vom Volk durch Wahlmänner indirekt auf vier Jahre gewählt und kann durch sein aufschiebendes Vetorecht auf die Gesetzgebung einwirken.
3. Der *Einheit des Bundesstaates* (zuständig für Verteidigung, Währung, Außenpolitik und Außenhandel) stehen *selbständige Einzelstaaten* gegenüber (zuständig für Fragen der Kultur, des Verkehrs, der Justiz und der Polizei).

▲ *Historical Monument of the American Republic, Gemälde von Erastus Salisbury Field, um 1876.*
● *Analysieren Sie die Symbolik des Bildes.*

4. Den Interessen der *großen Staaten* wird dadurch Rechnung getragen, dass die Einzelstaaten im Repräsentantenhaus proportional zu ihrer Bevölkerung vertreten sind und allein dieser Kammer das Recht zusteht, Finanzgesetze zu verabschieden. Indem alle Staaten im Senat zwei Sitze erhalten, wird gleichzeitig den Interessen der *kleinen Staaten* entgegengekommen (➧ M 5).

In der Auseinandersetzung über die Annahme des Entwurfs bildeten sich zwei politische Lager. Die *Föderalisten (Federalists)*, hinter denen Handel und Gewerbe standen, befürworteten eine starke Bundesgewalt. Demgegenüber misstrauten die *Anti-Federalists* jedem staatlichen Zentralismus und wollten einen staatenbündischen Föderalismus verteidigen. Am Ende nahmen die meisten Staaten die Verfassung an. Bei den anschließenden Wahlen des Jahres 1789 gewannen die Föderalisten, und George Washington wurde der erste Präsident der Vereinigten Staaten. Hauptstadt war zunächst Philadelphia, bevor die Regierung im Jahr 1800 in das weiter südlich gelegene neu gegründete „Washington" umzog. Um Forderungen der Anti-Federalists entgegenzukommen, beschloss der Kongress im Herbst 1789, eine Reihe von Grundrechten (*Bill of Rights*) als Zusätze (*amendments*) in die Bundesverfassung aufzunehmen. Diese Artikel garantierten jedem Amerikaner unter anderem Glaubens-, Presse- und Versammlungsfreiheit, Unverletzlichkeit der Person, der Wohnung und des Eigentums.

Die Stellung der Frau in Politik und Gesellschaft blieb allerdings noch lange der Position des Mannes untergeordnet, obwohl bereits einige Stimmen vehement eine Änderung forderten (➧ M 6).

Grundbegriff: Demokratie ⇢ Der Begriff stammt aus dem Griechischen und heißt so viel wie *Volksherrschaft*. Indem die athenische Polis die Mitwirkung aller Bürger an den politischen Entscheidungen zur Grundlage des Staatslebens machte, unterschied sie sich grundsätzlich von anderen, im Altertum bekannten Regierungssystemen: der Herrschaft einzelner (*Monarchie* oder *Tyrannis*); der Herrschaft weniger (z.B. *Aristokratie*). Allerdings waren in Athen oder in Rom politische Rechte nur den männlichen Vollbürgern, und diesen nur in abgestufter Form, vorbehalten. Damit kontrollierten Minderheiten die staatlichen Entscheidungsprozesse.

Im Mittelalter lehnte die Kirche die Demokratie als Leugnung der gottgesetzten Verschiedenheit von Menschen ab. Erst in der Neuzeit bereiteten zwei gegenläufige Entwicklungen die moderne Demokratie vor: Der Absolutismus strebte eine Vereinheitlichung der Pflichten aller Untertanen an; die Philosophie der Aufklärung begründete gleiche Rechte der Bürger. Im 19./20. Jahrhundert entstanden auf dieser Basis in Nordamerika und Europa Demokratien modernen Zuschnitts, an denen tatsächlich alle Bürger teilhaben können.

Als Idealbild scheint Demokratie heute international weitgehend unumstritten. Die mit ihr verbundenen Vorstellungen sind jedoch zum Teil höchst unterschiedlich. Es bleibt deshalb eine ständige Aufgabe, sich überall dort für Demokratie einzusetzen, wo ihre Verwirklichung aus historischen, gesellschaftlichen oder religiösen Gründen gefährdet erscheint.

1.3 Ein Kontinent auf dem Weg zur Nation

▲ *Emanuel Gottlieb Leutze, „Westwärts geht der Weg des Imperiums" (1861).*

1787
Die Northwest Ordinance regelt die Erweiterung des Siedlungsraumes nach Westen

1803
Die USA kaufen Frankreich das Louisiana-Territorium ab

1845
Das Manifest Destiny formuliert eine neue Form des amerikanischen Sendungsbewusstseins

1890
Mit der Schlacht am Wounded Knee Creek enden die Indianerkriege
Mit der Erschließung des Westens kommt die Frontier-Bewegung zu einem Abschluss

1924
Die Indianer erhalten das Bürgerrecht

M1
Was ist ein Amerikaner?

Der gebürtige Franzose Hector St. John de Crèvecoeur (1735-1815) kam 1754 als Soldat nach Nordamerika, wo er viel reiste. 1793 wurde er französischer Konsul in New York.

Hier gibt es keine aristokratischen Familien, keine Fürstenhöfe, keine Könige, keine Bischöfe, keine geistliche Oberherrschaft, keine unsichtbare Macht, die wenigen eine sehr sichtbare verleiht, keine großen Manufakturbesitzer, die Tausende beschäftigen, keine Übertreibung des Luxus. Die Reichen und die Armen sind nicht so weit voneinander entfernt wie in Europa. [...]

Rechtsanwalt oder Kaufmann sind die erhabensten Titel, die unsere Städte gewähren; der eines Farmers ist die einzige Bezeichnung für die ländlichen Bewohner unseres Gemeinwesens. Gewiss wird der Reisende einige Zeit benötigen, ehe er sich mit unserem Wortschatz anfreunden kann, dem es wohl an würdevollen Bezeichnungen und Ehrennamen gebricht. So sieht er an einem Sonntag eine Versammlung respektabler Farmer und ihrer Frauen, alle in schmuckes, selbsterzeugtes Tuch gekleidet, wohlberitten oder in ihren eigenen schlichten Wagen. Unter ihnen gibt es keinen Hochwohlgeboren außer dem unbelesenen Friedensrichter. Dort erblickt er einen Pfarrer, so schlicht wie seine Herde, einen Farmer, der nicht von der Arbeit anderer in Saus und Braus lebt. Wir haben keine Prinzen, für die wir uns abmühen, hungern und bluten; wir sind die vollkommenste Gesellschaft, die jetzt in der Welt existiert. Hier ist der Mensch so frei, wie er sein sollte [...].

In diesem großen amerikanischen Asyl haben sich die Armen Europas auf die eine oder andere Weise und im Ergebnis verschiedener Ursachen zusammengefunden; zu welchem Zweck sollten sie einander fragen, aus welchem Land sie kommen? Ach, zwei Drittel von ihnen hatten kein Heimatland. Kann ein Unglücklicher, der umherstreifen muss, der arbeitet und hungert, dessen Leben ständig voll tiefen Elends und bedrückender Armut ist – kann dieser Mensch England oder irgendein anderes Königreich sein Heimatland nennen? Ein Land, das kein Brot für ihn hatte, dessen Felder ihm keine Ernte lieferten, dem nichts anderes als das Stirnrunzeln der Reichen, die Härte der Gesetze, Kerkerhaft und schwere Strafen zuteil wurden; dem kein Fußbreit der unendlichen Oberfläche dieses Planeten gehörte? Nein! Gedrängt von einer Vielfalt von Beweggründen, kamen sie hierher, wo alles darauf gerichtet war, ihnen neues Leben einzuhauchen; neue Gesetze, eine neue Lebensweise, ein neues Gesellschaftssystem; hier sind sie Menschen geworden [...]. Welche unsichtbare Kraft hat diese überraschende Metamorphose[1] bewirkt? Die der Gesetze und die ihres Fleißes. Die Gesetze, die nachsichtigen Gesetze schützen sie bei ihrer Ankunft und verleihen ihnen das Siegel der Aufnahme; sie erhalten reichen Lohn für ihre Arbeit; der angehäufte Lohn verschafft ihnen Land; dieses Land verleiht ihnen den Titel freier Menschen, und diesem Titel haftet jeglicher Vorteil an, welchen Menschen je erlangen können. [...]

Sein Heimatland ist nun das, welches ihm Boden gibt, Brot, Schutz und Ansehen. Ubi panis ibi patria[2] ist das Motto aller Emigranten. Was also ist dann der Amerikaner, dieser neue Mensch? Er ist weder ein Europäer noch Abkömmling eines Europäers, daher diese seltsame Mischung des Blutes, welche Ihr in keinem anderen Land finden werdet. Ich könnte euch eine Familie nennen, wo der Großvater ein Engländer war, dessen Frau eine Holländerin, deren beider Sohn eine Französin heiratete, und dessen gegenwärtige vier Söhne nun vier Frauen verschiedener Nationalität geehelicht haben. Derjenige ist Amerikaner, der all seine alten Vorurteile und Verhaltensweisen hinter sich gelassen hat und aus der neuen Lebensform, die er angenommen hat, von der neuen Regierung, der er gehorcht, und von dem neuen Stand, den er bekleidet, neue empfängt. [...] Hier sind die Einzelwesen aller Nationen verschmolzen zu einem neuen Menschenschlag, dessen Taten und Nachkommenschaft eines Tages große Veränderungen in der Welt hervorrufen werden. Die Amerikaner sind die Pilger des Westens. [...] Der Amerikaner ist ein neuer Mensch, der nach neuen Grundsätzen handelt; er muss deshalb neue Gedanken hegen und neue Meinungen formen. Aus unfreiwilligem Müßiggang, sklavischer Abhängigkeit, Armut und nutzloser

1) *Verwandlung*

2) *lat., „wo ich Brot finde, dort bin ich zuhause"*

◀ *Frühe Siedlerhäuser an der Ostküste. Rekonstruktionen im Jamestown Festival Park in Williamsburg.*
• *Beschreiben Sie die Verhältnisse, in denen die Menschen lebten, und ihren Lebensstandard.*

Fron ist er zu einem Schaffen ganz anderer Art übergegangen, das durch ein reichliches Auskommen belohnt wird. – Das ist ein Amerikaner. […] Nun langen wir bei den großen Wäldern an, nahe den letzten bewohnten Gebieten; hier scheinen sich die Menschen noch weiter jenseits der Reichweite der Regierung zu befinden, wodurch sie in gewissem Maße sich selbst überlassen sind. Wie könnte diese in jeden Winkel dringen? Da die Menschen durch Unglück, den Zwang des Neubeginns, durch das Verlangen, große Landgebiete zu erwerben, durch Müßiggang, häufig auch mangelnde Sparsamkeit und durch alte Schulden dorthin getrieben wurden, bietet das Wiederzusammenführen solchen Volkes kein sehr angenehmes Schauspiel. Wenn Zwietracht, Mangel an Einmütigkeit und Freundschaft, wenn entweder Trunksucht oder Müßiggang in solch fernen Gebieten vorherrschen, müssen Hader, Untätigkeit und Elend folgen. Gegen solche Übel stehen nicht dieselben Heilmittel zur Verfügung wie in einer lange bestehenden Gemeinschaft. Die wenigen Friedensrichter, die sie haben, sind im Allgemeinen kaum besser als der Rest; oft befinden sich die Menschen in einem regelrechten Kriegszustand des einen gegen den anderen, wobei die Entscheidung zuweilen durch Schläge, zuweilen durch gesetzliche Mittel herbeigeführt wird; ein Kriegszustand ist auch ihr Verhältnis zu den wilden Bewohnern dieser ehrwürdigen Wälder, die ihnen zu entreißen sie hergekommen sind. Hier scheinen die Menschen nicht besser zu sein als Fleisch fressende Tiere einer höheren Stufe, die sich von anderen wilden Tieren ernähren, wenn sie sie fangen können, und falls sie dieses nicht vermögen, leben sie vom Ackerbau. […] Die Kraft des Beispiels und der Kontrolle durch das Schamgefühl dort entratend, stellen viele Familien den abscheulichsten Teil unserer Gesellschaft dar. Sie sind eine Art verlorener Hoffnung und schreiten der höchst ehrenwerten Armee von erfahrenen Männern, die nach ihnen kommen, um zehn oder zwölf Jahre voraus. […] Sie machen fleißigeren Menschen Platz, die die Landkultivierung abschließen und das Blockhaus in eine behagliche Wohnstätte verwandeln werden, und die Freude, dass diese ersten schweren Arbeiten beendet sind, wird das bislang barbarische Land binnen weniger Jahre in einen schönen, fruchtbaren, wohlgeordneten Distrikt verwandeln.

Heinz Förster (Hrsg.), Was ist ein Amerikaner? Zeugnisse aus dem Zeitalter der amerikanischen Revolution, Leipzig/Weimar 1987, S. 8 ff.

1. *Erläutern Sie, was Amerika nach Meinung Crèvecoeurs von Europa unterscheidet.*
2. *Diskutieren Sie Crèvecoeurs Vision vom „neuen Menschen".*
3. *Erläutern Sie die Position, die die ersten Siedler in den Wäldern nach Ansicht des Autors in der amerikanischen Zivilisationsgeschichte einnehmen.*
4. *Diskutieren Sie, ob sich Elemente dieses Amerikabildes bis in die Gegenwart erhalten haben.*

M2

Auswandern nach Amerika?

In dem einflussreichen „Hand- und Reisebuch für Auswanderer" von Traugott Bromme (1. Auflage 1840, 9. verbesserte und vermehrte Auflage 1875) heißt es:

Amerika ist [...] kein Feenland, wo ewiger Friede und Genuss herrscht [...], wo man keine Gerichte, Priester, Polizei und Soldaten mehr habe und ihrer auch nicht bedürfe; kein Paradies, welches alle Bedürfnisse ohne Mühe und Arbeit in größter Fülle darbiete; es ist [...] das Land des Schweißes und der Arbeit! Derjenige Auswanderer, welcher ohne Vermögen, das ihn nährt, hierher kommt [...], muss hier recht schwer und mehr als anderwärts arbeiten. Der mit Urwald, Schlingpflanzen und Unkraut überzogene Boden erfordert mehr Kräfte zum Abräumen und zur Bearbeitung als der gewöhnliche Ackerbau in Deutschland. – Die Gewerbe werden zwar frei betrieben, aber diese Freiheit, alle treiben zu dürfen, schickt jedem, der ein einträgliches Geschäft gefunden zu haben glaubt, sogleich eine Menge Konkurrenten auf den Hals, und diese zwingen ihn, alle Kraft aufzubieten, um nicht von anderen aus dem Genuss und dem Besitz seiner Vorteile gedrängt und überflügelt zu werden. [...]
Die Vorteile, welche Amerika dem Einwanderer verspricht und bietet, sind: ein leicht zu erwerbender Boden, volle Freiheit der Beschäftigungen und Gewerbe, milde Abgaben, allgemeine politische und religiöse Freiheit, zu denken und zu glauben, was er will, seine Meinung unbefangen zu äußern und seine Einsichten zum Besten seines neuen Vaterlandes geltend zu machen in Schriften und als frei erwählter Vertreter des Volkes. [...]
Nach einigen Jahren Aufenthalt erlangt der Einwanderer die Rechte des Bürgers und kann nun zu allen Ämtern und Würden seines neuen Vaterlandes gelangen – kann Geschworener, Volksvertreter, Beamter, ja selbst die erste Person des Staates werden, wenn er das Vertrauen seiner Mitbürger gewinnt; wer mehr sucht und erwartet, der täuscht sich bitter. Es geschieht in Amerika sonst durchaus nichts für den Fremden; er muss alles sich selbst danken, bedarf aber auch nichts weiter und kann dabei recht wohl bestehen, denn es ist klar, dass ein Mensch, der sich nur sonst zu behelfen und in alles zu finden weiß, tätig, erwerbsfleißig, mäßig, sparsam ist, den Entbehrungen Trotz bieten kann, aber auch nur ein solcher, dort besser als irgendwo sein Glück finden kann. [...]
Wer hier leben und sich gefallen will, muss die europäische Haut abstreifen und nie wieder in sie hineinkriechen; dann aber erwacht auch in ihm ein Gefühl der Superiorität[1] über alle anderen Nationen, das aus dem Bewusstsein hervorgeht: dass hierzulande als Glied der Gesellschaft niemand über ihm steht, dass durch Geburt die Menschen weder höher noch niedriger sind, dass ihr sittlicher und geistiger Wert alles ist. Selbst die Regierungen sind hier nicht Götter, sondern nur Diener des Volkes, das sie nach Wohlgefallen ein- und absetzt.

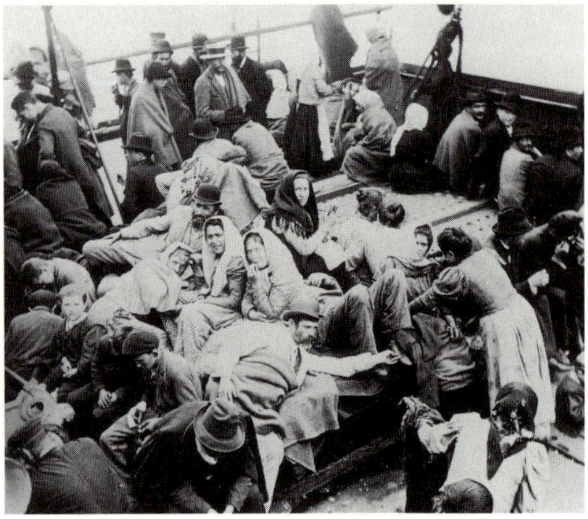

▲ *Auswanderer auf dem Deck der „S. S. Westernland", 1890.*

Traugott Bromme, Hand- und Reisebuch für Auswanderer nach den Vereinigten Staaten von Nordamerika [...], Bayreuth, 5. Auflage 1848, S. 412 ff.

1. *Listen Sie die Vor- und Nachteile auf, die sich einem Auswanderer aus Deutschland boten. Berücksichtigen Sie auch das Erscheinungsjahr des Ratgebers.*
2. *Beschreiben Sie den Wandel vom „Einwanderer" zum „Amerikaner" und das Entstehen einer amerikanischen Identität.*

[1] Überlegenheit

M3
Auswandererbriefe

Die unbekannte Ehefrau eines Schmieds schreibt um 1850 an ihre Verwandten in Ostfriesland:

Tausendmal muss ich dem Herrn danken, dass er es so gefügt hat, dass ich mit all meinen Kindern hier in diesem Land bin. Wenn ich nun mit meinen Kindern in Deutschland geblieben wäre, so wäre nichts aus ihnen geworden als Sklaven der Bauern, und hier können sie angesehene Bürger und Bauern werden und in eigenen Häusern wohnen!

Meine älteste Tochter wird sich wohl gut verheiraten können, wenn sie nur erst etwas älter ist. Von den englischen Mädchen hält man hier nicht viel, die wollen nicht so fleißig arbeiten.

Im Sommer 1852 schreibt sie an die Verwandten:

Meine älteste Tochter hat sich diesen Winter mit einem braven jungen Mann, einem Ostfriesen, verheiratet, der viel Geld verdient und eine Farm besitzt, die mehr als tausend Dollar wert ist. Meine Tochter geht oft in Seide gekleidet und trägt einen kostbaren seidenen Sonnenschirm, ihr sollt sie nicht wiedererkennen! Schickt doch euren Nachbarn, der dort nicht vorwärtskommen kann, hierher! Die armen Leute, die dort keine Arbeit mehr finden, können vor Verdruss ja gar nicht gesund bleiben! Hier dagegen kann noch etwas aus ihnen werden.

Johannes Hummel, ein Gutsverwalter aus Württemberg, der 1850 ausgewandert war, schreibt an seine deutschen Angehörigen:

Hier sind die Zeiten sehr schlecht, so dass Neuangekommene sehr, sehr schwer tun. Hunderte dieser Armen mussten sich letzten Winter mit Betteln helfen, weshalb es sich jeder wohl überlegen sollte, seine Heimat für keine Heimat und gewiss ebenso viel, wo nicht mehr Nahrungssorgen und dabei noch Krankheiten durch klimatischen Wechsel, die nicht ausbleiben, zu vertauschen. Es dürfte sich kaum der Mühe lohnen, 3-4-5-6 Jahre lange harte Prüfungen auszuhalten, um sich etwas besser zu stellen als man gewöhnlich in Europa steht [...]. Deshalb ist meine Meinung die: Es ist gewiss, dass die erste Zeit hier weit härter für den Deutschen ist, als dieselbe für ihn zu Hause wäre, ferner, es ist nicht gewiss, ob es ihm je besser geht als es dies zu Hause der Fall gewesen wäre, mit einem Wort: Es ist ein Wagestück, seine Heimat mit Amerika zu vertauschen, das für viele nicht den erhofften Erfolg hat, und (das lernt man allerdings besser hier) bringt die meisten zur Einsicht, dass nicht Unglück, sondern Unzufriedenheit mit der Führung Gottes ihnen das heimatliche Land entleidete. Denket aber ja nicht, dass ich unzufrieden lebe, und dass dies der Ausdruck dieses Gefühls sei, nein, Gott sei Dank, mir ist recht wohl zu Mut mit meiner lieben Frau, und wir fühlen uns sehr glücklich. Es ist nur als guter Rat für Auswanderungslustige und zu eurer eigenen Zufriedenheit gemeint, wenn ich auch jedesmal bemerke, dass man hier nicht findet, was man sucht, und dass ich heute gerade so lieb in Deutschland wäre und mich dort, ob reicher oder ärmer, gerade so glücklich fühlen würde als hier.

Wolfgang J. Helbich (Hrsg.), „Amerika ist ein freies Land ...". Auswanderer schreiben nach Deutschland, Darmstadt 1985, S. 44 ff.

1. *Erläutern Sie die Gründe für die Auswanderung.*
2. *Analysieren Sie die Kriterien, nach denen in den Briefen Erfolg oder Misserfolg der Auswanderung beurteilt werden.*
3. *Diskutieren Sie darüber, ob diese Quellen repräsentativ sind.*

M4
Die Bedeutung der Grenze für die amerikanische Geschichte

Anlässlich der Weltausstellung in Chicago setzte sich der Historiker Frederick J. Turner (1861-1932) 1893 mit den Auswirkungen der Kolonisation des Westens auf den Charakter und das Denken des amerikanischen Volkes auseinander.

Bei den meisten Nationen hat sich die Entwicklung in einem begrenzten Raum abgespielt; und wenn die Nation sich ausdehnte, ist sie auf andere wachsende Völker getroffen, die sie erobert hat. Aber im Fall der Vereinigten Staaten haben wir eine andersartige Erscheinung. Beschränken wir unsere Aufmerksamkeit auf die Atlantikküste, haben wir die vertraute Erscheinung der Entwicklung von Einrichtungen in einem begrenzten Gebiet, wie etwa die Entstehung eines repräsentativen Regierungssystems; die Differenzierung einfacher Kolonialregierungen in vielschichtige Organe; den Fortschritt von einer primitiven Gewerbegesellschaft ohne Arbeitsteilung zur industriellen Zivilisation. Zusätzlich dazu aber haben wir eine Wiederholung des Entwicklungsprozesses in jedem Gebiet des Westens, das im Vorschreiten der Expansion erreicht wird. Derart hat die amerikanische Entwicklung nicht bloß ein Vorrücken entlang einer einzigen Linie dargestellt, sondern die Rückkehr zu primitiven Verhältnissen auf einer ständig vorrückenden Grenzlinie und eine neue Entwicklung für dieses Gebiet. Die gesellschaftliche Entwicklung Amerikas hat an der Grenze ständig wieder von vorn angefangen. Diese beständige Wiedergeburt, dies Fließende des amerikanischen Lebens, diese Expansion westwärts mit ihren neuen Möglichkeiten, ihrer dauernden Berührung mit der Einfachheit primitiver Gesellschaft, stellen die Kräfte, die den amerikanischen Charakter beherrschen. Der wahre Gesichtspunkt in der amerikanischen Geschichte ist nicht die Atlantikküste, sondern der Große Westen. […]
Das Ergebnis ist, dass der amerikanische Geist seine auffallenden Charakteristika der Grenze verdankt. Jene Rauheit und Kraft verbunden mit Scharfsinn und Wissbegier; jene praktische, erfinderische Denkungsart, rasch im Auffinden von Behelfen; jene meisternde Hand in materiellen Dingen, mangelhaft im Künstlerischen, aber machtvoll zur Erreichung großer Ziele; jene ruhelose, nervöse Tatkraft; jener dominante Individualismus, zum Guten und zum Bösen wirkend, und zu all dem die Spannkraft und Üppigkeit, die mit der Freiheit einhergehen – das sind Züge der Grenze oder Züge, die anderswo auf Grund des Daseins der Grenze hervorgerufen wurden. Seit den Tagen, da die Flotte des Kolumbus in die Gewässer der Neuen Welt segelte, war Amerika ein anderer Name für Möglichkeit, und das Volk der Vereinigten Staaten hat den Ton aufgenommen von der unaufhörlichen Ausdehnung, die den Leuten nicht nur freistand, sondern sogar aufgezwungen wurde.

▲ *Bautrupps feiern 1869 die Vollendung der ersten transkontinentalen Eisenbahnlinie im Bundesstaat Utah.*

Erich Angermann, Der Aufstieg der Vereinigten Staaten von Amerika. Innen- und außenpolitische Entwicklung 1607-1914, Stuttgart, 2. Auflage 1965, S. 45 f.

1. *Erläutern Sie Turners Begriff der „Grenze". Beurteilen Sie, was an der Grenze geschieht und wie sie das Leben der Siedler prägt.*
2. *Vergleichen Sie den Typ des in den Westen ziehenden Pioniers mit den puritanischen Siedlern.*
3. *Prüfen Sie, inwiefern Turner eine Umdeutung der bisherigen amerikanischen Geschichte vornahm. Versuchen Sie, seine These aus der Zeit heraus zu erklären.*

M5
Krieg oder Frieden?
Was sollen die Indianer tun?

Der Shawnee-Häuptling Tecumseh (1768-1813) versuchte 1811, andere Indianerstämme für einen Krieg gegen die Weißen zu gewinnen.

Schlaft nicht länger, oh Choctaws und Chickasaws, in falscher Sicherheit und trügerischer Hoffnung. Unsere großen Landgebiete entgleiten immer mehr unserem Griff. Jedes Jahr werden die weißen Eindringlinge habsüchtiger, erpresserischer, erdrückender und anmaßender. Noch treten und schlagen sie uns nicht wie ihre Schwarzgesichter. Aber wie lange noch wird es dauern, bis sie uns an Pfähle binden und uns auspeitschen und uns zwingen, für sie auf ihren Feldern zu arbeiten? Sollen wir auf diesen Augenblick tatenlos warten oder kämpfen?
Haben wir ihre Absichten nicht klar vor Augen in den Beispielen ihres Verhaltens in der Vergangenheit? Sollen wir die Gebeine unserer teuren Verstorbenen preisgeben, sollen wir warten, bis sie so zahlreich geworden sind, dass es einen Widerstand gar nicht mehr geben kann? Sollen wir uns eines Tages zerstören lassen, ohne Kampf? Niemals, sage ich! Niemals! Also müssen wir uns zusammenschließen, eine große indianische Einheit bilden und sie an der ganzen Front zurücktreiben. Krieg oder Ausrottung ist unsere einzige Alternative, die wir haben. Welches wählt ihr? Deshalb rufe ich euch jetzt auf, tapfere Choctaws und Chickasaws, euch dem rechten Versuch anzuschließen, unsere Rasse aus dem Griff unserer treulosen und herzlosen Unterdrücker zu befreien. Die widerrechtliche Besitznahme unseres Landes muss gestoppt werden, oder wir, die rechtmäßigen Eigentümer, werden für immer zerstört und aufhören, als eine Rasse zu existieren. Ich führe nun viele Krieger an und werde vom starken Arm englischer Soldaten gestützt.
Choctaws und Chickasaws! Ihr gehört zu den wenigen, die sorglos beiseite sitzen. Ihr habt euch wirklich des Rufes erfreut, tapfere Krieger zu sein, aber wollt ihr diesen Ruf lieber der Überlieferung schulden als der Gegenwart? [...] Wollt ihr – könnt ihr langer untätig bleiben, oh Choctaws und Chickasaws?

Der Choctaw-Irokesen-Häuptling Pushmataha (1764-1824) antwortete auf Tecumseh:

Wenn wir die Waffen gegen die Amerikaner erheben, so müssen wir dies notwendigerweise gegen unsere täglichen Nachbarn und Mitbürger tun [...]. Diese weißen Amerikaner kaufen unsere Häute, unseren Mais, unsere Baumwolle, unser überzähliges Wildbret, unsere Korbflechtereien und andere Waren, und sie geben uns hierfür in fairem Tauschhandel ihre Kleiderstoffe, ihre Waffen, ihre Werkzeuge, Hilfsmittel und andere Dinge, die wir benötigen, aber selbst nicht herstellen. Es ist wahr, dass wir freundschaftliche Beziehungen zu ihnen unterhalten, aber wer will leugnen, dass sie diese in Fülle erwidern? [...] Sie haben uns bei der Produktion unserer Ernten geholfen, sie haben viele unserer Frauen zu ihren Ehefrauen gemacht und viele unserer Frauen in ihren Häusern angestellt, wo sie nützliche Dinge lernen, und sie bezahlen sie dafür, sie nützliche Dinge zu lehren. Sie lehren unsere Kinder zu lesen und zu schreiben aus ihren Büchern. Ihr alle erinnert euch der verheerenden Epidemie, die uns letzten Winter überfiel. Während der schwärzesten Stunden haben uns diese Nachbarn, die wir jetzt in tödlichen Kampf verwickeln sollen, großzügige Hilfe geleistet, unsere Kranken versorgt, die Gesundeten gekleidet, die Hungrigen genährt. [...] So ergibt es sich, dass sich die Erfahrungen der Shawnees in keiner Weise mit den Erfahrungen, die Indianer in diesem Teil des Landes mit Amerikanern gemacht haben, decken, sondern dass wir – im Gegenteil – unter friedlichen und erfreulichen Bedingungen mit Amerikanern leben, die beiden Teilen zugute kommen.

Wolfgang Behringer (Hrsg.), Amerika. Die Entdeckung und Entstehung einer neuen Welt. Ein Lesebuch, München 1992, S. 423 f.

1. *Prüfen Sie die jeweiligen Argumente auf ihre Stichhaltigkeit.*
2. *Diskutieren Sie, wem der Gang der Geschichte Recht gegeben hat.*

M6
Aus einer Indianerrede

Die meisten Berichte über die schriftlosen Völker der nordamerikanischen Indianer stammen von „Weißen". Eine andere Perspektive zeigt die Rede, die der legendäre Sioux-Häuptling Sitting Bull (1832-1890) (siehe Foto) im Jahre 1866 gehalten haben soll.

Seht, Brüder, der Frühling ist da. Die Sonne hat die Erde umarmt. Bald werden wir die Kinder dieser Liebe sehen.

Jeder Same, jedes Tier ist erwacht. Dieselbe große Kraft hat auch uns geboren. Darum gewähren wir auch unseren Mitmenschen und unseren Freunden, den Tieren, die gleichen Rechte wie uns, auf dieser Erde zu leben.

Aber hört, Brüder. Jetzt haben wir es mit einer anderen Art zu tun. Sie waren wenige und schwach, als unsere Großväter die ersten von ihnen trafen; jetzt aber sind sie viele, und sie sind stark und überheblich.

Es ist kaum zu glauben, sie wollen die Erde umpflügen. Habgier ist ihre Krankheit. Sie haben viele Gesetze gemacht, und die Reichen dürfen sie brechen, die Armen aber nicht. Sie nehmen das Geld der Armen und Schwachen, um die Reichen und Starken damit zu stützen. Sie sagen, unsere Mutter, die Erde, gehöre ihnen; und sie zäunen uns, ihre Nachbarn, von unserer Mutter ab. Sie beschmutzen unsere Mutter mit ihren Gebäuden und ihrem Abfall. Sie zwingen unsere Mutter, zur Unzeit zu gebären. Und wenn sie keine Frucht mehr trägt, geben sie ihr Medizin, auf dass sie aufs Neue gebären soll. Was sie tun, ist nicht heilig.

Sie sind wie ein Fluss zur Zeit des Hochwassers. Im Frühling tritt er über die Ufer und zerstört alles auf seinem Weg.

Wir können nicht Seite an Seite leben. Vor sieben Jahren haben wir mit dem weißen Mann einen Vertrag geschlossen. Er versprach uns, dass das Land des Büffels für immer unser sei. Nun droht er, uns auch das zu nehmen. Sollen wir es geben, Brüder? Oder sollen wir sagen: „Bevor du mein Land nimmst, musst du mich töten!"

William Arrowsmith und Michael Korth (Hrsg.), Meine Worte sind wie Sterne, sie gehen nicht unter. Reden der Indianerhäuptlinge, München 1986, S. 41 f.

1. *Entwickeln Sie aus der Rede das Natur- und Menschenverständnis der Indianer.*
2. *Erläutern Sie, welche Vorgänge der Raumerschließung des amerikanischen Westens von Sitting Bull beschrieben werden.*
3. *Zeigen Sie, worauf sich sein Unverständnis für die Lebensweise des „weißen Mannes" gründet.*
4. *In vielen literarischen und filmischen Darstellungen der Eroberung des „Wilden Westens" wird der Kampf der weißen Amerikaner gegen die Ureinwohner des Landes heroisiert. Diskutieren Sie Motive, Verlauf und Ergebnis der Indianerkriege.*

„Westward“ – ein Kontinent wird erobert

Der nordamerikanische Halbkontinent wurde in drei Schüben erobert, besiedelt und erschlossen.

– Die erste Expansionsphase war mit der Staatsgründung der USA abgeschlossen und umfasste das Territorium der dreizehn Gründerstaaten. Doch noch bevor es eine Bundesverfassung gab, zwangen eigenmächtig nach Westen vordringende Siedler den Konföderationskongress, die Weichen für die Erweiterung des Staatsgebiets zu stellen. Die *Northwest Ordinance* von 1787 versuchte, die Ausbreitung der weißen Amerikaner jenseits der Appalachen in gesetzliche Bahnen zu lenken. Dabei sollten die neu besiedelten Gebiete nach Erreichen einer Mindestbevölkerung von 60 000 Einwohnern als gleichberechtigte Unionsstaaten anerkannt werden. Der Grundstein für die föderative Erweiterung der USA war gelegt.

– Die Bewahrung des Status quo in einem *Zweiten Unabhängigkeitskrieg* (1812-1814) gegen Großbritannien und der Verfall der spanischen Herrschaft (Verkauf von Florida an die USA, 1819) schufen die Voraussetzungen für die zweite große Phase der amerikanischen Landnahme. Auf der Suche nach fruchtbarem und billigem Land trieben Farmer und Pflanzer die Siedlungsgrenze in die noch weitgehend unerschlossenen Gebiete des Ohio- und Mississippi-Beckens vor.

– Die riesige Landmasse des Louisiana-Territoriums zwischen dem Mississippi und den noch unerforschten Rocky Mountains, die Präsident Jefferson bereits 1803 von Frankreich für 15 Millionen Dollar (nach heutigem Wert etwa 180 Millionen Dollar) erworben hatte, übte auf die Amerikaner zunächst keine Anziehungskraft aus. Man glaubte, dass die trockenen Prärien des *„Wilden Westens“* für eine landwirtschaftliche Nutzung unbrauchbar seien. Erst kurz vor der Jahrhundertmitte setzten Siedler in einer dritten Expansionswelle zur Überwindung der *Great Plains* an, um in großen Trecks die Pazifikküste anzusteuern. Goldfunde lockten ab 1848 Hunderttausende in den „Fernen Westen“. Die kontinuierliche Erschließung des gebirgigen Nordwestens und der Trockengebiete im Südwesten gelang erst im Verlauf der zahlenmäßig größten Einwanderungsschübe nach 1890.

Innerhalb von acht Jahren (1845-1853) erweiterte sich das Staatsgebiet der USA von 4,63 auf 7,86 Millionen Quadratkilometer. Die Grenzziehung zu den Nachbarstaaten erfolgte dabei im Falle Kanadas durch Verhandlungen mit der britischen Regierung. Hingegen musste Mexiko vor allem als Ergebnis des verlorenen Krieges von 1846-1848 die Hälfte seines Staatsgebiets an die landhungrige Union abgeben („Poor Mexico! So far from God and so near to the United States“).

Territoriale Expansion und Marktwirtschaft

Die Besiedlung Nordamerikas in der Epoche der „Marktrevolution“ (market revolution) wurde angetrieben von drei einander wechselseitig verstärkenden Faktoren:

1. Der Zustrom europäischer Einwanderer hielt ungebremst an, die getrieben von „Druck-“ und „Zugkräften“ die Alte Welt jährlich zu Hunderttausenden verließen (➧ M 2, M 3).
2. Der Ausbau der Verkehrswege und die Nutzung neuer Massentransportmittel (Dampfschiff und Eisenbahn) beschleunigten die Westwanderung. Um 1860 herum lebte bereits die Hälfte der amerikanischen Bevölkerung in neu gegründeten Bundesstaaten westlich der Appalachen.

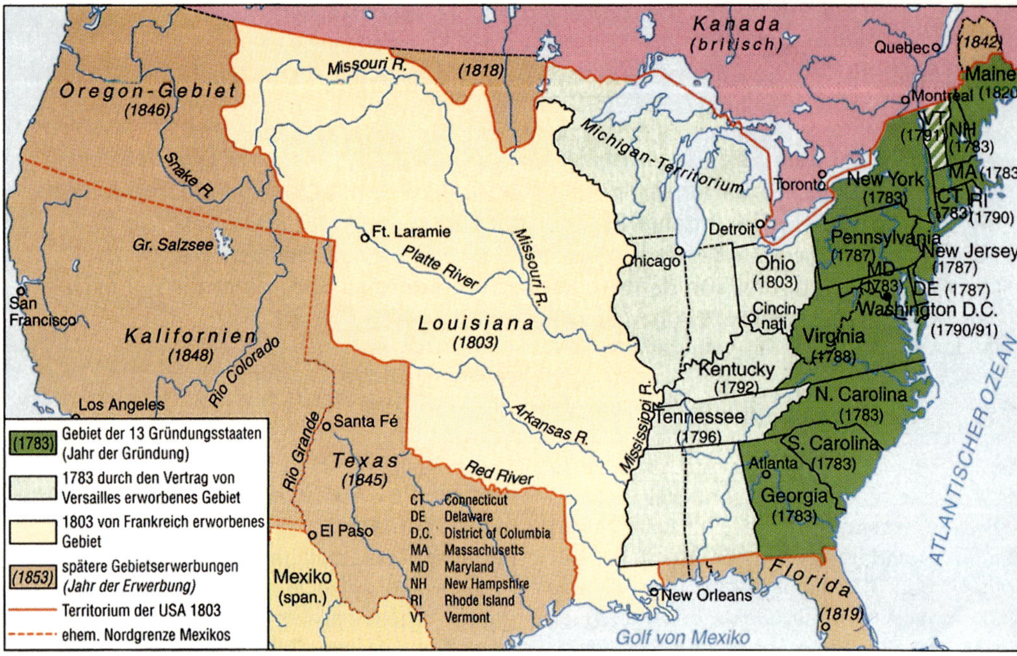

▲ *Die Entwicklung der Vereinigten Staaten von Amerika bis 1853.*

3. Die Wirtschaft entwickelte sich viel schneller als in Europa durch
   – die sich rasch vergrößernde Anbaufläche in der Landwirtschaft,
   – die technischen Neuerungen der Frühindustrialisierung[1)] und den ungehinderten Übergang vom Manufakturwesen zum Fabriksystem,
   – den verschwenderischen Umgang mit Energie und Bodenschätzen, die im Übermaß vorhanden waren.

Was ist ein Amerikaner?

Parallel dazu bildeten sich Eigenschaften und Verhaltensweisen aus, die bis heute als „amerikanisch" gelten (➧ M 1). Der Auserwähltheitsglaube der Puritaner und der Fortschrittsoptimismus der Gründerväter hatten das Selbstverständnis der Kolonialamerikaner bestimmt. Hinzu kam der Kampf auf Leben und Tod an der Grenze der Zivilisation, der *frontier*. Er förderte das Freiheits- und Gleichheitsdenken und trieb zu einem fast unbegrenzten Gewinn- und Erfolgsstreben an. Eine ideologische Überhöhung erfuhr der amerikanische Pioniergeist, als der Journalist *John L. Sullivan* 1845 das Schlagwort vom „Manifest Destiny of God's own country" formulierte. Danach sei es die nationale Bestimmung der Nordamerikaner, ihr Territorium und zugleich ihre politischen und wirtschaftlichen Ordnungsvorstellungen über den Kontinent auszubreiten und ein „Imperium der Freiheit" zu errichten.

[1)] *Amerikanische Erfindungen waren Eli Whitneys Baumwollentkernungsmaschine (1793), Robert Fultons Dampfboot (1807/14), Samuel Morses Telegraf (1838) und Edward Howes Nähmaschine (1845).*

Der Frontier-Geist der Pioniere im Westen, die sich ihre Lebensgrundlagen selbst schufen und sie unter Einebnung aller Standesunterschiede selbst verteidigten, hatte auch politische Folgen: Das Zensuswahlrecht wurde durch ein gleiches Wahlrecht für alle weißen Männer ersetzt. Allmählich bildete sich ein Parteiensystem heraus. Als Massenspektakel organisierte Wahlkämpfe betonten die demokratische Aufbruchsstimmung in einer zunehmend industriell geprägten Gesellschaft.

Als nach 1890 die Erschließung Amerikas so weit vorangeschritten war, dass es keine Gegenden mehr gab, von denen die prägenden Einflüsse der „Grenze“ ausgingen, glaubte der Historiker *Frederick Jackson Turner* dem nationalen Selbstverständnis seiner Landsleute einen neuen Impuls geben zu müssen. Er deutete die Geschichte um, indem er 1893 die fortschrittlichen Züge der politischen und gesellschaftlichen Institutionen Amerikas nicht mit dem Einfluss europäischer Ideen und Traditionen erklärte, sondern aus den Erfahrungen der Siedler einen demokratisierenden Einfluss auf die nationale Gesamtentwicklung ableitete („*grass root democracy*“) (➧ M 4). Turners Thesen ist oft widersprochen worden, doch der „Frontier-Mythos“, die Überzeugung von der besonderen Sendung der USA, prägt die politische Kultur des Landes bis heute.

▼ *Die Entwicklung des indianischen Territoriums im 19. Jahrhundert.*

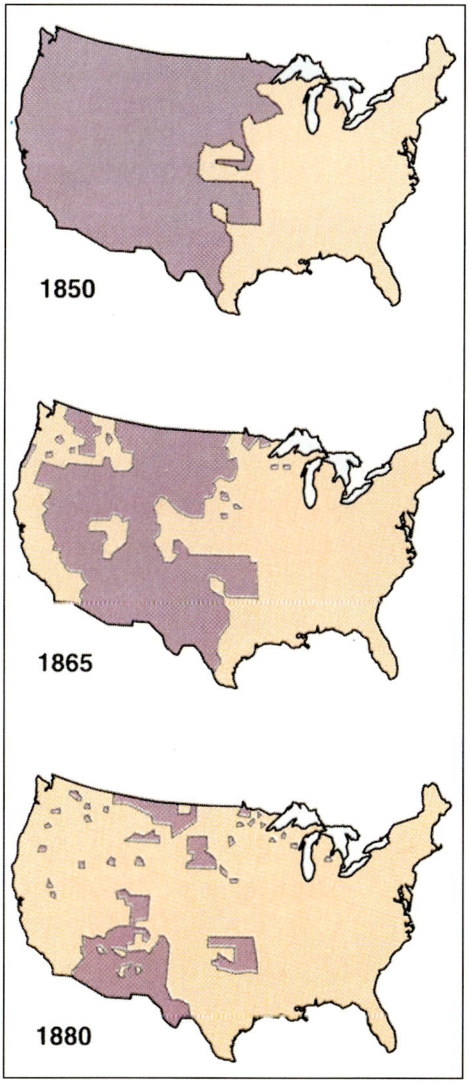

Weiße und Indianer

Nur wenige Weiße empfanden Skrupel gegenüber der eigenen Eroberermentalität, wenn sie im Zuge der Besitzergreifung im Westen auf die indianischen Ureinwohner des Landes trafen. Die Mehrheit glaubte, das biblische Gebot „Macht euch die Erde untertan“ umzusetzen. Den Europäern fehlte das Verständnis für die indianische Natur- und Lebensphilosophie, wonach die Menschen als Kinder der „Mutter Erde“ die Wildnis nicht zu bezwingen, sondern in Harmonie mit der sie umgebenden Natur zu leben hatten (➧ M 6).

Wo die Indianer dem puritanisch-kapitalistischen Besitzstreben der Siedler im Wege standen, sollten sie „wie Tiere aus den Wäldern in die Felsengebirge“ (Jefferson) getrieben werden. Die in der „Northwest Ordinance“ 1787 eingegangene Selbstverpflichtung, den Indianern friedlich und ehrlich zu begegnen und ihr Land und Eigentum „niemals ohne ihre Zustimmung“ zu erwerben, blieb wirkungslos.

Über 400 Verträge schloss die Bundesregierung bis 1868 mit verschiedenen Indianerstämmen. Doch selbst die 1834 garantierte „ewige Grenze“ des Indianerlandes westlich der Staaten Missouri, Arkansas und Louisiana hielt nur so lange, bis

▲ *Motiv: „Rettung der ‚weißen Squaw'". Im „Schwarzen Falken" bringt Ethan Edwards die vermeintlich „Geschändete" gewaltsam zu ihren Verwandten zurück.*

▲ *In dem Film „Der mit dem Wolf tanzt" wird die Verletzte an ihren jetzigen indianischen Lebensverband übergeben. Der weiße Mann heiratet sie später als Stammesfreund nach indianischem Ritus.*

Spielfilm und Western als Quelle

Spielfilme besitzen als fiktionales – also erfundenes, künstlerisch gestaltetes und kommerziell funktionales – Genre einen bestimmten Wert als historische „Quelle", weil sie den historisch-politischen Zeitgeist ihrer Entstehungsepoche widerspiegeln. Der Soziologe Siegfried Kracauer schrieb schon 1947: „Die Filme einer Nation reflektieren ihre Mentalität unvermittelter als andere künstlerische Medien, und das aus zwei Gründen: Erstens sind Filme niemals das Produkt eines Individuums. [...] Zweitens richten sich Filme an eine anonyme Menge und sprechen sie an. Von populären Filmen [...] ist es anzunehmen, dass sie herrschende Massenbedürfnisse befriedigen."

Besonders populär beim amerikanischen Publikum waren seit je Westernfilme, die die eigene junge Geschichte filmisch verarbeiteten, oft auch verklärten. Zentrales Motiv vieler „Western" sind Auseinandersetzungen an der Grenze (frontier), die seit Turner als wichtige Voraussetzung für die Ausbildung des „amerikanischen Geistes" beschworen wurden.

Der Western-Film macht diese Auseinandersetzungen endgültig zum Mythos. Das (fast immer männliche) Individuum muss an der Grenze zwischen Natur und Zivilisation um sein Leben oder zumindest um seine Zivilisationsvorstellungen kämpfen. Dass Entscheidungen gewaltsam herbeigeführt werden, wird dabei akzeptiert.

Der schwarze Falke

Der amerikanische Filmregisseur John Ford hat seinen Western „Der schwarze Falke"[1)] (1956) charakterisiert als „die Tragödie eines Einzelgängers, der nie wirklich Mitglied einer Familie sein konnte". Der Film handelt von der Rache des Ethan Edward (dargestellt von John Wayne) an einem Indianerstamm der Comanchen. Die Indianer hatten die Familie seines Bruders getötet und eine Nichte entführt. Ethan verfolgt fünf Jahre ihre Spur und findet schließlich die Nichte als Frau des Indianerhäuptlings. Entrüstet über ihre „Schändung" will er diese „Grenzverletzung" der Indianer vergelten. Indianer sind in diesem Film die Außenseiter im neuen weißen Amerika. Sie werden grotesk überzeichnet oder bleiben unpersönliche Aggressoren.

---

1) „Der schwarze Falke" (USA 1956, 119 min.) Regie: J. Ford; Video: Warner Home Video GmbH 1994

Der mit dem Wolf tanzt

Seit den Sechzigerjahren büßte das Genre des Westerns an Attraktivität ein. Der gesellschaftspolitische Zeitgeist passte nicht mehr mit den traditionellen Westernthemen zusammen. Die Ideen von Bürgerrechtsbewegungen wirkten sich auf den Medienbereich aus.

1989 übertraf Kevin Costners Film „Der mit dem Wolf tanzt“[1] alle Erwartungen der Publikumsgunst und wurde vielfach ausgezeichnet. Gelobt hat die Kritik vor allem Costners Bemühungen um historische und ästhetische Echtheit. So werden alle Indianer von Angehörigen der Sioux gespielt. Man drehte in ihrer Sprache (Lakota), die nicht synchronisiert wurde, und arbeitete mit Untertiteln.

Anders als in Fords Film werden bei Costner die Sioux-Indianer charakterlich entwickelt, sie bleiben keine Typen. Die Sympathie des Erzählers liegt auf ihrer Seite, die Bekämpfung ihrer Grenze durch den weißen Helden ist nicht der bleibende Beweggrund für die Handlung. Im Gegenteil: Der Ausnahmeweiße erlangt durch die Akzeptanz der indianischen Lebensweise, die nur aus Sicht der übrigen Weißen „unzivilisiert“ scheint, eine moralisch höhere Bewusstseinsstufe als seine weißen Landsleute, die als dekadent und heruntergekommen gezeichnet werden.

Anders als im traditionellen Western geht es nicht um den Kampf gegen die Natur, sondern um ein Leben in und mit der Natur, deren Teil die Indianer sind. Costner bemüht sich darum zu zeigen, dass es gute und böse Charaktere in jeder Gruppe gibt, ob Yankees, Südstaatler, Weiße oder Indianer. Der Film will zu einem neuen, friedlichen und respektvollen Umgehen mit Grenzen und vermeintlichen „Feinden“ auffordern.

▲▼ *Während Ethan Edwards seine Macht körperlich dadurch demonstriert, dass er dem Indianerhäuptling „auf den Leib rückt“, zeigt das Bildverhältnis beim Abschied des Heiligen Mannes der Sioux und seines guten Freundes John Dunbars respektvolle Distanz.*

[1] *„Der mit dem Wolf tanzt“ (USA 1989/91, 236 min.) Regie: K. Costner; Video: Constantin-Video, VCL/Carolco Communications GmbH, München 1995*

1. *Während die beiden beschriebenen Western in einem deutschen Filmlexikon als „Literaturverfilmung“ und „Western“ kategorisiert werden, erhalten sie in einem amerikanischen Filmlexikon folgende Zuordnungen:*
   „Der schwarze Falke“: Kultfilm, Action, Abenteuer, Kinder, Drama, Spannung, Krieg, Western, Klassiker.
   „Der mit dem Wolf tanzt“: Romanze, Tragodie, Action, Abenteuer, Drama, Krieg, Western, Epos, Historienfilm, Tanzfilm.
   Kommentieren Sie diese Einteilung unter Berücksichtigung von
   a) der Erzählperspektive und
   b) dem in den Filmen vermittelten Geschichtsbild.
2. *Welcher „gesellschaftliche Zeitgeist“ der Neunzigerjahre könnte Ihrer Meinung nach auf die Rezeption des Costner-Films Einfluss gehabt haben?*

▲ *„The Trail of Tears." Fünf Indianerstämme, die sich in den 13 Gründerstaaten assimiliert hatten, Verfassungen entwarfen und sogar Sklaven hielten, wurden unter Präsident Jackson (1829-1837), gewaltsam nach Westen umgesiedelt. Die Deportation endete mit dem 2 000 km langen „Zug der Tränen" (1838). Dabei kam ein Viertel der verbliebenen 17 000 Cherokee-Indianer ums Leben (Gemälde von Robert Lindneux).*

Goldsucher und Siedler auch diese Linie in der zweiten Jahrhunderthälfte in Scharen überschritten und den Verdrängungskampf mit Hilfe der US-Armee in einen offenen Vernichtungskrieg überführten. Dennoch kam es nie zu einem wirkungsvollen überregionalen Bündnis von Ureinwohnern gegen die Eindringlinge (➧ M 5). Die Indianer erlagen in dem von beiden Seiten mit grausamen Ausschreitungen geführten Kampf nicht nur dem militärischen Druck der Weißen. In den Prärien des Westens wurde ihr Hungertod systematisch herbeigeführt, indem Büffeljäger den Bison, das Hauptnahrungsmittel der Indianer, gegen Zahlung von Abschussprämien und oft auch aus purer Lust am Jagen so gut wie ausrotteten.
Einen Wandel in der Einstellung der Öffentlichkeit gegenüber den Indianern machte Präsident *Rutherford B. Hayes* (1877-1881) deutlich, als er 1877 das an ihnen begangene Unrecht schonungslos ansprach. Dennoch markierte erst das Massaker am *Wounded Knee Creek*, bei dem 350 Sioux-Indianer 1890 von Regierungstruppen abgeschlachtet wurden, das Ende der 300 Jahre währenden Indianerkriege. In deren Verlauf war die indianische Bevölkerung auf dem Gebiet der USA auf etwa 250 000 Menschen dezimiert worden. Mit der erzwungenen Ansiedlung der Überlebenden in nochmals verkleinerten Reservaten und der formalen Gewährung der Bürgerrechte (1924) betrachteten die meisten Amerikaner das Indianerproblem als gelöst.

1.4 Der Bürgerkrieg als Zerreißprobe der amerikanischen Nation

▲ *Eine Baumwollplantage am Mississippi (Lithographie von William Walker, 1853).*

1860/61
Elf Südstaaten verlassen die Union (Sezession)

1861-65
Der Sieg der Nordstaaten im Amerikanischen Bürgerkrieg erneuert die Einheit der Union und führt zur Sklavenbefreiung im Süden

1896
Die Rassentrennung wird zum gesellschaftlichen Ordnungsprinzip

M1

„Schiffe gut auslasten“

John Newton war von 1750 bis 1754 Kapitän eines Sklavenschiffs. Später wurde er Pfarrer und wandelte sich zum entschiedenen Gegner der Sklaverei. Aus eigener Erfahrung berichtet er über den Sklaventransport:

Das Hauptziel besteht darin, unsere Schiffe gut auszulasten. Wenn das Schiff [an der afrikanischen Küste] ankommt, wird es für wünschenswert gehalten, so viele [Sklaven] wie möglich einzuladen. Als Fracht für ein Schiff von hundert Tonnen oder etwas mehr werden 220 bis 250 Sklaven berechnet. Ihre drei Unterkunftsräume unter dem Deck (für Männer, für Jungen und für Frauen) und außerdem ein Platz für die Kranken sind manchmal mehr, manchmal weniger als fünf Fuß hoch. Diese Höhe ist in der Mitte geteilt, denn die Sklaven liegen in zwei Reihen, eine über der anderen, auf beiden Seiten des Schiffs, einer dicht am anderen, wie Bücher im Regal [...]. Auf den meisten Schiffen werden sie in Eisen geschlossen, immer zwei und zwei zusammen. Und häufig sind sie nicht so aneinander gefesselt, wie sie am ehesten zu stehen oder sich zu bewegen vermögen, die rechte Hand und der rechte Fuß an die linken des anderen, sondern über Kreuz. Hand und Fuß des einen mit der gleichen Seite des anderen, so dass sie sich nur sehr behutsam und in völliger Übereinstimmung bewegen können. So müssen sie viele Monate lang – manchmal neun oder zehn – sitzen, laufen und liegen, ohne Milderung oder Erleichterung, falls sie nicht krank sind [...].

Ein Schiffsmaat[1] in einem Beiboot kaufte eine junge Frau mit einem hübschen, etwa einem Jahr alten Kind in den Armen. Nachts schrie das Kind und störte seinen Schlaf. Er erhob sich verärgert und fluchte, er würde das Kind auf der Stelle zum Verstummen bringen, wenn es nicht still wäre. Das Kind schrie weiter. Schließlich stand er nochmal auf, entriss das Kind der Mutter und warf es ins Meer. [...] Aber was spreche ich von einem Kind, wir hörten und lasen die traurige Geschichte [...] von mehr als hundert erwachsenen Sklaven, die einmal von einem Schiff in die See geworfen wurden, als das Trinkwasser zu Ende ging. So sollte die Versicherung den Verlust tragen, der sonst, wenn sie an Bord gestorben wären, die Schiffseigentümer getroffen hätte.

Geschichte lernen, Heft Nr. 73 (2000), S. 40

1. *Beschreiben Sie das Menschenbild des Sklavenhändlers.*
2. *Erläutern Sie den Erkenntnisprozess, den John Newton durchlaufen hat.*

[1] *Unteroffizier*

M2

Verbot von Sklavenhandel und Sklaverei

Sklavenhandel	
1803	Dänemark
1806/07	Großbritannien
1808	USA
1810	Venezuela, Mexiko
1811	Chile
1812	Argentinien
1815	Frankreich, Portugal
1820	Spanien
1851	Brasilien
1862	Kuba

Sklaverei	
1779-1804	8 Staaten der USA
1820	nördliche Staaten der USA
1823	Chile
1829	Mexiko
1834/1838	Britisches Empire
1848	französische Kolonien, dänische Kolonien
1854	Peru
1863	niederländische Kolonien
1863/1865	USA
1880	Kuba
1888	Brasilien

Geschichte lernen, a. a. O., S. 42

1. *Erklären Sie die zeitlichen Unterschiede zwischen den beiden Verboten.*
2. *Erläutern Sie, warum die Verbote in der Regel für die Kolonien später ausgesprochen wurden als für das jeweilige Mutterland.*

M3
Verteidiger und Gegner der Sklaverei

Der Gouverneur von South Carolina, McDuffie, erhob 1835 die Forderung, Agitatoren für die Sklavenbefreiung mit dem Tode zu bestrafen.

Keine menschliche Einrichtung entspricht nach meiner Meinung deutlicher dem Willen Gottes als häusliche Sklaverei und keine seiner Verordnungen ist mit lesbareren Zeichen geschrieben als diejenige, die die afrikanische Rasse zu dieser Stellung bestimmt: Wird sie doch dadurch zu ihrem eigenen Glück geführt, weit mehr als durch alles andere, für das sie empfänglich ist. Ob wir die Heilige Schrift oder die Offenbarungen der Natur und der Vernunft zu Rate ziehen, so tritt uns diese Wahrheit unzählige Male entgegen. [...]
Dass der afrikanische Neger von der Vorsehung dazu bestimmt ist, diese Stellung dienstbarer Abhängigkeit einzunehmen, ist nicht weniger offensichtlich. Es steht auf seinem Gesicht geschrieben, auf seiner Haut gestempelt und geht deutlich aus der geistigen Unterlegenheit und natürlichen Sorglosigkeit dieser Rasse hervor [...]. Keine menschliche Macht kann die Eigenschaft verleihen, die zum Genuss der Freiheit befähigt. Sie ist eine Gabe Gottes, und eine der seltensten, die er in seiner unerforschlichen Weisheit den Völkern der Erde zu verleihen für gut hielt [...]. Es liegt klar am Tage, dass die Bestimmung der Negerrasse entweder die scheußlichste Art politischer Knechtschaft oder jene häusliche Sklaverei ist, wie sie jetzt in den Sklaven haltenden Staaten besteht. Und außer Frage steht der Vorzug häuslicher Sklaverei auch vor der günstigsten Art politischer Versklavung. Es ist nicht bloß die Pflicht, sondern das augenfällige Interesse des Herrn, für gute Nahrung und Kleidung seiner Sklaven zu sorgen; und was für Märchen und übertriebene Geschichten auch verbreitet werden [...]: Auf der ganzen Erde gibt es, ob hoch oder niedrig, keine zweite Volksklasse, die wie diese völlig frei von Sorgen und Angst ist [...]. Mit einem Wort, unsere Sklaven sind heiter, zufrieden und glücklich, und zwar weit mehr, als es die menschliche Rasse im Allgemeinen sein kann [...]. Häusliche Sklaverei ist daher keineswegs ein politisches Übel, sondern der Eckstein unseres republikanischen Gebäudes.

▲ *Old Kentucky Home. Ölgemälde des New Yorker Künstlers Jonathan Eastman Johnson (1824-1906).*
• *Beschreiben Sie, welche Atmosphäre das Bild vermittelt.*

Salomon Northup wurde als freier Schwarzer in New York geboren. Dennoch wurde er von Sklavenhändlern auf Plantagen im Süden verkauft, ehe er nach zwölf Jahren seine Identität nachweisen konnte. Seine Berichte über diese Zeit zählen zu den wenigen überlieferten Stimmen der Sklaven. Hier beschreibt er den Tagesablauf auf einer Baumwollplantage.

Der erste Tag (Anlernzeit)
Wenn ein neuer Handlanger, der sich bei der Arbeit noch nicht richtig auskennt, zum ersten Mal aufs Feld geschickt wird, wird er tüchtig mit der Peitsche angetrieben und den Tag lang gezwungen, so schnell wie möglich zu pflücken. Am Abend wird die Ladung gewogen, damit seine Leistung bekannt ist. Nun muss er an jedem folgenden Abend das gleiche Gewicht anbringen. Wird es weniger, so gilt es als Beweis dafür, dass er getrödelt hat, und das wird mit einer größeren oder kleineren Anzahl von Peitschenhieben bestraft. [...]

◀ *Sklavenmarkt in Richmond, Virginia. Kolorierter Holzstich nach Zeichnung von Edmond Morin (1824-1882).*

Arbeitszeit

Die Handlanger müssen bei Sonnenaufgang auf den Feldern sein, und, abgesehen von der Mittagspause von 10 bis 15 Minuten, in der sie ihre Ration kalten Specks herunterschlingen, dürfen sie keinen Moment Ruhe genießen bis es völlig dunkel wird. Wenn Vollmond ist, arbeiten sie oft bis mitten in die Nacht hinein. Nicht einmal zu Mittag wagen sie aufzuhören oder – egal wie spät der Abend wird – ins Quartier zurückzukehren, ehe der Driver ihnen den Befehl gibt.

Das Abwiegen

Wenn die Tagesarbeit auf dem Feld erledigt ist, werden die Körbe ins Entkörnungshaus gebracht, wo die Baumwolle zunächst gewogen wird. Egal wie müde er ist – egal wie sehr er sich nach Schlaf und Ruhe sehnt –, wenn der Sklave sich mit seinem Korb Baumwolle dem Entkörnungshaus nähert, begleitet ihn immer die Angst. Fällt es zu leicht aus – hat er das ihm zugemutete Pensum nicht geschafft – dann weiß er, dass er es büßen wird. Sollte er das Soll um zehn oder zwanzig Pfund überschritten haben, wird sein Herr wahrscheinlich die Aufgabe für den nächsten Tag höher einschätzen.

Daher ist, egal ob zu wenig oder zu viel Baumwolle, sein Weg zum Entkörnungshaus nie frei von Furcht und Zittern. […]

Die Ration

Die Sklaven bekommen nur Mais und Speck. Die Ration wird jeden Sonntagvormittag am Kornspeicher und an der Räucherkammer ausgeteilt. Jeder erhält eine Wochenration von 3 Pfund Speck und genug Mais für ein Pekh [9 l] Mehl. Das ist alles – kein Tee, kein Kaffee, kein Zucker, und, abgesehen von einer kleinen Prise hie und da, kein Salz.

Das Essen

[…] Die meisten Sklaven besitzen kein Messer, geschweige denn eine Gabel. Sie schneiden ihren Speck mit der Axt am Holzstapel. Das Maismehl wird mit etwas Wasser gemischt, ins Feuer gelegt und gebacken. […] Der Bewohner der Sklavenhütte darf sich zum Dinieren auf den Boden setzen. Jetzt ist es gewöhnlich schon Mitternacht.

Der Schlaf

Dieselbe Angst vor Strafe, die die Sklaven vor dem Entkörnungshaus erleben, packt sie wieder, wenn sie sich zur Ruhe hinlegen: Jedoch ist es jetzt die Angst, dass sie verschlafen. Dieses Vergehen zöge nicht weniger als 20 Peitschenhiebe nach sich.

Erster Text: Fritz Wagner, USA. Geburt und Aufstieg der neuen Welt. Geschichte in Zeitdokumenten 1607-1865, München 1947, S. 191 f.
Zweiter Text: Wolfgang Wimmer, Die Sklaven. Eine Sozialgeschichte mit Gegenwart, Reinbek 1979, S. 159 ff.

1. *Erläutern Sie das Bild, das Gouverneur McDuffie von Sklavenhaltern und Sklaven zeichnet.*
2. *Vergleichen Sie diese Schilderung mit dem Alltag auf einer Baumwollplantage, wie ihn der ehemalige Sklave Salomon Northup darstellt.*
3. *Europäische Reisende in den Südstaaten schilderten den Tagesablauf der Sklaven oft wesentlich angenehmer als Salomon Northup. Sie stellten dabei Vergleiche an mit dem Alltag der Frauen und Männer in den Fabriken Europas. Erläutern Sie, worin die entscheidenden Unterschiede liegen. Diskutieren Sie über die Problematik eines „gerechten" historischen Urteils.*

▶ *Abraham Lincoln, Präsident der Vereinigten Staaten von 1861-1865; kolorierte Kreidelithographie.*

M4
Das Dred Scott-Urteil

Der Sklave Dred Scott hatte längere Zeit in sklavenfreien Territorien gelebt. Seine Klage auf Freilassung gegen seinen ehemaligen Eigentümer behandelte der Supreme Court, das höchste Gericht der Vereinigten Staaten, 1857.

Wir stehen vor der Frage, ob die Klasse der Personen, die in dem Antrag die Hauptverhandlung nicht zuzulassen, beschrieben wird, einen Teil dieses Volkes darstellt und konstituierende Mitglieder dieser Souveränität sind. Wir sind der Ansicht, dass sie dies nicht sind und dass sie nicht darin inbegriffen sind, und es auch nicht die Absicht war, sie unter den Begriff „Bürger" in die Verfassung einzubeziehen. Von daher können sie keinen Anspruch auf irgendein Recht und Privileg ableiten, welches dieses Instrumentarium den Bürgern der Vereinigten Staaten zur Verfügung stellt und garantiert. Im Gegenteil, sie wurden zu jener Zeit als untergeordnete und geringere Klasse von Lebewesen angesehen, die von der herrschenden Rasse unterjocht wurden, und seien sie nun emanzipiert oder nicht, so blieben sie doch Gegenstand deren Autorität und hatten keine Rechte oder Privilegien, außer denen, die diejenigen, die die Macht und Regierung in Händen hielten, zu geben bereit waren.

Henry Steele Commager (Hrsg.), Documents of American History, Band 1, New York, 5. Auflage 1949 (Übers.: Dorothee Hartmann-Vincken)

1. *Beschreiben Sie die Rechtsstellung, die das Urteil den Schwarzen zuordnet.*
2. *Diskutieren Sie die Wirkung des Urteils in den Süd- und Nordstaaten.*

M5
Lincolns Kriegsziele

In einem Brief an Horace Greely, den Herausgeber der „New York Tribune", schreibt Präsident Lincoln am 22. August 1862:

Ich möchte die Union retten. Ich möchte sie auf dem kürzesten verfassungsmäßigen Wege retten. Je früher die nationale Autorität wiederhergestellt werden kann, umso näher wird die Union sein der „Union, wie sie war". Sollte es Leute geben, die die Union nicht retten wollen, wenn sie nicht gleichzeitig die Sklaverei zu retten vermögen, so bin ich nicht mit ihnen einverstanden. Sollte es Leute geben, die die Union nicht retten wollen, wenn sie nicht gleichzeitig die Sklaverei vernichten können, so bin ich auch mit ihnen nicht einverstanden. Mein höchstes Ziel in diesem Kampf ist die Rettung der Union, nicht der Schutz oder die Vernichtung der Sklaverei. Wenn ich die Union erretten könnte, ohne einen einzigen Sklaven zu befreien, würde ich es tun; und wenn ich sie retten könnte durch Befreiung aller Sklaven, würde ich es tun; und wenn ich sie retten könnte, indem ich die einen befreite und die anderen nicht, so würde ich auch dies tun. Was ich wegen der Sklaverei und der farbigen Rasse tue, das tue ich, weil ich glaube, dass es beiträgt, die Union zu retten, und was ich unterlasse, das unterlasse ich, weil ich nicht glaube, dass es zur Rettung der Union beitragen kann.

Fritz Wagner, USA, a.a.O., S. 197

1. *Leiten Sie aus der Auseinandersetzung zwischen Federalists und Anti-Federalists (**▶ Seite 28**) Gründe für die Rechtsposition der Südstaaten ab.*
2. *Bestimmen Sie demgegenüber die Position Lincolns und vergleichen Sie.*

Der Nord-Süd-Gegensatz spaltet die Union

So sehr die Eroberung des Westens zur Entfaltung amerikanischer Gemeinsamkeiten beitrug, die Folgen der territorialen Expansion zwangen der Nation auch eine Schicksalsfrage auf, an der die USA zu zerbrechen drohten: das Problem der Sklaverei (➧ M 1, M 2).

Die Bewegung zur Abschaffung der Sklaverei, der *Abolitionismus*, hatte seine Ursprünge bei den Quäkern des 17. Jahrhunderts. Ein Jahrhundert später hatte Thomas Jefferson – als südstaatlicher „Aristokrat“ selbst Herr über 500 Sklaven – den Widerspruch zwischen der Anerkennung der Menschenrechte und der Praxis der Sklavenhaltung zum Anlass genommen, die Forderung zur Befreiung der Schwarzen in die Unabhängigkeitserklärung der Vereinigten Staaten hineinzuschreiben. Doch wegen des Widerstands der Südstaatenvertreter blieb die Verfassung von 1789 ein Kompromiss: Die Sklaven*haltung* wurde in das Ermessen der Einzelstaaten gestellt, während der Sklaven*handel* zum Ende des Jahres 1807 verboten werden sollte (ein Verbot, das in der Praxis von den Südstaaten unterlaufen wurde).

Im Gegensatz zu den modernen, industriell geprägten Industrieregionen im Norden wollte die kleine Schicht der Plantagenbesitzer in den Südstaaten nicht auf die Sklaverei verzichten. Sie beantworteten die im Zuge der *Industriellen Revolution* in England sprunghaft steigende Nachfrage nach Rohbaumwolle mit der Ausweitung der Anbauflächen und kultivierten diese mithilfe von Sklaven.

Ungleich zwischen Nord- und Südstaaten verlief auch die Bevölkerungsentwicklung. Die meisten europäischen Einwanderer suchten Arbeit in den schnell wachsenden Städten des Nordostens. Die von hier aus in Ost-West-Richtung gebauten Eisenbahnrouten erschlossen das Hinterland wesentlich schneller als im Süden. So teilten unterschiedliche Industrialisierungsgrade und Wirtschaftsformen sowie eine ungleichgewichtige Westentwicklung das Land zur Jahrhundertmitte in zwei sich zunehmend auseinander entwickelnde Hälften.

Für zusätzliches Misstrauen sorgten die sich voneinander entfernenden Mentalitäten. Der religiös begründeten, eifernden Propaganda der Abolitionisten aus dem Norden setzte der Süden seine gesellschaftspolitische Auffassung von der Sklaverei als einem *positive good* entgegen (➧ M 3): Das Bild des südstaatlichen „Master“, der sich fürsorglich um alle Mitglieder seiner großen „Familie“ kümmert, wurde zum Gegenentwurf des nordstaatlichen „Yankee“, der im System der freien Arbeit seine Untergebenen ausbeutet. Die Verlagerung der Sklavereikontroverse vom wirtschaftlichen auf das moralische Gebiet ließ den Süden seine Kultur als etwas Besonderes begreifen und ein eigenes Selbstwertgefühl entwickeln (*Southern Way of Life*). Trotz ihrer Unterdrückung entwickelten die Schwarzen in dieser Umgebung ein Gefühl der Zusammengehörigkeit (*black nation*). Zeitweilige Unruhen verrieten, wie sehr die Gesellschaft in den Südstaaten gespalten war.

Die Sezession der Südstaaten

Während ihrer Westexpansion hatten die Vereinigten Staaten immer wieder vor der Frage gestanden, ob die neu hinzukommenden Territorien die Sklaverei zulassen sollten oder nicht. Eine mehrfach drohende Spaltung konnte nur durch hinhaltende Kompromisse vermieden werden. Peinlich genau wurde auf einen Gleichstand zwischen „Sklaven haltenden“ und „freien“ Staaten geachtet (15:15 im Jahr 1849). Verschärft wurde der Gegensatz durch die verfassungsrechtlich ungeklärte Frage, ob der Kongress der Union in den neuen Gebieten über die Zulassung

der Sklaverei entscheiden dürfe, oder ob jeder Staat einzeln dafür zuständig sei. Das vor allem im Süden vertretene Vorrecht der Territorien verband sich dabei mit dem Konzept einer lockeren, jederzeit kündbaren Konföderation autonomer Staaten.
Seit 1856 heizten in mehreren Staaten fanatische und gewaltsame Auseinandersetzungen den seit langem schwelenden Konflikt an (➧ M 4). In dieser Situation glaubten die Südstaaten, die Wahl *Abraham Lincolns*[1] zum 16. Präsidenten der USA nicht hinnehmen zu können, da seine Partei – die 1854 neu gegründete *Republican Party* – jedes weitere Vordringen der Sklaverei verhindern wollte. Noch vor Amtsantritt Lincolns erklärte South Carolina seinen Austritt (*secession*) aus der Union (20. Dezember 1860); zehn weitere Staaten des *Deep South* folgten. Sie schlossen sich zu den *Confederate States of America* zusammen und bildeten eine eigene Regierung.
Präsident Lincoln sicherte den Südstaaten zwar den Bestand der Sklaverei zu, doch den Austritt der elf Sezessionsstaaten aus der Union wollte er nicht hinnehmen (➧ M 5).

Der Amerikanische Bürgerkrieg (1861-1865)

Der *Sezessionskrieg (war between the States)* um den Erhalt der Union mündete in den *Amerikanischen Bürgerkrieg*, dessen Fronten quer durch die Bevölkerung aller Staaten, ja sogar durch einzelne Familien verliefen. Erst als entscheidende Erfolge des Nordens ausblieben, kündigte Lincoln mit der Emanzipationserklärung vom 22. September 1862 die Befreiung der Sklaven in den Südstaaten als Kriegsziel an. Unversöhnlich trafen die Kriegsparteien in dem ersten modernen Massenkrieg aufeinander. Erstmals wurde die Formel von der „bedingungslosen Kapitulation“ (*unconditional surrender*) als Kriegsziel benutzt. Allein in Georgia wurde ein Gebiet von 100 km Breite und 500 km Länge durch eine Strategie der „verbrannten Erde“ verwüstet.

▲ *200 000 Afroamerikaner dienten in den Truppen der Union, 38 000 starben.*

---

[1] *Abraham Lincoln (1809-1865) stammte aus einer armen Frontier-Familie. Nach einer Tätigkeit als Anwalt war er Abgeordneter im Parlament von Illinois und im Kongress. Seit 1856 übernahm der volkstümliche Redner und geschickte Parteitaktiker leitende Aufgaben in der rasch Zulauf findenden Republikanischen Partei.*

Nach vier Jahren erlag die erschöpfte Konföderation der Südstaaten der Übermacht und dem „Kriegsglück" des Nordens. 618 000 Tote – mehr als in allen weiteren Kriegen der USA zusammengenommen – waren der Preis, den die Amerikaner in dem blutigsten Krieg des 19. Jahrhunderts entrichteten, um die Einheit der Union zu wahren und über vier Millionen Schwarze zu befreien.

Von der Sklavenbefreiung zur Rassentrennung

Noch kurz vor Kriegsende ermordete ein fanatischer Südstaatler am 14. April 1865 Präsident Lincoln. Die von Lincoln eingeleiteten Pläne für den Wiederaufbau und die Wiedereingliederung des Südens (*reconstruction*) trieb nun die republikanische Kongressmehrheit voran. Zwischen 1865 und 1870 setzten drei Verfassungszusätze Lincolns Emanzipationsproklamation in geltendes Recht um: Die Sklaverei wurde generell verboten; alle in den USA geborenen Personen – ausgenommen die „nicht besteuerten Indianer" – erhielten das volle Bürgerrecht; Wahlrechtsbeschränkungen aus rassischen Gründen waren nicht mehr zulässig. Frauen und Indianer wurden nicht erwähnt; sie blieben weiterhin vom politischen Leben ausgeschlossen.
Wenn auch zeitweilig mehrere Hundert Schwarze politische Verantwortung in den Südstaaten mittrugen, so waren doch die Ziele der Rekonstruktions-Politik auf Dauer gegen eine legale und illegale Opposition der weißen Bevölkerung nicht durchzusetzen. Zwar durften die Schwarzen nicht mehr als „Sache" behandelt werden und sahen sich nicht länger grausamen Strafen ihrer Eigentümer ausgesetzt, doch die sozialen Unterschiede zwischen „Weiß" und „Schwarz" waren noch lange nicht überbrückbar. Vor allem in denjenigen Staaten, in denen die Afro-Amerikaner die Bevölkerungsmehrheit stellten (Mississippi, South Carolina, Louisiana), waren die Vorbehalte der weißen Amerikaner so tief verwurzelt, dass auch Tricks (z. B. Lese- und Bildungstests), mit denen die farbigen Mitbürger an der Ausübung des Wahlrechts gehindert werden sollten, auf allgemeine Zustimmung stießen. Dazu erzeugten terroristische Geheimbünde wie der *Ku Klux Klan*[1] ein Klima von Angst und Schrecken, das viele Schwarze veranlasste, auf die Ausübung ihrer verfassungsmäßigen Rechte zu verzichten.
Die Afro-Amerikaner lebten häufig unterhalb der Armutsgrenze in Slums, Aufstiegschancen blieben ihnen verwehrt. Immer mehr sorgten die Behörden für ein getrenntes Nebeneinander der schwarzen und weißen Bevölkerungsteile in öffentlichen Einrichtungen: in Schulen und in der Armee, in Krankenhäusern und Theatern, in Lokalen und sogar auf Friedhöfen. Im Jahr 1896 bestätigte das Oberste Bundesgericht die *Rassentrennung* (*segregation*) im öffentlichen Verkehrswesen. Der Leitsatz des Urteils *„separate but equal"* diente von nun an als gesellschaftliches Ordnungsprinzip und entsprach letztlich dem Überlegenheitsgefühl der Weißen – auch im Norden.

---

1) Ku Klux Klan, 1866 in Tennessee gegründete rassistische Vereinigung, deren Ziel es war, die traditionelle koloniale Lebensform in den Südstaaten mit Gewalt aufrechtzuerhalten. Nach 1869 wurde der Klan, der zu dieser Zeit etwa 500 000 Mitglieder hatte, verboten und 1872 für verfassungswidrig erklärt.

1.5 Die Wirtschaftsgroßmacht USA

▲ *„Bosses of the Senate“ (Lithografie von John Keppler).*

M1

Relative Anteile an der Welt-Industrieproduktion zwischen 1750 und 1913

	1750	1800	1830	1860	1880	1900	1913
Großbritannien	1,9	4,3	9,5	19,9	22,9	18,5	13,6
Habsburger Reich	2,9	3,2	3,2	4,2	4,4	4,7	4,4
Frankreich	4,0	4,2	5,2	7,9	7,8	6,8	6,1
Deutsche Staaten/Deutschland	2,9	3,5	3,5	4,9	8,5	13,2	14,8
Italienische Staaten/Italien	2,4	2,5	2,3	2,5	2,5	2,5	2,4
Russland	5,0	5,6	5,6	7,0	7,6	8,8	8,2
Vereinigte Staaten	0,1	0,8	2,4	7,2	14,7	23,6	32,0
Japan	3,8	3,5	2,8	2,6	2,4	2,4	–
China	32,8	33,3	29,8	19,7	12,5	6,2	–
Indien/Pakistan	24,5	19,7	17,6	8,6	2,8	1,7	–

Zusammengestellt nach Paul Kennedy, Aufstieg und Fall der großen Mächte. Ökonomischer Wandel und militärischer Konflikt von 1500 bis 2000, Frankfurt/Main 1989, S. 237, 309 ff.

1. *Vergleichen Sie die Veränderungen. Welche unterschiedlichen Entwicklungen zeichnen sich ab?*
2. *Beschreiben Sie den Wandel der Rolle der USA im Verhältnis zur Industrieproduktion Europas und Asiens.*

M2

Wirtschaft und Bevölkerung in den USA zwischen 1800 und 1900

	1800	1820	1840	1860	1880	1900
Bevölkerung (Millionen)	5,3	9,6	17,1	31,5	50,3	76,1
Bruttosozialprodukt (Milliarden $ im Wert von 1860)	0,3	0,6	1,6	4,1	8,4	17,3
Durchschnittliche Pro-Kopf-Produktion ($ im Wert von 1860)						
a) In den Vereinigten Staaten	61	64	95	130	167	227
b) Im Süden (Gesamtbevölkerung)	–	–	72	94	85	116
c) Im Mittelwesten und den Präriegebieten	–	–	65	88	164	234
d) Im Fernen Westen	–	–	–	–	317	370
e) Im Nordosten	–	–	128	181	235	311
Verteilung des Privatvermögens						
a) Das reichste 1% der Bevölkerung besaß	21%	(1810)	–	24%	–	31%
b) Die reichsten 10% der Bevölkerung besaßen	69%	(1810)	–	72%	–	74%

Willi Paul Adams (Hrsg.), Die Vereinigten Staaten von Amerika, Frankfurt/Main 1977, S. 179

1. *Werten Sie die Tabelle aus a) hinsichtlich der regionalen und b) hinsichtlich der sozialen Veränderungen im 19. Jahrhundert.*

M3
Das Gesetz des Wettbewerbs

Andrew Carnegie erwarb zwischen 1860 und 1900 ein riesiges Vermögen vor allem als Stahl- und Bergbauunternehmer. 1889 schreibt er:

Das Gesetz des Wettbewerbs […] mag zwar für den Einzelnen gelegentlich hart sein, für die Menschheit ist es jedoch zum Besten, weil es auf jedem Gebiet das Überleben des Tüchtigsten sicherstellt. Daher akzeptieren und begrüßen wir große Ungleichheit der Lebensbedingungen, die Konzentration von Industrie und Handel in den Händen von wenigen und das Gesetz des freien Wettbewerbs zwischen ihnen […], da sie für den künftigen Fortschritt der Menschheit nicht nur günstig, sondern notwendig sind. […]
Der Sozialist oder Anarchist, der die gegenwärtigen Verhältnisse umstürzen will, greift in Wirklichkeit die Grundlage der Zivilisation überhaupt an, denn die Zivilisation begann mit jenem Tag, an dem der fähige, fleißige Arbeiter zu seinem unfähigen und faulen Gefährten sagte: „Wenn du nicht säest, sollst du nicht ernten." So wurde die Periode des primitiven Kommunismus beendet durch die Trennung der Drohnen von den Bienen. […] Die Zivilisation überhaupt beruht auf der Heiligkeit des Eigentums – das Recht des Arbeiters auf seine hundert Dollar bei der Sparkasse ebenso wie das Recht des Millionärs auf seine Millionen. Wer diesen ausgeprägten Individualismus durch Kommunismus ersetzen will, dem sei gesagt: Die Menschheit hat das versucht. Die Verdrängung des Kommunismus war Voraussetzung jeglichen Fortschritts seit jenen barbarischen Tagen bis zur heutigen Zeit. Die Ansammlung von Reichtum durch jene, die über die Fähigkeit und Energie verfügen, ihn hervorzubringen, hat der Menschheit nicht geschadet, sondern genützt.

Andrew Carnegie, Wealth, in: North American Review, 148 (1889), S. 655 f.

1. *Erläutern Sie die Argumente, mit denen Carnegie soziale Ungleichheit rechtfertigt.*
2. *Nehmen Sie Stellung zu Carnegies Haltung.*

▲ *In gestärkten Hemden und mit Weinlaub bekränzt zechen wohlhabende New Yorker (Foto von 1900/01).*

M4
Städtische Bevölkerung der Mächte in Mio. und in Prozent der Gesamtbevölkerung zwischen 1890 und 1913

	1890	1900	1910	1913
Großbritannien	11,2 (29,9 %)	13,5 (32,5 %)	15,3 (34,9 %)	15,8 (34,6 %)
Vereinigte Staaten	9,6 (15,3 %)	14,2 (18,7 %)	20,3 (20,0 %)	22,5 (23,1 %)
Deutschland	5,6 (11,3 %)	8,7 (15,5 %)	12,9 (20,0 %)	14,1 (21,0 %)
Frankreich	4,5 (11,7 %)	5,2 (13,3 %)	5,7 (14,4 %)	5,9 (14,8 %)
Russland	4,3 (3,6 %)	6,6 (4,8 %)	10,2 (6,4 %)	12,3 (7,0 %)
Japan	2,5 (6,3 %)	3,8 (8,6 %)	5,8 (10,3 %)	6,6 (12,8 %)

Paul Kennedy, a. a. O., S. 309 f.

1. *Vergleichen Sie den Ablauf der Veränderungen. Erläutern Sie, inwiefern Angaben über die Verstädterung als Indikator für den Entwicklungsstand einer modernen Industriegesellschaft benutzt werden können.*
2. *Paul Kennedy schreibt in seiner Analyse des „Aufstiegs und Falls der großen Mächte": „Die Ära Vasco da Gamas – die vier Jahrhunderte europäischer Weltherrschaft – ging bereits vor der Katastrophe von 1914 zu Ende." Nehmen Sie dazu unter Einbeziehung von M 1 Stellung.*

M5

Der „Schmelztiegel“ – Anspruch und Wirklichkeit

Zwischen 1907 und 1911 erarbeitete eine von der Regierung eingesetzte Kommission Empfehlungen zur Einwanderungsgesetzgebung.

Nach Abschluss ihrer Untersuchungen ist die Kommission der einhelligen Meinung, dass bei der zukünftigen Gesetzgebung folgende Grundsätze entscheidend berücksichtigt werden sollten:

1. Während das amerikanische Volk die Unterdrückten anderer Länder wie in der Vergangenheit bei sich willkommen heißt, sollte doch dafür gesorgt werden, dass sich die Einwanderung in Bezug auf Qualität und Quantität so vollzieht, dass sich der Eingliederungsprozess nicht zu schwierig gestaltet.
2. Da sich das bestehende Gesetz und eine weitere Gesetzgebung, die in diesem Bericht empfohlen wird, mit den für eine Einbürgerung körperlich und geistig nicht geeigneten Personen befassen, sollten zukünftige allgemeine Gesetze, die die Zulassung von Ausländern betreffen, vor allem nach wirtschaftlichen und konjunkturellen Gesichtspunkten ausgerichtet sein, die den Wohlstand und das wirtschaftliche Wohlbefinden unseres Volkes berücksichtigen.
3. Maßstab für die vernünftige und gesunde Entwicklung eines Landes können das Ausmaß seiner Kapitalinvestitionen, seine Produktionskraft oder seine Im- und Exportziffern nur dann sein, wenn es in Verbindung damit auch entsprechende wirtschaftliche Betätigungsmöglichkeiten für den Bürger gibt, der zu seiner materiellen, geistigen und sittlichen Entfaltung auf Beschäftigung angewiesen ist.
4. Die Weiterentwicklung der Wirtschaft kann durch Mittel erreicht werden, die den Lebensstandard der Arbeitnehmer herunterschrauben. Eine langsame Expansion der Industrie, die eine Anpassung und Eingliederung der neu hinzukommenden Arbeitskräfte erlaubt, sollte einer sehr schnellen industriellen Expansion vorgezogen werden, da diese zur Einwanderung wenig qualifizierter und nicht sehr leistungskräftiger Arbeiter führen würde, die das amerikanische Lohnniveau sowie die Arbeitsbedingungen gefährden würden.

Günter Moltmann, Die Vereinigten Staaten von Amerika von der Kolonialzeit bis 1917, Paderborn 1980, S. 36

1. *Von welchen Gesichtspunkten ließ sich die Regierungskommission leiten?*
2. *Diskutieren Sie das Spannungsverhältnis zwischen dem Ideal des amerikanischen Selbstverständnisses und seinen praktischen Auswirkungen. Berücksichtigen Sie dazu auch Tabelle und Grafik auf den Seiten 146 und 148.*
3. *Vorschlag für ein Referat:*
   Vergleichen Sie die Entwicklung in den USA mit der Debatte über die Einwanderung von Ausländern in der Bundesrepublik.

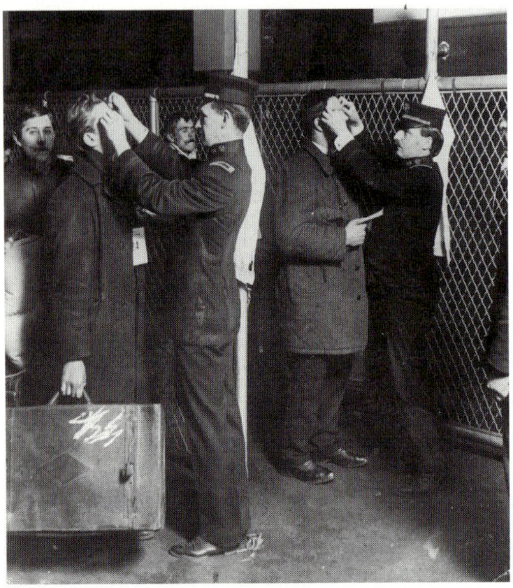

◀ *Jeder Einwanderer wurde bei der Ankunft in den Vereinigten Staaten medizinisch streng untersucht. Das Trachom, eine zur Erblindung führende Augenkrankheit, war einer der häufigsten Quarantänegründe.*

M6

Auswirkungen des „Progressive Movement“

Eine Anekdote charakterisiert den Regierungsstil des populären Präsidenten Theodore Roosevelt (1858-1919). Aus vornehmer Familie stammend, bewährte er sich erst als Polizeichef, dann als Gouverneur des Staates New York gegen die Korruption. 1901 und 1905 wurde er als Kandidat der Republikaner zum 26. Präsidenten der USA gewählt.

Im Februar 1902 wies Roosevelt das Justizministerium an, gegen die von J. Pierpont Morgan, dem „König“ der amerikanischen Bankiers, geschaffene Riesen-Holding der „Northern Securities Company“ wegen Verletzung des Gesetzes zur Verhinderung von Trust-Konglomeraten (Sherman Act) vorzugehen. Morgan suchte den Präsidenten im Weißen Haus auf: „Sollten wir irgendetwas falsch gemacht haben, schicken Sie Ihren Mann (den Justizminister) zu meinem Mann (Morgans Anwalt), die können das in Ordnung bringen …!“ – „Ich will das nicht ‚in Ordnung bringen‘ – ich will es abstellen!“ gab „T.R.“ zurück.

Jan Reifenberg, Kraftakt und Vision, Frankfurter Allgemeine Zeitung, 19.10.1996 (Beilage)

1. *Charakterisieren Sie anhand des Textes das „neue Denken“ um die Jahrhundertwende.*

◀ *Präsident Roosevelt machte sich einen Namen als „trustbuster“ (Karikatur von 1904).*

M7
Sind die natürlichen Ressourcen gefährdet?

Die massive wirtschaftliche Expansion des späten 19. Jahrhunderts ging mit einer rücksichtslosen Ausbeutung der natürlichen Ressourcen einher. Es war ein Verdienst des Präsidenten Theodore Roosevelt, die Umweltdebatte zu einem nationalen Thema zu machen. Am 3. Dezember 1907 erklärte er vor dem Kongress:

▲ *Große Mengen Nutzholz wurden schon im 19. Jahrhundert den Mississippi hinuntergebracht.*

Als eine Nation erfreuen wir uns nicht nur eines wunderbaren Maßes gegenwärtigen Wohlstandes, sondern, wenn dieser Wohlstand richtig genutzt wird, ist er auch ein Unterpfand zukünftigen Erfolges, wie ihn keine andere Nation haben wird. Die Belohnung für die Voraussicht für diese Nation ist groß und leicht vorhergesagt. Aber man braucht den Blick nach vorne, es muss die Tatsache realisiert werden, dass der Umstand, dass unsere natürlichen Ressourcen verschwendet, zerstört werden, dass das Land ausgebeutet und erschöpft wird, anstelle es so zu verwenden, dass sein Nutzen vermehrt wird, in den Tagen unserer Kinder dazu führen wird, dass dieser Reichtum, welchen wir von Rechts wegen unseren Kindern ausgeweitet und weiterentwickelt weitergeben sollten, ausgehöhlt sein wird. […]
Optimismus ist eine gute Eigenschaft, aber wenn er zum Exzess getrieben wird, wird er zur Dummheit. Wir sind geneigt, von den Ressourcen dieses Landes als unerschöpflich zu sprechen; das trifft nicht zu. Der Reichtum des Landes an Bodenschätzen, die Kohle, das Eisenerz, das Öl, das Erdgas und ähnliches mehr reproduzieren sich nicht von selbst, und daher ist es sicher, dass sie letztlich erschöpft werden; und Verschwendung im Umgang mit ihnen heute bedeutet, dass unsere Nachfahren eine oder zwei Generationen früher die Erschöpfung der Bodenschätze spüren werden als sie dies ansonsten tun würden. Aber es gibt auch gewisse andere Formen der Verschwendung, die gänzlich gestoppt werden könnten – die Verschwendung von Humus durch Wegspülen zum Beispiel, welche zu den gefährlichsten aller Verschwendungen gehören, die zur Zeit in den Vereinigten Staaten in Gang sind, wäre leicht zu verhindern, sodass dieser gegenwärtig enorme Verlust an fruchtbarem Boden vollkommen unnötig ist. Der Schutz und die Wiederaufforstung der Wälder ist eines der wichtigsten Mittel, diese Verluste zu verhindern. Beim Schutz des Waldes haben wir einen Anfang gemacht, aber […] das Maß der Erschöpfung der Holzvorräte in den Vereinigten Staaten ist in der Vergangenheit so schnell gewachsen, und so schnell wird auch das verbliebene Holz erschöpft, dass das Land unweigerlich am Rande eines Holzmangels angelangt ist, der in jedem Haushalt dieses Landes spürbar werden wird. […] Der gegenwärtige jährliche Verbrauch von Bauholz ist sicherlich dreimal so groß wie das jährliche Wachstum; und wenn Verbrauch und Wachstum sich unverändert fortsetzen, wird praktisch unser gesamter Nutzholzbestand in einer Generation erschöpft sein.

Herbert Schambeck, Helmut Widder und Marcus Bergmann (Hrsg.), Dokumente zur Geschichte der Vereinigten Staaten von Amerika, Berlin 1993, S. 420 ff.

1. *Beschreiben Sie, welche Arten von Naturausbeutung Roosevelt als Problem ansieht.*
2. *Erläutern Sie Roosevelts Gründe für einen schonenderen Umgang mit den Ressourcen.*
3. *Diskutieren Sie das Problem aus heutiger globaler Perspektive. Welche Probleme bestehen weiter, welche scheinen gelöst?*

Die wirtschaftliche Expansion – das „Big Business“

Bereits um 1860 lag der Lebensstandard der US-Bürger über den Einkommensverhältnissen in Westeuropa. Nach 1865 wuchsen die USA endgültig zur wirtschaftlichen Großmacht heran. Sie überholten Großbritannien in der Kohleförderung und produzierten zur Jahrhundertwende mehr Stahl als England, Deutschland und Frankreich zusammen (➧ M 1). Der Industrialisierungsschub wurde durch mehrere ineinander greifende Ursachen vorangetrieben:

1. Die *Bevölkerung wuchs* zwischen 1870 und 1890 von 40 auf 60 Millionen Menschen. Die wachsende Nachfrage nach Wohnraum und Waren forderte die Unternehmen zu raschen Produktionssteigerungen heraus. Gleichzeitig bildeten die Einwanderer aus Europa und Asien ein unerschöpfliches Reservoir an billigen Arbeitskräften.
2. Die *verkehrsmäßige Erschließung des Landes*, vor allem der transkontinentale Eisenbahnbau, war noch mehr als in Europa ein Schwungrad der Entwicklung. Um die Jahrhundertwende war das Schienennetz von rund 350 000 km länger als in allen anderen Ländern der Erde zusammen.
3. *Rohstoffe* (Bodenschätze, Holz, Wasser) standen zunächst *unbegrenzt* zur Verfügung.
4. Im Vergleich zu dem kleinstaatlichen Europa war ein *riesiger Binnenmarkt* entstanden, ohne Zollgrenzen im Inneren, aber – zum Schutz der heimischen Industrie – mit hohen Zollschranken nach außen.
5. Wachsende Nachfrage und Konkurrenzdruck zwangen beständig zum *Einsatz neuer Technologien* und zur *Rationalisierung*. In großem Stil entwickelten die Unternehmen neue Produktionsformen (Fließband), Vertriebsarten (Versandhandel, Warenhausketten), Verkaufsstrategien (Werbung, Markenprodukte) und Finanzierungsmöglichkeiten (Ratenkauf).
6. *Kapitalinvestitionen* kamen nicht mehr nur aus dem eigenen Land, sondern auch aus Europa. Die Ansammlung immer größerer Kapitalmengen in Aktiengesellschaften und Trusts[1] wurde zum Kennzeichen der amerikanischen Wirtschaft im „vergoldeten Zeitalter“ (*gilded age*).
7. Nach dem herrschenden Verfassungsverständnis sollte der Staat in Wirtschaftsfragen Zurückhaltung üben. Dieser *Wirtschaftsliberalismus* (Prinzip des „laissez faire“) war in Amerika besonders ausgeprägt und ließ die Unternehmen ungehinderter als anderswo schalten und walten.
8. Puritanisches Leistungsbewusstsein und Fortschrittsoptimismus, Sparsamkeit und bisweilen rücksichtslose Härte kennzeichneten die Mentalität der ersten Wirt-

▼ Die Hester Street in Manhattan (Postkarte von 1908). Hier versuchten vor allem Einwanderer aus Ost- und Südeuropa sich eine Existenz in der „Neuen Welt“ aufzubauen.

[1] *Zusammenschluss mehrerer Gesellschaften unter einem Dach*

schaftsmagnaten. Für John D. Rockefeller, der als Gründer des Standard Oil Trusts fast alle amerikanischen Ölraffinerien besaß, bewies der ungebremste Wettbewerb im „Big Business“ das „Naturgesetz“ vom „Sieg des Stärkeren über den Schwächeren“ (➧ M 2, M 3).

Die Schattenseiten des „Big Business“

Die großen Einwanderungsschübe seit Ende des 19. Jahrhunderts verstärkten den Trend zur Verstädterung und veränderten Stadtbild und Stadtleben (Wolkenkratzer, Armenviertel) dramatisch (➧ M 4). Viele Amerikaner sahen in diesem Wandel eine Bedrohung und Unterwanderung der protestantischen Kultur der weißen Anglo-Amerikaner („White Anglo-Saxon Protestants, WASPs“). Vor allem während konjunktureller Schwächephasen versuchte die Politik deshalb, mit restriktiven Einwanderungsgesetzen den Zuzug zu kanalisieren (➧ M 5).

Das faszinierende Wirtschaftswachstum verteilte sich nur sehr ungleichmäßig auf die Bevölkerung. So profitierten die Arbeiter wenig von dem steigenden Wohlstand. Ohne rechtlichen und sozialen Schutz litten sie heftig unter den wiederkehrenden Konjunkturkrisen.

Kinder im Alter zwischen sechs und elf Jahren arbeiteten zwölf Stunden am Tage in Bergwerken und Textilfabriken. Vor allem neu eingewanderte Bürger lebten in bitterer Armut, unter primitivsten sanitären Verhältnissen, die immer wieder Seuchen ausbrechen ließen. Die sozialen Spannungen und die Kritik an Korruption in Wirtschaft und Verwaltung entluden sich in Streiks und Gewalttaten.

Allerdings entwickelte die politische und gewerkschaftliche Organisation der Arbeiterschaft keine durchschlagende Kraft. Zu unterschiedlich waren Herkunft und Interessen ihrer Mitglieder. Hinzu kamen die hohe Mobilität und das Vertrauen vieler „kleiner Leute“ auf die eigene Leistung. Der Sozialismus galt als „unamerikanisch“. Bei Wahlen kam die *Socialist Party* über 6 % nicht hinaus.

„Progressive Movement“: die Antwort auf das „Big Business“ und seine Schattenseiten

Um die Wende zum 20. Jahrhundert wuchs in der amerikanischen Gesellschaft die Einsicht, dass wirtschaftlicher und sozialer Fortschritt immer weiter auseinander klafften. In der städtischen Mittel- und Oberschicht bildete sich deshalb der Gedanke der *progressiven Bewegung* (*Progressive Movement*) aus. Die Rückbesinnung auf religiöse Werte und die unübersehbaren rationalen Fortschritte in den Wissenschaften sollten bei der Gestaltung einer effizienten und gerechten Zukunftsordnung zusammenwirken. Vor allem unter den Präsidenten *Theodore Roosevelt* (1901-1909) und *Woodrow Wilson*[1] (1913-1921) wurde dem Staat eine wichtigere Rolle bei der Reform der Gesellschaft zuerkannt (➧ M 6, M 7).

Erste Einschränkungen mussten die immer mächtiger werdenden Konzerne hinnehmen. Absprachen zwischen Großunternehmen (*Kartelle*) und *Fusionen* zu marktbeherrschenden Monopolunternehmen bedrohten zunehmend den freien Wettbewerb.

1) Woodrow Wilson (1856-1924) war Professor der Geschichte und Politiker der Demokratischen Partei. Wilson wurde 1913 als erster Südstaatler seit dem Bürgerkrieg zum Präsidenten gewählt, wobei er von einer vorübergehenden Spaltung der Republikaner profitierte.

Die 1887 einsetzende *Anti-Trust-Gesetzgebung* konnte zumindest allzu machtmissbräuchliche Exzesse unterbinden.
Viel später als beispielsweise im Deutschen Reich bemühten sich einzelne Bundesstaaten um eine *Sozialgesetzgebung*. Dazu zählten erste Schritte zu einem Rentensystem, Mindestlöhne und Höchstarbeitszeiten, besondere Regelungen für Jugendliche und Frauen. Seit 1913 erhob die Union eine Einkommensteuer, die bald die Höherverdienenden deutlich stärker belastete als bisher.
Nicht minder wichtig als die gesetzgeberischen Veränderungen war der Wandel im öffentlichen Bewusstsein. Unternehmer bekannten sich zu ihrer sozialen Verpflichtung und begannen, durch die Errichtung von Stiftungen gemeinnützige Aufgaben (Krankenhäuser, Bibliotheken, Museen) zu fördern. Vor allem Frauen bauten ehrenamtlich die sozialen Dienste aus und kümmerten sich um Gesundheitsfürsorge und Kindergärten.
Den öffentlichen Bewusstseinswandel verkörperten ebenso lautstarke moralistische Kampagnen gegen Glücksspiele, Kinos und anderes mehr. Die Bekämpfung des Alkoholmissbrauches führte 1918 sogar zu einer Ergänzung der Verfassung, die den Verkauf und die Herstellung von Alkohol verbot.
Das amerikanische Zweiparteiensystem erfuhr in der Zeit des Progressive Movement seine bis heute gültige Festlegung. Die Einführung von *Vorwahlen (Primaries)* sicherte den Bürgern einen größeren Einfluss auf die Kandidaten und zwang die Parteien zu einer engeren Verbindung mit den sich formierenden „organisierten Interessen". Seither verfolgt die Republikanische Partei eine pragmatische Politik für *business and labor*, während die *Demokratische Partei*, fußend auf dem puritanischen Moralkodex, sich ethische Forderungen von Reformgruppen zu eigen machte.

▼ *„Ein emsiger Bienenstock" – mit diesem Motto warb die Warenhauskette Montgomery Ward aus Chicago kurz vor der Jahrhundertwende.*

▼ *Jugendliche Arbeiter einer Kohlenzeche in Pennsylvania um 1900.*

Grundbegriff: Kapitalismus ···› Reiche Männer, die ihr Vermögen meist dank großen Grundbesitzes oder im Handel erwarben, gab es bereits in der Antike und im Mittelalter. Doch erst an der Wende zur Neuzeit begann sich das Wirtschaftsleben in Europa aus den Zwängen des Lehenswesens und zünftischer Handwerksordnungen zu befreien. In dieser Phase des heute so bezeichneten „Frühkapitalismus" standen große Fernhandelshäuser an der Spitze des gewerblichen Aufschwungs.

Der Begriff „Kapitalismus" selbst entstand erst Mitte des 19. Jahrhunderts, als die Industrialisierung tief greifende gesellschaftliche und wirtschaftliche Veränderungen hervorrief. Als Modell einer Wirtschaftsordnung ist der Kapitalismus durch folgende Merkmale bestimmt:

1. Privateigentum an den Produktionsmitteln
2. Gewinnmaximierung als Ziel unternehmerischen Handelns
3. Produktion für den Markt (Marktwirtschaft)
4. Preisbildung durch Angebot und Nachfrage
5. die Konkurrenz im Marktgeschehen sorgt für die bestmögliche Nutzung von Ressourcen und richtet die Produktion an den Bedürfnissen der Verbraucher aus
6. eine staatliche Rechtsordnung schafft Rechtssicherheit und anerkannte Rahmenbedingungen
7. Gegensatz von Kapital und Arbeit.

Besonders letzteren Punkt arbeitete der deutsche Philosoph Karl Marx (1818-1883) heraus, indem er die „Ausbeutung der arbeitenden Klassen" im System des Kapitalismus kritisierte.

Tatsächlich führte der Kapitalismus in seiner ungezügelten Form zu großen Ballungen von Macht und Geld sowie zu krassen sozialen Ungerechtigkeiten und Abhängigkeiten. Das hat der englische „Manchester-Kapitalismus" des 19. Jahrhunderts ebenso gezeigt wie die Epoche des amerikanischen „Big Business". Daher hat der moderne Staat ordnungspolitische Vorkehrungen getroffen, um die Benachteiligten zu schützen und Auswüchse des gewinnorientierten Egoismus zu verhindern. Dazu gehören eine staatliche Sozialpolitik, Maßnahmen zur Überwindung ungerechter Einkommens- und Vermögensverteilung, Milderung des Gegensatzes von Kapital und Arbeit durch Garantie von Tarifautonomie und Mitbestimmung in den Unternehmen, eine vorausschauende Wirtschaftspolitik zur Abfederung von Konjunkturschwankungen, die Durchsetzung fairer Wettbewerbsbedingungen und anderes mehr.

Insgesamt hat sich der Kapitalismus bisher allen anderen Systemen überlegen gezeigt, weil das natürliche Vorteilsstreben des Individuums und eine hohe Verantwortlichkeit des Einzelnen die wichtigsten Voraussetzungen für ein erfolgreiches Gemeinwesen sind, in dem die Starken und Kreativen so viel Mehrwert erwirtschaften, dass bei geeigneter sozialer Abfederung auch die Schwachen mitversorgt werden und damit letztlich ebenfalls vom System profitieren.

1.6 Der Aufstieg zur Weltmacht

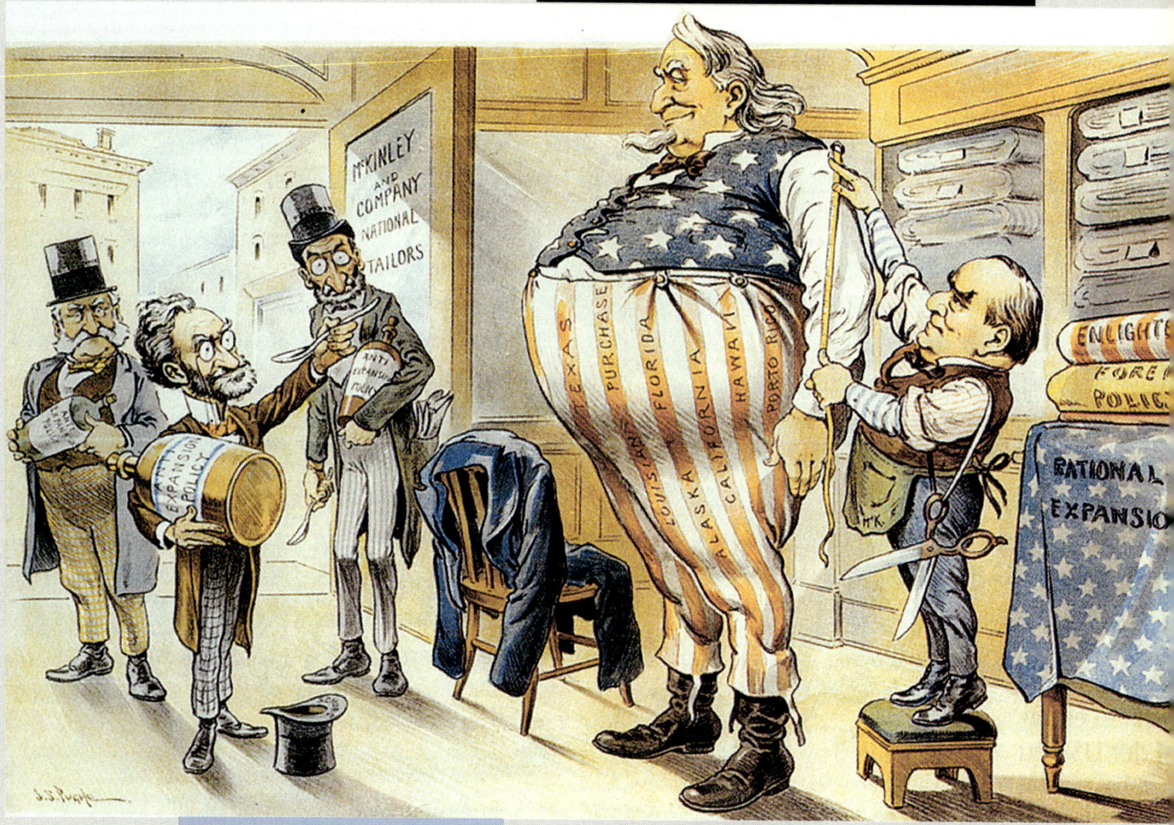

▲ *„Measuring Uncle Sam for a new suit.“ Die Alternative wäre die „Anti Expansion Policy“ (Karikatur aus der amerikanischen Zeitschrift „Puck“, 1900).*

1823
Die Monroe-Doktrin erhebt den Ruf „Amerika den Amerikanern“ zum außenpolitischen Grundsatz

1867
Die USA kaufen Russland die Provinz Alaska ab

1898
Nach dem Sieg im spanisch-amerikanischen Krieg werden die USA Kolonialmacht

1906-14
Der Bau des Panama-Kanals eröffnet strategische Vorteile

M1
Die Monroe-Doktrin (1823)

Russische Wirtschaftsinteressen an der nordamerikanischen Pazifikküste, vermeintliche Rekolonisierungsabsichten europäischer Großmächte sowie britische Wünsche, die unabhängig gewordenen Staaten Südamerikas für den eigenen Handel offen zu halten, veranlassten Präsident James Monroe, die Ziele der amerikanischen Außenpolitik in seiner Jahresbotschaft an den Kongress vom 2. Dezember 1823 darzulegen.

Es ist ein Grundsatz, in welchem die Rechte und Interessen der Vereinigten Staaten inbegriffen sind: dass die amerikanischen Kontinente infolge des freien und unabhängigen Standes, den sie angenommen haben und behaupten, hinfort nicht als Gegenstände für die künftige Kolonisation durch irgendwelche europäischen Mächte zu betrachten sind [...]. Wir haben niemals an den Kriegen der europäischen Mächte teilgenommen, soweit sie diese allein angingen, und es verträgt sich nicht mit unserer Politik, daran teilzunehmen [...]. Wir sind deshalb den freundlichen Beziehungen, die zwischen den Vereinigten Staaten und jenen Mächten bestehen, die aufrichtige Erklärung schuldig, dass wir irgendwelchen Versuch von ihrer Seite, ihr System auf irgendeinen Teil dieser Halbkugel auszudehnen, als gefährlich für unseren Frieden und unsere Sicherheit betrachten würden. In die bestehenden Kolonien oder Dependenzen[1] irgendwelcher europäischen Macht haben wir nicht eingegriffen und werden wir nicht eingreifen, aber bei den Regierungen, die ihre Unabhängigkeit erklärt und behauptet und deren Unabhängigkeit wir nach vieler Überlegung und aus gerechten Gründen anerkannt haben, könnten wir irgendwelche Dazwischenkunft, um sie zu unterdrücken oder irgendwie sonst ihr Schicksal zu bestimmen, von Seiten irgendeiner europäischen Macht in keinem anderen Licht sehen als in dem einer Bekundung unfreundlicher Gesinnung gegen die Vereinigten Staaten.

Fritz Wagner, USA. Geburt und Aufstieg der neuen Welt. Geschichte in Zeitdokumenten 1607-1865, München 1947, S. 176

---

[1] *Besitzungen*

1. *Beschreiben Sie das Verhältnis der USA zu den europäischen Mächten und zu den übrigen amerikanischen Staaten.*
2. *Arbeiten Sie die „Rechte und Interessen" der amerikanischen Außenpolitik heraus.*
3. *Man hat die Außenpolitik der USA im 19. Jahrhundert als isolationistisch bezeichnet. Prüfen Sie diese Einschätzung.*
4. *Bestimmen Sie die innenpolitische Funktion, die der außenpolitischen Selbstbeschränkung der USA zukommt.*

M2
Imperialismus im Widerstreit der Meinungen

Nachdem die USA die Philippinen aus dem Besitz der alten Kolonialmacht Spanien erworben hatten, wurden sie dort in einen Aufstand verwickelt. Bis Ende 1899 zerschlug eine Armee von 70 000 Mann die Rebellion philippinischer Unabhängigkeitskämpfer. Eine Vereinigung prominenter Politiker, Intellektueller und Literaten, die Anti-Imperialist League, nahm zu den Vorgängen 1899 in ihrem Programm Stellung.

Wir verurteilen nachdrücklich die Politik unserer derzeitigen nationalen Regierung auf den Philippinen. Sie ist darauf gerichtet, den Geist von 1776 auf diesen Inseln auszulöschen. [...]
Die Vereinigten Staaten haben stets gegen jene Doktrin des internationalen Rechts protestiert, die eine Unterwerfung der Schwachen durch die Mächtigen zulässt. Ein Staat, der sich selbst regiert, kann nicht die Herrschaft über ein widerstrebendes Volk errichten. Die Vereinigten Staaten können nicht nach der alten Irrlehre handeln, dass Macht Recht schafft.
[...] So sehr wir auch den „verbrecherischen Angriffskrieg" auf den Philippinen verabscheuen, so sehr wir bedauern, dass das Blut der Filipinos an amerikanischen Händen klebt, wir sind doch mehr empört über den Verrat an amerikanischen Ordnungsprinzipien hier bei uns. Das wirkliche Kampffeld liegt nicht in den Vororten von Manila. Der

Feind sitzt im eigenen Land. 1861 wurde der Versuch gemacht, unser Land zu teilen. 1899 wird der Versuch gemacht, die fundamentalen Prinzipien und höchsten Ideale dieses Landes zu zerstören.

Im Jahr 1900 verfasste der Senator Albert J. Beveridge ein Memorandum.

Gott hat die englisch sprechenden germanischen Völker nicht deshalb in einer tausendjährigen Geschichte so geformt, wie sie heute sind, damit sie in einer nutzlosen Selbstbetrachtung und Selbstbewunderung ihre Zeit und ihre Kraft vergeuden. Nein! Gott hat uns zu Organisatoren der Welt bestimmt, mit dem Auftrag, da Ordnung zu schaffen, wo das Chaos herrscht. Er hat den Glauben an den Fortschritt in unser Herz gepflanzt, um uns die Kraft zu geben, die Reaktion in der ganzen Welt zu schlagen. Er hat uns geschickt gemacht in allen Künsten der Regierung, damit wir diese Kunst an wilden und senilen Völkern betätigen. Wenn es eine solche Kraft nicht gäbe, wie wir sie darstellen, so müsste die Welt in Barbarei und Nacht zurückfallen. Und innerhalb unserer Rasse hat Gott das amerikanische Volk gekennzeichnet als ein erwähltes Volk, das bei der Erneuerung der Welt die führende Rolle spielen soll.

Günter Moltmann, Die Vereinigten Staaten von Amerika von der Kolonialzeit bis 1917, Paderborn 1980, S. 82; Hartmut Wasser, Die USA – der unbekannte Partner, Paderborn 1983, S. 109

1. *Zeigen Sie, wie Beveridge traditionelle religiöse, politische und soziale Grundströmungen in den USA aufgreift und ihnen eine neue Richtung weist.*
2. *Einige Historiker haben bereits die Westausdehnung der USA im 19. Jahrhundert als eine Form des Imperialismus bezeichnet. Diskutieren Sie diese These. Berücksichtigen Sie bei Ihrer Antwort die in den Texten enthaltenen Denkweisen und Handlungsmaximen.*
3. *Überseeische Ausgriffe der USA hatte es seit der Jahrhundertmitte gegeben. Begründen Sie, weshalb man trotzdem für die USA erst seit dem letzten Jahrzehnt des 19. Jahrhunderts von einer imperialistischen Politik spricht.*

M3
Open Door Policy

Nach dem Ende seiner Amtszeit erläuterte Theodore Roosevelt seinem Nachfolger William H. Taft (1909-1913) in einem Brief die Chancen und Grenzen der Open Door Policy in China.

Ein Bündnis mit China bedeutet angesichts der absoluten militärischen Hilflosigkeit des Landes für uns keine zusätzliche Stärke, sondern eine zusätzliche Verpflichtung, die wir uns aufbürden; und da ich die Politik des Bluffs völlig ablehne, sowohl in der nationalen als auch in der internationalen Politik als auch im Privatleben, und es auch ablehne, die alte Grenzerregel „Zieh nie [den Colt], wenn du nicht schießen willst" zu verletzen, halte ich es für falsch, Positionen zu beziehen, die wir nicht verteidigen können. Was die Mandschurei anbetrifft, so können wir Japan nicht stoppen, wenn es einen unseren Interessen entgegengesetzten Kurs einschlägt, falls wir nicht zum Kriege bereit sind; und ein erfolgreicher Krieg um die Mandschurei würde von uns eine Flotte so groß wie die englische und eine Armee so stark wie die deutsche verlangen. Die Politik der „offenen Tür" in China war eine gute Sache, und ich hoffe, sie wird es in Zukunft bleiben, solange sie durch allgemeines diplomatisches Übereinkommen gesichert werden kann; aber wie die Geschichte der Mandschurei sowohl unter Russland als auch unter Japan gezeigt hat, verschwindet die ganze Politik der „offenen Tür" de facto völlig, wenn eine mächtige Nation entschlossen ist, sie zu missachten, und lieber ein Kriegsrisiko eingeht als ihre Absichten aufzugeben.

Detlef Junker, Von der Weltmacht zur Supermacht. Amerikanische Außenpolitik im 20. Jahrhundert, Mannheim/Leipzig/Wien/Zürich 1995, S. 30

1. *Arbeiten Sie die Unterschiede zwischen der Open Door Policy und der Monroe-Doktrin heraus.*
2. *Erläutern Sie das Motto „Zieh nie, wenn du nicht schießen willst". Diskutieren Sie seine Anwendung in der Außenpolitik.*

M4

Theodore Roosevelts Zusatz zur Monroe-Doktrin (1904)

Die innenpolitische Labilität und finanzielle Schwäche einzelner lateinamerikanischer Staaten veranlassten europäische Mächte wiederholt dazu, durch militärischen Druck die Begleichung von Staatsschulden zu erzwingen. In einer solchen Situation aktualisierte der amerikanische Präsident Theodore Roosevelt in seiner Jahresbotschaft an den Kongress vom 4. Dezember 1904 die Monroe-Doktrin.

Es ist nicht wahr, dass die Vereinigten Staaten irgendwelchen Landhunger verspürten oder irgendwelche Projekte im Hinblick auf die anderen Nationen der westlichen Hemisphäre hegten, außer solchen, die ihrer Wohlfahrt dienen. Alles, was dieses Land wünscht, ist, die Nachbarländer stabil, in Ordnung und wohlhabend zu sehen. Jedes Land, dessen Volk sich gut beträgt, kann auf unsere herzliche Freundschaft zählen. Wenn eine Nation zeigt, dass sie vernünftig und mit Kraft und Anstand in sozialen und politischen Fragen zu handeln versteht, dass sie Ordnung hält und ihre Schulden bezahlt, dann braucht sie keine Einmischung von Seiten der Vereinigten Staaten zu befürchten. Ständiges Unrechttun oder ein Unvermögen, welches hinausläuft auf eine Lockerung der Bande der zivilisierten Gesellschaft, mag in Amerika wie anderswo schließlich die Intervention durch irgendeine Nation fordern, und in der westlichen Hemisphäre mag das Festhalten der Vereinigten Staaten an der Monroedoktrin sie in flagranten Fällen solchen Unrechttuns oder Unvermögens, wenn auch wider ihren Willen, zur Ausübung einer internationalen Polizeigewalt zwingen. […] Unsere Interessen und die unserer südlichen Nachbarn sind in Wirklichkeit identisch. Sie besitzen große natürliche Reichtümer, und wenn die Herrschaft des Gesetzes und des Rechts innerhalb ihrer Grenzen bestehen bleibt, dann kommt der Wohlstand ganz sicher zu ihnen. Solange sie so den Grundgesetzen der zivilisierten Gesellschaft gehorchen, dürfen sie versichert sein, von uns im Geiste herzlicher und hilfsbereiter Sympathie behandelt zu werden. Wir würden nur im äußersten Falle bei ihnen eingreifen, und nur dann, wenn es offenkundig würde, dass ihre Unfähigkeit oder ihre Abneigung, im Innern und nach außen Recht zu üben, die Rechte der Vereinigten Staaten verletzt hätte oder eine fremde Aggression zum Schaden der Gesamtheit der amerikanischen Nation herausgefordert hätte.

Günter Schönbrunn, Das bürgerliche Zeitalter 1815-1914. Geschichte in Quellen, München 1980, S. 599 f.

1. *Bestimmen Sie die Adressaten von Roosevelts Botschaft. Zeigen Sie, welche Rolle die USA für sich in Anspruch nehmen.*
2. *Vergleichen Sie mit M 1 und M 3. Stellen Sie Gemeinsamkeiten und Unterschiede fest.*
3. *Grenzen Sie die amerikanische Form imperialistischer Einflussnahme vom Imperialismus anderer Mächte ab.*

◀ Nachdem Panama 1903 von Großkolumbien unabhängig geworden war, erhielten die USA das Recht, den Kanal zu bauen und auf unbegrenzte Zeit zu nutzen. Er wurde 1914 eröffnet. Erst zu Beginn des Jahres 2000 sind die Verfügungsrechte auf Panama übergegangen.
• Analysieren Sie, wie der kolumbianische Karikaturist das Geschehen deutet.

Die Frühphase amerikanischer Außenpolitik

Seit der Staatsgründung befolgte die amerikanische Außenpolitik die Empfehlung Präsident Washingtons, der 1796 in seiner Abschiedsbotschaft gemahnt hatte, sich aus den Händeln Europas herauszuhalten. Präsident *James Monroe* (1817-1825) erhob 1823 mit dem Ruf „Amerika den Amerikanern" den *Isolationismus* zur außenpolitischen Doktrin[1]. Vordergründig sollte die *Monroe-Doktrin* die mittel- und südamerikanischen Völker in ihrem Freiheitskampf gegen europäische Interventionen unterstützen. Zugleich diente sie den Vereinigten Staaten als Argumentationshilfe bei der Durchsetzung ihrer hegemonialen (Handels-)Interessen auf dem amerikanischen Kontinent und in der Karibik (➧ M 1).
Im Verlauf ihrer Westexpansion war die Union Mitte des 19. Jahrhunderts an die Küste des Pazifik vorgestoßen. Von hier aus weiteten sich die amerikanischen Interessen über das Meer aus. 1853/54 erzwangen Kriegsschiffe die Öffnung des japanischen Marktes, ebenso musste China Handelsverträge mit den USA abschließen. Dennoch stieß der Gedanke transkontinentaler Handelsstützpunkte in der Öffentlichkeit zunächst noch auf wenig Gegenliebe. Außenminister *William H. Seward* setzte 1867 im Kongress nur mit Mühe den Erwerb Alaskas von Russland durch.

Grundlagen und Motive der imperialistischen Politik

Gegen Ende des 19. Jahrhunderts wurde die ehemalige britische Kolonie selbst zu einer imperialistischen Macht, die sich am Wettlauf der Industrienationen um die Aufteilung der Welt beteiligte. Mit dem wirtschaftlichen Erfolg waren Selbst- und Sendungsbewusstsein der Amerikaner weiter gestiegen. Die traditionellen Manifest Destiny-Vorstellungen, die der Westexpansion einen geschichtsphilosophischen und religiösen Sinn gegeben hatten, schlugen nun nach Beendigung der Frontierbewegung ins Globale um. Gestützt auf einen weit verbreiteten *Sozialdarwinismus*[2] glaubten viele an einen Missions- und Erziehungsauftrag der angelsächsischen Rasse „in der Welt". Ein von der Presse unterstützter Nationalismus sehnte sich nach territorialen Eroberungen jenseits der „natürlichen" Grenzen. Ebenso wie die herrschende politische Klasse Europas waren viele Amerikaner davon überzeugt, Wirtschaftskrisen und soziale Konflikte nur durch die Gewinnung neuer Absatzmärkte vermeiden zu können. So ging der imperialistische Zeitgeist auch an der „Neuen Welt" nicht vorüber.
Viele Amerikaner sahen jedoch in der Unterwerfung fremder Völker einen Verrat an dem historischen Auftrag der eigenen Nation. Sie schlossen sich 1899 in der *Anti-Imperialistischen Liga* zusammen, doch fanden sie bei Wahlen keine Mehrheit (➧ M 2).

Open Door Policy und Interventionspolitik – abgestufte Formen imperialistischer Politik

Die Unterstützung des kubanischen Aufstands gegen das spanische Mutterland nutzten die USA 1898 nach einem kurzen Krieg gegen Spanien zum Erwerb von Protektoratsrechten über Kuba; Puerto Rico, Guam und die Philippinen wurden ebenfalls in Besitz genommen. Kurz darauf sicherten die Annexionen Hawaiis und von Teilen Samoas den Seeweg nach Asien.

---

1) Lehre, wegweisender Grundsatz einer bestimmten Politik

2) Umdeutung der Evolutionstheorie von Charles Darwin (1809-1882), um den Führungs- und Herrschaftsanspruch einzelner Menschen oder Völker zu „begründen"

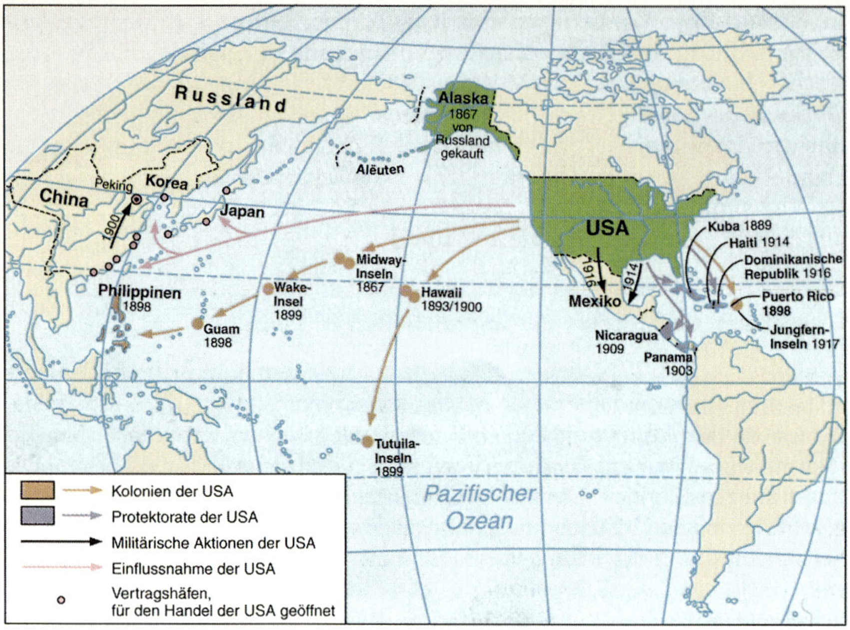

◀ *Das „amerikanische Empire" um 1900.*

In China brach im Sommer 1900 der *Boxer-Aufstand* aus. Ausgelöst hatte ihn der Bund „Faust für Recht und Einigkeit", der sich mit Gewalt gegen die drohende „Verwestlichung" Chinas wehrte. Die kaiserliche Regierung schloss sich dem Aufstand an und erklärte den Industrienationen den Krieg. Seite an Seite mit Truppen der europäischen Großmächte und Japans schlugen Amerikaner den Aufstand rasch nieder. Da Regierung und Öffentlichkeit ein militärisches Engagement in Ostasien aber letztlich scheuten, begnügten sich die USA in China mit einer „Politik der offenen Tür" (*Open Door Policy*): Anders als die übrigen Großmächte hielten sie an der Einheit des Kaiserreichs fest und forderten keine Herrschafts- oder Einflusszonen. Mit einem gleichen und ungehinderten Zugang zu den Märkten für alle schien den amerikanischen Wirtschaftsinteressen am besten gedient (▶ M 3).
Auf dem amerikanischen Kontinent verfolgte Präsident Roosevelt das geostrategische Konzept einer Kanalverbindung zwischen Atlantik und Pazifik. Als die kolumbianische Regierung dem Bau nicht zustimmen wollte, zettelte er 1903 eine Rebellion an. Diese war erfolgreich, und nach Gründung der Republik Panama traten die panamesischen Nationalisten eine 32 km breite Kanalzone an die USA ab. Der Kanal wurde zwischen 1906 und 1914 fertig gestellt. Er verkürzte den Seeweg von der Ost- zur Westküste um 15 000 km. Dies brachte der US-Wirtschaft erhebliche Vorteile und verbesserte die Manövrierfähigkeit der mittlerweile zweitstärksten Kriegsmarine der Welt.
Roosevelts Vorgehen in Panama und anderen mittelamerikanischen Staaten machte den Unterschied zur Open Door Policy in Ostasien deutlich. Auf dem „eigenen" Kontinent fühlten sich die USA durchaus gerüstet, mit Hilfe einer militärischen *Interventionspolitik* ihre Hegemonie zu sichern. In drastischer Form drückte der Präsident den Anspruch aus, als Polizeimacht in den lateinamerikanischen Staaten eingreifen zu dürfen: „Sprich sanft, aber trage stets einen dicken Knüppel mit dir" (▶ M 4).
Die Nachfolger Roosevelts setzten die amerikanische Interessenpolitik mit den Instrumenten indirekter Einflussnahme fort. Sie unterstützten finanzielle Investitionen im Ausland („*Dollar-Imperialismus*") gemäß der Einsicht, dass sich das wachsende amerikanische Wirtschaftspotenzial am besten in einem friedlichen Umfeld und – wie es der Stahlindustrielle *Andrew Carnegie* formulierte – mit „den unpolitischen Diktaten des freien Marktes" zur Geltung bringen lasse. Auf diese Weise gelang es, die meisten Staaten Mittel- und Südamerikas auf den US-Markt zu fixieren und dadurch dem politischen Einfluss der Hegemonialmacht zu öffnen.

2 Die Herausforderung des American Dream im 20. Jahrhundert

2.1 Weltmacht zwischen Interventionismus und Isolationismus

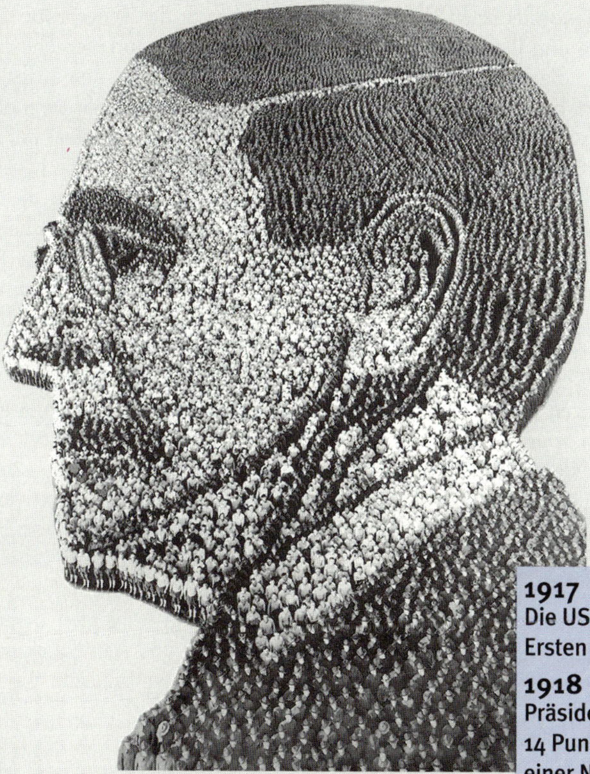

▲ *21 000 Soldaten ehrten 1919 in Camp Sherman (Ohio) den US-Präsidenten Woodrow Wilson, indem sie sein Konterfei nachstellten.*

1917
Die USA greifen in den Ersten Weltkrieg ein

1918
Präsident Wilson verkündet 14 Punkte als Grundlage einer Nachkriegsordnung

1920
Der Versailler Friedensvertrag erhält im Senat nicht die erforderliche Mehrheit

1921
Auf der Konferenz von Washington wird der Einfluss der Großmächte im pazifischen Raum geordnet

M1

„Die Welt muss sicher gemacht werden für die Demokratie“

Am 2. April 1917 sprach sich Präsident Woodrow Wilson vor dem Kongress für eine Kriegserklärung an Deutschland aus.

Neutralität ist nicht länger durchführbar oder wünschenswert, wo es um den Frieden der Welt und die Freiheit ihrer Völker geht [...]. Wir stehen am Anfang eines Zeitalters, in dem man darauf beharren wird, dass die gleichen Maßstäbe für das Verhalten und für die Verantwortlichkeit für getanes Unrecht von den Nationen und ihren Regierungen beobachtet werden sollen, die von den einzelnen Bürgern zivilisierter Staaten befolgt werden.

Wir haben keinen Streit mit dem deutschen Volk. Wir haben keine andere Empfindung ihm gegenüber als eine der Sympathie und Freundschaft. Es war nicht auf seinen Impuls hin, dass seine Regierung handelte, als sie in diesen Krieg eintrat. Es geschah nicht mit seinem vorherigen Wissen oder Beifall. Es war ein Krieg, über den entschieden wurde, wie über Kriege entschieden zu werden pflegte in den alten, unglücklichen Zeiten, als die Völker nirgendwo von ihren Herrschern zu Rate gezogen und Kriege provoziert wurden im Interesse von Dynastien oder kleinen Gruppen ehrgeiziger Leute, die ihre Mitmenschen als Schachfiguren oder Werkzeuge zu benützen gewohnt waren. [...]

Wir sind froh, jetzt, da wir die Tatsachen ohne einen Schleier trügerischen Scheins sehen, dass wir so für den schließlichen Frieden der Welt und für die Befreiung ihrer Völker, die deutschen Völker eingeschlossen, kämpfen: für die Rechte der Nationen, groß und klein, und das Vorrecht der Menschen allüberall, sich ihre Weise des Lebens und des Gehorsams auszusuchen. Die Welt muss sicher gemacht werden für die Demokratie. Ihr Friede muss auf den erprobten Grundlagen politischer Freiheit errichtet werden. Wir haben keine selbstischen Ziele, denen wir dienen. Wir verlangen nach keiner Eroberung, keiner Herrschaft. Wir suchen keinen Schadenersatz für uns selbst, keine materielle Entschädigung für die Opfer, die wir bereitwillig bringen werden. Wir sind lediglich einer der Vorkämpfer für die Rechte der Menschheit. [...] Eben weil wir ohne Groll und eigensüchtiges Ziel kämpfen, indem wir nichts für uns suchen, als was wir mit allen freien Völkern zu teilen wünschen, werden wir – darauf vertraue ich – unsere Operationen als Kriegführende ohne Leidenschaft ausführen und selbst mit stolzer Genauigkeit die Prinzipien des Rechts und des fairen Spiels beobachten, für die wir zu kämpfen versichern. [...]

Es ist eine schmerzliche und bedrückende Pflicht, meine Herren Kongressabgeordneten, die ich mit dieser Botschaft erfüllt habe. Wir haben vielleicht viele Monate der Feuerprobe und des Opfers vor uns. Es ist eine fürchterliche Sache, dieses große friedfertige Volk in den Krieg zu führen, in den schrecklichsten und verheerendsten aller Kriege, in dem die Zivilisation selbst auf dem Spiele zu stehen scheint. Aber das Recht ist wertvoller als der Friede, und wir werden für die Dinge kämpfen, die wir stets unserem Herzen zunächst getragen haben – für die Demokratie, für das Recht jener, die der Autokratie[1] unterworfen sind, auf ein Mitspracherecht bei ihrer Regierung, für die Rechte und Freiheiten kleiner Nationen, für eine allgemeine Herrschaft des Rechts durch ein Konzert der freien Völker, das allen Nationen Frieden und Sicherheit bringen und die Welt selbst endlich frei machen wird. Solch einer Aufgabe können wir unser Leben und unser Vermögen weihen, alles was wir sind und alles was wir haben, mit dem Stolz derer, die wissen, dass der Tag gekommen ist, da Amerika die Auszeichnung erfährt, sein Blut und seine Macht für die Prinzipien darzubringen, denen es seine Geburt und sein Glück und den Frieden verdankt, den es wertschätzte. Gott helfe ihm, es kann nicht anders.

Helmut Schambeck, Helmut Widder und Marcus Bergmann (Hrsg.), Dokumente zur Geschichte der Vereinigten Staaten von Amerika, Berlin 1993, S. 434 ff.

1. *Benennen Sie die Gründe, die Wilson für die Notwendigkeit eines Kriegseintritts der USA anführt.*
2. *Diskutieren Sie die Berechtigung einer moralischen Motivation bei der Kriegsentscheidung.*

---

1) *unumschränkte Herrschaft*

M2

Die „14 Punkte" Präsident Wilsons

Am 8. Januar 1918 verkündete Präsident Wilson vor dem amerikanischen Kongress die 14 Punkte eines amerikanischen Friedensprogrammes.

I. Öffentliche Friedensverträge, öffentlich beschlossen, nach denen es keine privaten internationalen Abmachungen irgendwelcher Art geben darf. Vielmehr soll die Diplomatie stets frei und vor aller Öffentlichkeit sich abspielen.

II. Absolute Freiheit der Schifffahrt auf der See außerhalb der territorialen Gewässer sowohl im Frieden wie im Kriege [...].

III. Soweit als möglich die Aufhebung sämtlicher wirtschaftlicher Schranken und die Fortsetzung gleichmäßiger Handelsbeziehungen zwischen sämtlichen Nationen [...].

IV. Angemessene Garantien, [...] dass die nationalen Rüstungen auf den niedrigsten Grad, der mit der inneren Sicherheit vereinbar ist, herabgesetzt werden.

V. Eine freie, offenherzige und absolut unparteiische Ordnung aller kolonialen Ansprüche [...].

VI. Die Räumung des gesamten russischen Gebietes.

VII. Belgien, dem wird die ganze Welt zustimmen, muss [...] geräumt und wiederhergestellt werden. [...]

VIII. Das gesamte französische Gebiet muss befreit und die verwüsteten Teile wiederhergestellt werden. Ebenso müsste das Frankreich durch Preußen 1871 in Sachen Elsass-Lothringen angetane Unrecht, das den Weltfrieden nahezu fünfzig Jahre bedroht hat, berichtigt werden, um dem Frieden im Interesse aller wieder Sicherheit zu verleihen.

IX. Eine Berichtigung der Grenzen Italiens sollte gemäß den klar erkennbaren Nationalitätenlinien bewirkt werden.

X. Den Völkern Österreich-Ungarns [...] sollte die freieste Möglichkeit autonomer Entwicklung gewährt werden.

XI. Rumänien, Serbien und Montenegro sollten geräumt werden [...].

XII. Dem türkischen Teil des gegenwärtigen ottomanischen Reiches sollte eine gesicherte Souveränität gewährleistet werden, [...] und die Dardanellen sollten dauernd als freier Durchgang für die Schiffe und den Handel aller Nationen unter internationalen Garantien geöffnet werden.

XIII. Ein unabhängiger polnischer Staat sollte errichtet werden, der die von unbestreitbar polnischer Bevölkerung bewohnten Gebiete umfassen soll, denen ein freier und sicherer Zugang zum Meere gewährleistet und dessen politische und ökonomische Unabhängigkeit sowie dessen territoriale Integrität durch internationalen Vertrag garantiert werden sollen.

XIV. Eine allgemeine Gesellschaft der Nationen muss auf Grund eines besonderen Bundesvertrages gebildet werden zum Zwecke der Gewährung gegenseitiger Garantien für politische Unabhängigkeit und territoriale Integrität in gleicher Weise für die großen und kleinen Staaten.

Günter Schönbrunn, Weltkriege und Revolutionen 1914-1945. Geschichte in Quellen, München, 4. Auflage 1980, S. 104 ff.

1. *Welche allgemeinen, für das künftige Zusammenleben der Völker wichtigen Programmpunkte enthält Wilsons Botschaft an den amerikanischen Kongress? Welcher dieser Vorschläge erscheint Ihnen besonders verwirklichenswert?*
2. *Beschreiben Sie anhand der Kriegsziele Wilsons die generellen Ziele amerikanischer Außenpolitik.*

▲ *Allegorie auf den gemeinsamen Kampf der Alliierten gegen Deutschland (Zeichnung von A. Beltrame aus dem Jahr 1917).*

Die USA und Europa

Während die USA bis 1914 in der westlichen Hemisphäre ein Imperium aufgebaut hatten, blieben sie im alten Europa auf Distanz zu den Militärbündnissen der Großmächte bedacht. Mit ihrer Neutralität wollte die Regierung nicht zuletzt innere Konflikte zwischen den Einwanderern verschiedener Nationalitäten gar nicht erst aufkommen lassen.

Als am 1. August 1914 in Europa der *Erste Weltkrieg* ausbrach, standen sich zwei hoch gerüstete Blöcke gegenüber: die *Entente* (Großbritannien, Frankreich, Russland) und der *Zweibund* (Deutschland, Österreich-Ungarn). Die politische Elite in den USA sympathisierte mit Großbritannien und Frankreich, denen man sich kulturell verwandt fühlte. Gegen das Wilhelminische Deutschland sprachen zudem nicht vergessene außenpolitische Ungeschicklichkeiten im Pazifik sowie eine befürchtete Störung des europäischen Gleichgewichts. In den Augen der amerikanischen Hochfinanz spielte auch wachsende Rivalität zu der am stärksten expandierenden Wirtschaftsmacht auf dem alten Kontinent eine Rolle. Außerdem erhielten die Westmächte nach und nach Kredite von rund 2 Milliarden Dollar, deren Rückzahlung im Falle einer Niederlage in der Luft hing. So bestimmte nach 1914 eine „parteiische Neutralität" die Politik der Regierung Wilson. Empörung löste zudem die Versenkung des britischen Passagierschiffs „Lusitania" durch ein deutsches U-Boot im Mai 1915 aus. 1198 Menschen kamen ums Leben, darunter 128 Amerikaner. Nach einem heftigen Notenwechsel der Regierungen hielten sich die deutschen Kapitäne in der Folge zurück.

Der Kriegseintritt - Epochenjahr 1917

Überzogene Kriegsziele aller europäischen Regierungen ließen in der Umgebung des Präsidenten die Überzeugung reifen, dass nur ein militärischer Einsatz amerikanischer Truppen die Berücksichtigung der eigenen Interessen bei der Regelung einer Nachkriegsordnung erwarten ließ. In dieser Situation beging die deutsche Politik zwei entscheidende Fehler: Die Wiederaufnahme des *uneingeschränkten U-Boot-Kriegs* richtete sich auch gegen neutrale Staaten. Für den endgültigen Stimmungsumschwung sorgte ein abgefangenes Telegramm, in dem die Reichsregierung Mexiko ein gemeinsames Bündnis mit Japan gegen die USA vorschlug.

Als sich schließlich nach der Abdankung des Zaren *Nikolaus II.*[1] das Ausscheiden Russlands aus dem Bündnis mit Großbritannien und Frankreich ankündigte, forderte Präsident Wilson am 2. April 1917 in einer grundlegenden Abkehr von der bisherigen amerikanischen Außenpolitik den Kriegseintritt der USA (▶ M 1). Vier Tage später folgte die Kriegserklärung an die Mittelmächte – die einstige britische Kolonie war erstmals in einen europäischen Konflikt verwickelt.

Noch ein weiteres Ereignis des Jahres 1917 hatte weltpolitische Bedeutung: Am 7. November rissen die *Bolschewisten* in Russland die Macht an sich und errichteten in der Folgezeit eine kommunistische Diktatur. Das internationale Mächtesystem war aus den Angeln gehoben. An die Stelle der europäisch dominierten Weltordnung waren zwei große politische Visionen getreten. Von nun an stand der Glauben an eine Welt freier Völker („One World") gegen den Ruf nach der sozialistischen „Weltrevolution".

---

[1] Nikolaus II. (1868-1918), Zar seit 1894, versäumte durchschlagende Reformen und musste nach dem für Russland unglücklichen Kriegsverlauf am 15. März 1917 abdanken. 1918 wurde er zusammen mit seiner Familie von den Bolschewisten ermordet.

Die USA während des Ersten Weltkriegs

▲ *Werbeplakat von 1917.*

Im April 1917, zum Zeitpunkt des Kriegseintritts, waren die Vereinigten Staaten auf eine militärische Auseinandersetzung kaum vorbereitet. Die Munition für die Armee von 120 000 Mann reichte gerade für zwei Tage. Doch jetzt spielte der Kontinent seine nahezu unbegrenzten Möglichkeiten aus. Eine *allgemeine Wehrpflicht* wurde verkündet und die Industrie des wirtschaftlich stärksten Landes der Welt auf Kriegsbedarf ausgerichtet.
Bald standen über zwei Millionen Soldaten in Europa, darunter 400 000 Schwarze, die ihren Dienst meist hinter der Front und getrennt von den Weißen taten. Die von staatlichen Behörden organisierte Aufrüstung sorgte für ein kräftiges Wirtschaftswachstum. In den Waffenfabriken übernahmen Frauen vorübergehend rund 20 % der Arbeitsstellen. Die Rüstungsproduktion deckte nicht nur den Bedarf der eigenen Armee, sondern konnte darüber hinaus die Verbündeten beliefern. Dennoch musste der private Konsum – anders als in Europa – zu keinem Zeitpunkt eingeschränkt werden.
Die amtliche Propaganda des „Kreuzzugs für die Demokratie" fachte ein Klima der Hysterie in der Bevölkerung an. Organisationen deutschsprachiger Einwanderer wurden angefeindet und Gegner des Krieges scharf überwacht. Daran beteiligt war das *Bureau of Investigation*, aus dem später das *FBI (Federal Bureau of Investigation)* hervorging. Gesetze schränkten die Grundrechte der Meinungs- und Pressefreiheit ein. Öffentliche Reden gegen den Krieg wurden mit langen Gefängnisstrafen geahndet.
Auf den Schlachtfeldern in Frankreich fielen rund 50 000 amerikanische Soldaten, weitere 60 000 starben an Seuchen. Die Zahl der Opfer war weitaus geringer als in den europäischen Staaten. Trotzdem entschied das Eingreifen der Vereinigten Staaten den Krieg: Ab Frühjahr 1918 war die Überlegenheit der Alliierten an Menschen und Material offensichtlich.

Wilsons 14 Punkte im Kreuzfeuer europäischer Machtpolitik

Anfang 1918 fixierte Präsident Wilson seine idealistischen Friedensziele in einem *Programm der 14 Punkte*. Im Zentrum der neuen Weltfriedensordnung stellte er sich einen *Völkerbund* vor, der politische Unabhängigkeit und territoriale Integrität für alle Völker gewährleisten sollte (➧ M 2). Mit seinen 14 Punkten wollte der US-Präsident sowohl die überzogenen Kriegsziele seiner eigenen Verbündeten bremsen als auch die Grundlage für eine internationale Entfaltung der amerikanischen Wirtschaftsmacht in der Nachkriegszeit legen. Nicht zuletzt sollte seine ethisch begründete Friedensvision ein befürchtetes Ausgreifen des Bolschewismus auf andere Länder Europas verhindern.
Im Vertrauen auf die 14 Punkte bat die deutsche Reichsregierung im Herbst 1918 um einen Waffenstillstand, der am 11. November in Kraft trat. Die Entscheidungen über die Nachkriegsordnung wurden auf der *Pariser Friedenskonferenz* (18. Januar 1919 bis

21. Januar 1920) getroffen, bei der Wilson den Regierungschefs der europäischen Siegermächte gegenübersaß. Die 14 Punkte gerieten im Laufe der Beratungen jedoch ins Hintertreffen, weil

1. vor allem Frankreich auf eine endgültige Schwächung Deutschlands drängte
2. das Selbstbestimmungsrecht der Völker sich in vielen ethnisch gemischten Gebieten nicht eindeutig verwirklichen ließ
3. die vom bolschewistischen Russland befürchteten Gefahren einen Gürtel mittelgroßer Staaten in Ostmitteleuropa notwendig zu machen schienen.

Wilson war vor allem deshalb zu Zugeständnissen bereit, weil er die Gründung des Völkerbundes durchsetzen wollte. Er sah in dieser Organisation die Gewähr für die Sicherung des Friedens, den Schutz nationaler Minderheiten und eine dauerhafte Neuordnung der Weltpolitik. Am 28. April 1919 wurde die Völkerbundsatzung verabschiedet. Die Mitglieder verpflichteten sich darin zu gegenseitiger Hilfe bei Verletzungen des Friedens: „Ein Mitglied des Völkerbundes, das Krieg anfängt, wird automatisch als mit allen Mitgliedern des Völkerbundes im Krieg befindlich betrachtet und entsprechend behandelt“ (Artikel 16).

Amerikanische Außenpolitik zwischen zwei Kriegen

Am Ende des Krieges waren die USA die stärkste Wirtschaftsmacht der Erde und das Gläubigerland Europas, doch der Siegestaumel verflog rasch. Die Ergebnisse der Versailler Friedenskonferenz enttäuschten die amerikanische Öffentlichkeit, denn der Frieden in der Welt schien jetzt keineswegs sicherer. Man war der europäischen Streitigkeiten überdrüssig und befürchtete, durch einen Beitritt zum Völkerbund in künftige militärische Konflikte hineingezogen zu werden. Die Republikanische Partei machte sich zum Sprachrohr der wieder entdeckten isolationistischen Grundhaltung. Wegen des Widerstands der Opposition im Senat scheiterte der Versailler Vertrag an der notwendigen Zweidrittelmehrheit (1920). Damit konnte Wilson dem von ihm initiierten Völkerbund nicht beitreten, was das Ansehen der internationalen Organisation von Beginn an untergrub. Die Vereinigten Staaten waren nicht bereit, als Garant für eine von ihnen selbst miterkämpfte Nachkriegsordnung aufzutreten.

Nun richtete sich das Interesse der US-Politik vermehrt auf den ostasiatisch-pazifischen Raum, um dort wirtschafts- und sicherheitspolitisch tonangebend zu werden. Auf der *Konferenz von Washington* (12. November 1921 bis 6. Februar 1922) beschlossen die Seemächte USA, Großbritannien, Japan, Frankreich und Italien – Russland wurde nicht eingeladen –, die Einflusszonen im Pazifik durch Begrenzungen der Flottenstärken und den Verzicht auf neue Stützpunkte festzuschreiben. Den Vereinigten Staaten gelang es damit, den alten (britischen) und den neuen (vor allem japanischen) Herrschaftsansprüchen in diesem Raum entgegenzuwirken, ohne allerdings die militärische Hegemonie Japans zu brechen.

Ein weiteres Neunmächteabkommen garantierte die Unabhängigkeit Chinas und den freien Zugang zum chinesischen Markt. Für die Industrie- und Handelsmacht USA war die Stabilität des „Washingtoner Systems“ genauso wichtig wie die des „Versailler Systems“ in Europa. Doch während die Amerikaner überall auf der Welt eine Politik der „offenen Tür“, also einen ungehinderten Zugang zu den nationalen Märkten einforderten, behielten sie im eigenen Land Schutzzölle bei und erschwerten die Einfuhr ausländischer Waren.

2.2 Wirtschaft und Gesellschaft nach dem Ersten Weltkrieg

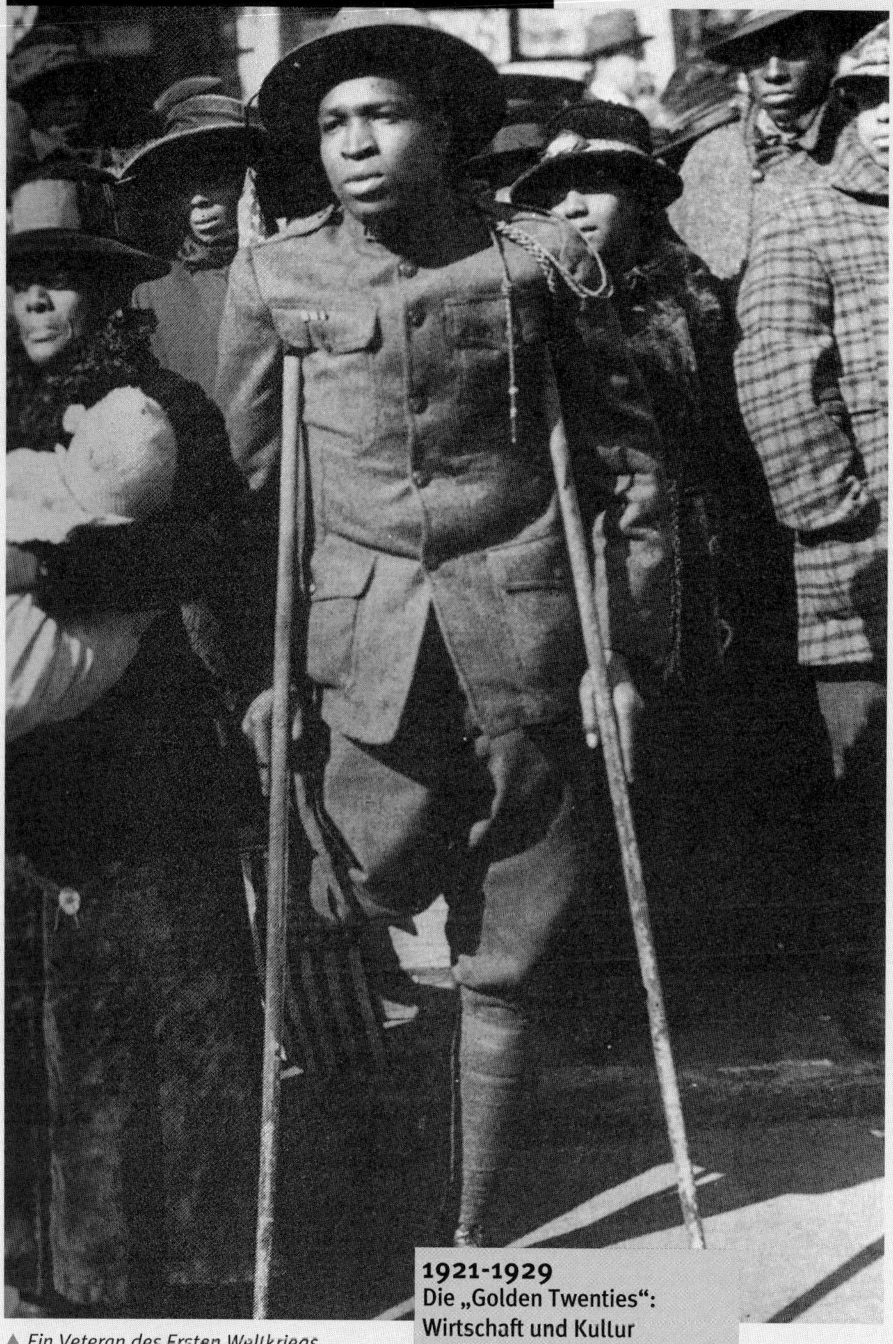

▲ *Ein Veteran des Ersten Weltkriegs schaut einer Militärparade zu.*

1921-1929
Die „Golden Twenties“: Wirtschaft und Kultur blühen auf

M1
Weltkrieg und Frauenwahlrecht

Wie in vielen europäischen Staaten brachte auch in den USA der Erste Weltkrieg den Durchbruch in der Debatte um das Frauenwahlrecht. Am 30. September 1918 richtete Präsident Wilson den folgenden Appell an den Senat, den notwendigen Verfassungszusatz zu beschließen. Dennoch fehlten am folgenden Tag bei der Abstimmung zwei Stimmen zur benötigten Zweidrittelmehrheit. Erst ein knappes Jahr später kam die Mehrheit zustande.

Ich war der Annahme, dass der Senat mit dem Verfassungszusatz übereinstimmen würde, denn es geht nicht um umstrittene Grundsätze, sondern nur um die Frage der Methode, mit welcher das Wahlrecht auf die Frauen ausgedehnt werden soll. Parteiinteressen sind dabei nicht im Spiel und können es auch nicht sein. Unsere beiden nationalen Parteien haben sich verpflichtet, ausdrücklich verpflichtet, die Gleichheit des Wahlrechts für Frauen dieses Landes anzuerkennen. Keine Partei, so scheint mir, kann daher ihr Zögern hinsichtlich der Methode ihrer Durchsetzung rechtfertigen; keine Partei hat das Recht, die Ablösung der einzelstaatlichen Initiative durch eine Bundesinitiative hinauszuzögern, wenn die frühe Annahme dieses Gesetzes für die erfolgreiche Weiterführung des Kriegs notwendig ist […].
Dies ist ein Krieg der Völker, und was das Volk denkt, ist Grundlage von Stimmung und Moral dieses Krieges […]. Durch viele, viele Kanäle bin ich darauf aufmerksam gemacht worden, was die kämpfenden und tagtäglich arbeitenden einfachen Leute denken, auf denen der größte Teil der Schrecken und Leiden dieses Krieges lastet […]. Mit ihrer schlichten Logik denken sie, Demokratie bedeute, dass Frauen in allen Angelegenheiten ihre Rolle an der Seite der Männer und auf gleicher Stufe mit ihnen spielen sollten […].
In diesem Krieg haben wir die Frauen zu Partnern gemacht; sollen wir ihnen nur eine Partnerschaft hinsichtlich der Leiden, der Opfer und der Mühsal gewähren und nicht auch eine Partnerschaft der Privilegien und der Rechte? Dieser Krieg hätte weder von den anderen betroffenen Nationen noch von Amerika ohne die Dienste der Frauen geführt werden können – Dienstleistungen auf jedem Gebiet – und nicht nur in solchen Arbeitsbereichen, in denen wir sie gewöhnlich arbeiten sahen, sondern überall, wo Männer gearbeitet haben, sowie an allen Ecken und Enden der Schlacht selbst […].
Ich sage Ihnen offen, dieses Gesetz, auf dem ich bestehe, ist von entscheidender Bedeutung für den Sieg wie auch für alle Energien der Vorbereitung und der Schlacht. Und nicht nur für den Sieg allein. Es ist von entscheidender Bedeutung für die richtige Lösung der großen Probleme, die wir zu lösen haben und zwar sofort, wenn der Krieg vorbei ist.

Eleanor Flexner, Hundert Jahre Kampf. Die Geschichte der Frauenrechtsbewegung in den Vereinigten Staaten, Frankfurt/Main 1978, S. 356 f.

1. *Erläutern Sie, wie Wilson die Verbindung von Krieg und Frauenwahlrecht argumentativ nutzt.*

▲ *Demonstrativer Sittenverstoß, Photo von 1896.*
• *Erläutern Sie, in welcher Hinsicht die Frau sich provokant verhält.*

M2
Effizienter Automobilbau

Henry Ford konstruierte 1892 sein erstes Auto und gründete 1903 die Ford Motor Company. Er baute in rationeller Fertigung einfache Autos in großen Stückzahlen und dominierte fast zwei Jahrzehnte lang den Weltmarkt. 1922 veröffentlichte er seine Memoiren. Darin heißt es über die Grundprinzipien seines Unternehmens:

Man erspare zwölftausend Angestellten täglich zehn Schritte und man hat eine Weg- und Kraftersparnis von fünfzig Meilen erzielt. Dies waren die Methoden, nach denen die Produktion meines Unternehmens eingerichtet wurde. [...]
Unsere gelernten Arbeiter und Angestellten sind die Werkzeughersteller, die experimentellen Arbeiter, die Maschinisten und die Musterhersteller. Sie können es mit jedem Arbeiter auf der Welt aufnehmen – ja, sie sind viel zu gut um ihre Zeit in Dinge zu vergeuden, die mit Hilfe der von ihnen gefertigten Maschinen besser verrichtet werden. Die große Masse der bei uns angestellten Arbeiter sind ungeschult; sie lernen ihre Aufgabe innerhalb weniger Stunden oder Tage. Haben sie sie nicht innerhalb dieser Zeit begriffen, so können wir sie nicht gebrauchen. [...]
Ein Fordwagen besteht aus rund 5000 Teilen – Schrauben, Muttern usw. mitgerechnet. Einige sind ziemlich umfangreich, andere hingegen nicht größer als Uhrteilchen. Bei den ersten Wagen, die wir zusammensetzten, fingen wir an, den Wagen an einem beliebigen Teil am Fußboden zusammenzusetzen, und die Arbeiter schafften die dazu erforderlichen Teile in der Reihenfolge zur Stelle, in der sie verlangt wurden, ganz so, wie man ein Haus baut. Als wir anfingen Teile herzustellen, ergab es sich ganz von selbst, dass man für jeden Teil eine bestimmte Fabrikabteilung einrichtete, meist machte ein und derselbe Arbeiter sämtliche Verrichtungen, die zur Herstellung eines kleinen Teiles erforderlich waren. Das rasche Wachstum und Tempo der Produktion machte jedoch sehr bald das Ersinnen neuer Produktionspläne erforderlich um zu vermeiden, dass die verschiedenen Arbeiter übereinander stolperten. Der ungelernte Arbeiter verwendet mehr Zeit mit Suchen und Heranholen von Material und Werkzeugen als mit

▲ *Die Fifth Avenue in New York 1928.*

Arbeit und erhält dafür geringen Lohn, da das Spazierengehen bisher immer noch nicht sonderlich hoch bezahlt wird. Der erste Fortschritt in der Montage bestand darin, dass wir die Arbeit zu den Arbeitern hinschafften, statt umgekehrt. Heute verfolgen wir zwei große allgemeine Prinzipien bei sämtlichen Verrichtungen – einen Arbeiter, wenn irgend möglich, niemals mehr als nur einen Schritt tun zu lassen und nirgends zu dulden, dass er sich bei der Arbeit nach den Seiten oder vornüber zu bücken braucht.
Die bei der Montage befolgten Grundregeln lauten:

1. Ordne Werkzeuge wie Arbeiter in der Reihenfolge der bevorstehenden Verrichtungen, so dass jeder Teil während des Prozesses der Zusammensetzung einen möglichst geringen Weg zurückzulegen hat.
2. Bediene dich der Gleitbahnen oder anderer Transportmittel, damit der Arbeiter nach vollendeter Verrichtung den Teil, an dem er gearbeitet hat, stets an dem gleichen Fleck – der sich selbstverständlich an der handlichsten Stelle befinden muss – niederlegen kann. Wenn möglich, nutze die Schwerkraft aus, um den betreffenden Teil dem nächsten Arbeiter zuzuführen.
3. Bediene dich der Montagebahnen, um die zusammenzusetzenden Teile in handlichen Zwischenräumen an- und abfahren zu lassen.

Das Nettoresultat aus der Befolgung dieser Grundregeln ist eine Verminderung der Ansprüche an die Denktätigkeit des Arbeitenden und eine Reduzierung seiner Bewegungen auf das Mindestmaß. Nach Möglichkeit hat er ein und dieselbe Sache mit nur ein und derselben Bewegung zu verrichten.

Henry Ford, Mein Leben und Werk, Leipzig 1923, S. 89 ff.

1. *Zeigen Sie, durch welche Neuerungen Ford sich einen Vorsprung vor der Konkurrenz erwerben konnte.*
2. *Erörtern Sie die Position, die dem Menschen in diesem System zugedacht ist.*
3. *Überprüfen Sie, ob und inwiefern Fords Prinzipien noch heute angewendet werden.*

M3
Babbitt

Sinclair Lewis (1885-1951) schuf in seinem Roman „Babbitt“ (erschienen 1922) die Figur des Durchschnittsamerikaners. Als der Gesellschaft in seiner Heimat nur widerstrebend anerkannt, erhielt der Schriftsteller 1930 als erster Amerikaner den Nobelpreis für Literatur. Das folgende Gespräch erlebt Babbitt im Abteil eines Nachtzuges.

Der Diener kam herein – ein Neger in weißer Jacke mit Messingknöpfen.
„Wie viel Verspätung haben wir, George?“, knurrte der dicke Mann.
„Ich weiß wirklich nicht, Herr. Glaube, wir sind pünktlich“, sagte der Diener, während er Handtücher zusammenlegte und sie geschickt in das Netz über der Waschschüssel schleuderte. Die Versammlung starrte ihn düster an, und als er wieder verschwunden war, klagten sie:
„Ich weiß nicht, was heutzutage in diese Neger gefahren ist, man kriegt keine höfliche Auskunft mehr von ihnen.“
„Das ist wahrhaftig wahr. Jetzt sind sie schon so, dass sie gar kein bisschen Respekt mehr aufbringen. Der Nigger von ehedem war ein großartiger Kerl – hielt die Grenze genau ein –, aber diese jungen Schwarzen wollen nicht mehr Diener oder Arbeiter in den Baumwollplantagen sein. I wo! Sie müssen um jeden Preis Professoren und Rechtsanwälte und Gott weiß was alles sein! Ich sage euch, es fängt an, ein ernstes Problem zu werden. Wir sollten uns alle zusammentun und dem schwarzen Mann, und selbstverständlich auch dem gelben Mann, seine Position klarmachen. Na, ich zum Beispiel, ich habe kein Tüttelchen Vorurteil gegen andere Rassen. Ich bin der erste, der sich freut, wenn ein Neger es zu etwas bringt – aber nur solange er dort bleibt, wo er hingehört, und nicht versucht, die rechtmäßige Autorität und die geschäftlichen Möglichkeiten des weißen Mannes an sich zu reißen.“
„Ausgezeichnet! Ganz meine Auffassung! Und was wir noch außerdem tun müssen“, sagte der Mann mit dem Velourhut (dessen Name Kopliansky war), „ist, diese verfluchten Ausländer rauszuekeln. Gott sei Dank, die Einwanderung wird jetzt beschränkt. Die Welschen und Hunnen müssen endlich begreifen, dass dieses Land der weißen Rasse gehört und dass man sie hier nicht brauchen kann. Wenn wir die Fremdlinge, die jetzt hier sind, assimiliert und ihnen die Grundprinzipien des Amerikanismus beigebracht haben werden und sie in ordentliche Menschen umwandeln, ja dann lassen wir vielleicht wiederum ein paar herein.“
„Jawohl, und das ist eine Tatsache“, stimmten sie zu und gingen zu leichteren Dingen über. Sie erledigten rasch die Automobilpreise, die Leistungsfähigkeit der Gummibereifung, Petroleumaktien, das Fischen und die Ernteaussichten für Weizen in Dakota.

Sinclair Lewis, Babbitt, Reinbek 1976, S. 122

1. *Informieren Sie sich über Sinclair Lewis und seine Rolle in der englischsprachigen Literatur.*
2. *Charakterisieren Sie das Menschenbild. Vergleichen Sie mit dem Rassismus der Nationalsozialisten in Deutschland.*
3. *Der Text stammt aus einem Roman. Inwieweit darf man ihn dennoch als „authentisch“ bezeichnen?*

▲ *Hollywood bediente sich immer gerne der amerikanischen Geschichte. Der 1959 gedrehte Film „Wer den Wind sät" („Inherit the wind") erzählte den „Affenprozess" nach. In den Hauptrollen Spencer Tracy als Verteidiger Darrow, Frederic March als Nebenkläger Bryan und Gene Kelly (im Hintergrund) als John Scopes.*

- *Erstellen Sie eine Liste mit weiteren Filmen über historische Begebenheiten (➧ S. 40 f. und S. 144 f.).*
- *Versuchen Sie festzustellen, ob die geschichtlichen Tatsachen jeweils richtig dargestellt wurden.*
- *Aus welchen Gründen werden die Filmemacher die Handlung bisweilen verändert haben?*

M4
Der „Affenprozess"

Im Juli 1925 wurde der Lehrer John Scopes in Dayton angeklagt. Er hatte im Biologieunterricht anstelle der biblischen Schöpfungsgeschichte die Evolutionstheorie Darwins gelehrt. Trotz eines Freispruchs in zweiter Instanz blieb das Verbot der Evolutionslehre in Tennessee und anderen Südstaaten noch jahrzehntelang in Kraft. Während des Prozesses befragte der Verteidiger Darrow den ehemaligen Außenminister Bryan, der als Nebenkläger auftrat.

Darrow fragte Bryan: Beantworten Sie folgende Frage: Glauben Sie, dass die Bibel überall wörtlich zu nehmen ist?

Bryan: Ich glaube alles, wie es geschrieben ist. Natürlich bedeutet Salz der Erde nicht, dass Menschen richtiges Salz sind.

Darrow: Glauben Sie, dass Jonas von dem Walfisch verschlungen wurde, drei Tage in dessen Magen lebte und dann unverletzt herauskam?

Bryan: Wenn ich lese, dass jener Fisch Jonas verschlang, dann glaube ich es. Gott kann Menschen und Fische schaffen, die das Geschilderte erleben konnten.

Darrow: Glauben Sie, dass dieser Fisch eigens für den Zweck, Jonas zu verschlingen, geschaffen wurde?

Bryan: Ich weiß es nicht und denke auch nicht darüber nach.

Darrow: Wenn wir nachdenken, dann haben wir wenigstens die Möglichkeit, die Wahrheit kennen zu lernen. Sie haben also keine Meinung darüber, wie der Fisch geschaffen wurde?

Bryan: Ich glaube an Wunder so leicht wie jeder andere.

Darrow: Genau wie Ihnen gilt mir jedes Wunder gleich. Sie glauben also, dass Jonas ebenso gut hätte den Fisch verschlingen können?

Bryan: Jawohl, wenn Gott gewollt hätte. Aber davon steht nichts in der Bibel.

Darrow: Glauben Sie, dass Josua der Sonne befahl, stillzustehen?

Bryan: Unbedingt.

Darrow: Glauben Sie, dass die Sonne damals um die Erde kreiste?

Bryan: Nein, die Erde umkreiste die Sonne.

Darrow: Wusste das der Schreiber jener Erzählung?

Bryan: Das ist mir unbekannt. Jedenfalls war er inspiriert und brauchte also die Dinge, die er schrieb, gar nicht zu verstehen.

Darrow: Müsste man nicht glauben, dass die Sonne die Erde umkreiste, wenn man die Möglichkeit, den Tag zu verlängern, zugibt?

Bryan: Gott ist allmächtig, ihm konnte Derartiges keine Schwierigkeiten machen.

Darrow: Wissen Sie, was der Erde passieren würde, wenn sie plötzlich auf höheren Befehl stillstehen müsste?

Bryan: Nein, aber ich weiß, dass Gott auch in solchem Falle vorsorgen würde.

Darrow: Glauben Sie an die Sintflut?

Bryan: Ja.

Darrow: Wann war sie?

Bryan: Ich weiß es nicht und denke auch nicht darüber nach.

Darrow: Sie glauben, dass alle Rassen somit von Noah abstammen?

Bryan: Ja, entsprechend der Bibel. Ich bin kein Freund von Spekulationen.

Darrow: Wissen Sie, dass auch andere Völker Sintflutversionen kennen?

Bryan: Nein, interessiert mich auch nicht. Mich gehen Konkurrenzreligionen nichts an. Die Bibel genügt. […]

In dieser Art ging die Verhandlung am Nachmittag weiter, teilweise von Beifall und Entrüstung unterbrochen.

Vossische Zeitung Nr. 174, 22.7.1925

1. *Der Amerikakorrespondent der „Vossischen Zeitung" kommentierte, „dass das düstere Puritanertum des siebzehnten Jahrhunderts und seine mit Blut geschriebenen Religionsgesetze an den Wänden des Gerichtssaales sichtbar wurden". Überprüfen Sie diese Wertung.*
2. *Welche Schlüsse ziehen Sie aus dem Prozessverlauf in Bezug auf das öffentliche Bewusstsein in der amerikanischen Gesellschaft der Zwanzigerjahre?*

M5

Darwin hat noch nicht gewonnen

Auch 1999 schien der „Affenprozess" noch nicht entschieden. Die „Frankfurter Allgemeine Zeitung" berichtete:

Der amerikanische Vizepräsident Gore verhält sich im Streit, ob die Schöpfungs- oder die Evolutionslehre an Schulen unterrichtet werden soll, diplomatisch. Die Entscheidung liege bei den Schulen, sagte Gore nach einem Bericht der „Washington Post" vom Donnerstag. Allerdings dürfe die biblische Schöpfungslehre nur im Religionsunterricht gelehrt werden, sagte Gore nach Auskunft eines Sprechers. Gore reagierte damit auf eine Entscheidung des Bundesstaates Kansas, nach der die Evolutionslehre an höheren Schulen aus dem Lehrplan genommen werden muss. Nach jüngsten Meinungsumfragen glauben rund 44 Prozent aller amerikanischen Bürger an die alttestamentarische Darstellung von der Erschaffung der Welt. Vierzig Prozent sind der Ansicht, dass es eine von Gott angestoßene Evolution gegeben hat, an deren Ende der Mensch steht. Nur zehn Prozent halten die von Charles Darwin begründete reine Evolutionslehre für richtig.

Frankfurter Allgemeine Zeitung, 28.8.1999, S. 15

1. *Ziehen Sie Rückschlüsse auf Bedeutung und Ausprägung von Kirche und Religion in den USA.*
2. *Informieren Sie sich im Biologieunterricht über die heutigen Erkenntnisse der Evolutionslehre.*

„Back to Normalcy“

Schon seit der zweiten Hälfte des 19. Jahrhunderts wuchs unter den weißen Frauen der Mittelklasse die Verbitterung, dass sie vom Wahlrecht ausgeschlossen waren, während afroamerikanische Männer und männliche Einwanderer wahlberechtigt waren. Die sozialreformerische Mitarbeit vieler Frauen im Progressive Movement und ihr Einsatz in der Rüstungswirtschaft machten die Verweigerung des Frauenwahlrechts vollends unverständlich. Gestützt vom größten Teil der Demokratischen Partei und einer immer stärker werdenden Frauenbewegung, setzte Präsident Wilson seine Autorität dafür ein, das allgemeine Frauenwahlrecht durchzusetzen (M 1). Dies gelang 1919/1920, als drei Viertel der Bundesstaaten den Verfassungszusatz ratifizierten.

▲ *Ku-Klux-Klan-Parade, Washington 1925.*

Insgesamt sah sich die amerikanische Gesellschaft in der unmittelbaren Nachkriegszeit einem beschleunigten Wandel ausgesetzt. Die Umstellung der Kriegs- auf eine Friedenswirtschaft ließ die Zahl der Arbeitslosen in die Höhe schnellen. Streiks und Attentate sowie die Angst vor (bolschewistischen) Unruhen nach europäischem Muster vergifteten das öffentliche Leben. In dieser Phase der „Angst vor den Roten“ (*red scare*) wurden Tausende ohne Haftbefehl inhaftiert oder gar außer Landes deportiert. Eine Wiederbelebung erfuhr der Ku-Klux-Klan. Seine Einschüchterungskampagnen und Terrorakte richteten sich nicht mehr ausschließlich gegen die Schwarzen, sondern gegen Einwanderer, Katholiken und Juden, Intellektuelle, Gegner der Prohibition und Arbeiterführer. Sie alle galten als „unamerikanisch“ und Zerstörer der puritanischen Werteordnung. Um 1925 gehörten dem Klan fast fünf Millionen Mitglieder an, ehe er wieder an Bedeutung verlor.
In der aufgeheizten Atmosphäre eroberten sich die Republikaner das Präsidentenamt von der Demokratischen Partei zurück. *Warren G. Harding* (1921-1923) und *Calvin Coolidge* (1923-1929) trafen mit ihren Slogans „Zurück zur Normalität“ und „Amerikas Geschäft ist das Geschäft“ am besten die Gefühlslage der weißen Mehrheit.

Prosperity

Auf die Nachkriegsrezession folgte zwischen 1921 und 1929 eine Phase der Hochkonjunktur. Die Wirtschaft wuchs im Durchschnitt jährlich um 5 Prozent. Im selben Tempo erhöhten sich die Realeinkommen der Arbeitnehmer in Industrie und Handel, und sogar doppelt so schnell stiegen die Unternehmensgewinne. Es gab kaum noch Arbeitslose. Die republikanischen Regierungen förderten das Big Business durch Schutzzölle und Steuersenkungen, während die sozialreformerischen Ideen des Progressive Movement aus der Vorkriegszeit keine Rolle mehr spielten.
Technischer Fortschritt und die gestiegene Kaufkraft breiter Bevölkerungsschichten verhalfen der ersten „Massenkonsumgesellschaft“ zum Durchbruch. Neue arbeitssparende Geräte wie Waschmaschine, Kühlschrank, Staubsauger und Bügeleisen fanden rasch Eingang in die Haushalte. Viele Aufsteiger konnten sich den Traum von

einem eigenen Heim in der grünen Vorstadt (*suburb*) erfüllen. Die Söhne und zunehmend Töchter aus den Mittelschichten nutzten sich anbietende Bildungschancen: Seit der Jahrhundertwende vervierfachte sich die Zahl der High-School-Absolventen.
Mehr als alles andere wurde jedoch das Automobil zum Symbol des *American Way of Life*. Innerhalb eines Jahrzehnts nahm die Zahl der Fahrzeuge bis 1930 von acht auf 23 Millionen zu. Acht von zehn Autos in der Welt fuhren in den USA. Möglich war diese Entwicklung nur, weil die großen Automobilfirmen konsequent die Produktivitätsfortschritte von Fließband oder Akkordarbeit nutzten (➧ M 2). Der Preis des erfolgreichsten Modells, des *Ford T*, sank von 950 Dollar (1909) auf 320 Dollar (1926) und damit auf ein Viertel des Jahreseinkommens eines Industriearbeiters. So konnte sich jeder fünfte Amerikaner ein eigenes Auto leisten – eine vergleichbare Motorisierung wurde in Europa erst lange nach dem Zweiten Weltkrieg erreicht. Der wachsende Verkehr beflügelte wiederum den Straßenbau und den Ausbau der Infrastruktur. 1924 wurde die erste Verkehrsampel in den USA aufgestellt.
In vielerlei Hinsicht nahm die amerikanische Gesellschaft nach und nach Abschied von den alten, aus Europa mitgebrachten Lebensformen. Ein weit verbreiteter Materialismus, Konsum aus dem Supermarkt (*Coca-Cola* und Konservendosen) sowie Freizeitvergnügungen, die man sich erstmals leisten konnte, prägten nun in vielen Familien den Alltag. Die unübersehbaren Erfolge des „American Way of Life“ zogen auch die Arbeiterschaft in ihren Bann. Der Aufstieg von Millionen in die Gruppe der „*White collar workers*“[1)] führte ganz offensichtlich die Überlegenheit der liberal-kapitalistischen Wirtschaftsordnung vor Augen. Anders als in Europa konnten sich sozialistische Ideen deshalb gegen den allgemeinen Fortschrittsglauben nicht durchsetzen.

Roaring Twenties

Hand in Hand mit der prosperierenden Wirtschaft ging in den „stürmischen Zwanzigern“ (*roaring twenties*) eine ebenso überschäumende kulturelle Aufbruchstimmung. Mit Radio und Film ergänzten neue Medien das bisherige Angebot und wirkten bald stilbildend. Die wie Pilze aus dem Boden schießenden Radiostationen sorgten den ganzen Tag für Unterhaltung und trugen durch ihre Werbeeinblendungen überall im Land zum Siegeszug der neuen Massenkonsumartikel bei. Gleichzeitig erzielte im kalifornischen Hollywood die weltweit führende Filmindustrie ihren Durchbruch. 1927 wurde der erste abendfüllende Tonfilm aufgeführt. Im Durchschnitt sah jeder Amerikaner fast wöchentlich einen Film. Hier erfuhr er die aktuellen modischen Trends, hier wurden die verschiedenen kulturellen Gruppen in dem riesigen Land mit dem Norm setzenden Lebensstil des „American Way of Life“ konfrontiert.
Neben Kinos und Musicaltheatern zählten Jazzlokale zu den neuen Attraktionen. Schwarze Musiker machten die folkloristische Jazzmusik, in der afrikanische und europäische Musiktraditionen zusammengeflossen waren, auf dem gesamten Kontinent populär. Die Schallplattenindustrie entstand. Ebenso professionell wurden Sportveranstaltungen aufgezogen. Die Massen feierten ihre Stars, Baseballspieler oder Boxer, häufig junge Männer aus den Unterschichten, die bewiesen, dass jeder Amerikaner zu Reichtum und gesellschaftlichem Ansehen gelangen konnte.

---

1) „Arbeiter“ mit weißem Hemdkragen, also Angestellte.

▲ *Im Warner's Theatre in New York fand 1927 die Premiere des ersten Tonfilms „The Jazz Singer" statt.*

Liberalismus – Antimodernismus

Mit dem Gewinn an Kaufkraft und Freizeit während der „goldenen Zwanziger" setzten sich in den Städten liberalere Moralvorstellungen durch. Dies zeigte sich beim erfolgreichen Kampf für die Aufhebung des Alkoholverbots (1933). Eine Mehrheit setzte die Ansicht durch, dass der Staat nicht berechtigt sei, seine Bürger so weitgehend zu kontrollieren.

Gegen die Liberalisierung der Sitten und eine angebliche Dekadenz stemmten sich allerdings weite Kreise der „White Anglo-Saxon Protestants (WASPs)". Sie stammten vorwiegend aus den ländlichen Regionen, die an dem rasanten wirtschaftlichen Aufschwung kaum teilgenommen hatten. Zum Schutz des „wahren Amerika" wollten die „Antimodernisten" vor allem die Einwanderung fremder Volksgruppen begrenzen (▸ M 3). Ein strenges Quotensystem bremste seit 1924 die Immigration. Besonders betroffen waren Süd- und Osteuropäer, der Zuzug von Asiaten wurde gänzlich verboten.

Am vehementesten wehrten sich bibeltreue, fundamentalistische Religionsgemeinschaften gegen den städtischen, wissenschaftlichen Aufbruch in die Moderne (▸ M 4, M 5). Wie stark das Lager der Traditionalisten war, zeigte der Präsidentschaftswahlkampf 1928: Der Quäker *Herbert C. Hoover* aus dem Mittleren Westen, der amerikanischen Individualismus und eine puritanische Werteordnung verkörperte, schlug deutlich den New Yorker *Al Smith*, einen Katholiken irischer Abstammung, der das städtische, multiethnische Amerika repräsentierte.

2.3 Das amerikanische System in der Bewährung

▲ *Wirtschaftskrise in den Dreißigerjahren: Eine Frau, die ihre Farm verlassen musste, lebt mit ihren Kindern in einem Zelt. Die Fotografin Dorothea Lange dokumentierte im Auftrag der Regierung die Folgen der Rezession.*

1929
Die „Große Depression" mündet in die Weltwirtschaftskrise

1933
Mit der New-Deal-Politik übernimmt Präsident Roosevelt verstärkt staatliche Verantwortung in der Wirtschafts- und Sozialpolitik

M1

Schicksale während der Wirtschaftskrise

Im September 1932 berichtete die amerikanische Zeitschrift „Fortune" über Arbeitslose.

Die wiederholte Feststellung, dass Hunderttausende von Menschen sich mit zum Unterhalt ungenügender Arbeitslosenunterstützung vor dem Verhungern sahen oder sehen, erzeugt lediglich Ungläubigkeit. „Sie sind noch nicht verhungert", bemerkt der Leser. „Sie werden schon irgendwie zurechtkommen."

Es stimmt, sie kommen irgendwie zurecht. Aber wie sie eben zurechtkommen, ist etwas anderes. Elf Tage lang waren letzten April in Philadelphia die privaten Hilfsfonds erschöpft und öffentliche Fonds noch nicht greifbar. Während dieser Periode studierten die Fürsorgeorganisationen 91 Familien, um zu sehen, wie wohl die Leute unter solchen Umständen zurechtkommen. Sie haben es herausgefunden. Eine Frau lieh sich 50 Cents, kaufte altbackenes Brot zu $3\frac{1}{2}$ Cents den Laib, und die Familie lebte elf Tage lang davon. Eine andere legte die letzte Lebensmittelbestellung in Fleischbrühe und Gemüse an und machte Suppe. Wenn jemand von der Familie hungrig war, aß er so wenig wie möglich. Eine andere sammelte an den Docks entlang verdorbenes Gemüse, und die Familie aß es, außer an drei Tagen, die ganz ohne Essen blieben. Eine andere kochte ein Eintopfgericht von ihrem letzten Essenseinkauf, das sie täglich immer wieder aufkochte, um es nicht schlecht werden zu lassen. Eine andere Familie lebte von Löwenzahn. Eine andere von Kartoffeln. Eine andere hatte $2\frac{1}{2}$ Tage lang kein Essen. Und je eine unter zehn dieser Frauen war schwanger und je eines von drei Kindern im Stillalter. Und sie „kamen zurecht". […]

Aber zusammen mit ihrem Elend hat die Depression ihre sozialen Kuriositäten hervorgebracht, von denen nicht die geringste die Wanderbevölkerung ist, die sie auf die Straßen ergossen hat. Die Fortbewegungsmittel variieren, aber der Zweck ist stets der gleiche – woandershin. Niemand hat noch eine Schätzung der Zahl der Anhalter vorgenommen, deren Daumen die amerikanische Überlandstraße entlangdeuten, noch eine der Zahl überfüllter alter Fords, die Not leidende Familien von Stadt zu Stadt schleppen auf der Suche nach einem zahlungsfähigen Verwandten oder einem großzügigen Freund. Aber die gesamte wandernde Bevölkerung des Landes ist auf 600 000 bis 1 000 000 angesetzt worden.

Erich Angermann, Die Vereinigten Staaten von Amerika als Weltmacht, Stuttgart 1987, S. 32 f.

1. *Vergleichen Sie den Zeitungsartikel mit Berichten aus der gleichen Zeit in Deutschland.*
2. *Versuchen Sie die Reaktionen der Arbeitslosen nachzuvollziehen. Erkennen Sie Unterschiede zu Verhaltensweisen von Arbeitslosen, beispielsweise in Deutschland? Suchen Sie nach Gründen.*
3. *Erläutern Sie die Haltung derjenigen Amerikaner, die von der Wirtschaftskrise nicht betroffen waren.*

M2

Die Große Depression im Spiegel der Statistik

a) Industrieproduktion in führenden Industrienationen (1913-1939)

Jahr	USA	Deutschland	Großbritannien	UdSSR
1913	100	100	100	100
1920	122	59	93	13
1925	148	95	86	70
1929	181	117	100	181
1930	148	102	91	236
1931	122	85	82	294
1932	94	70	83	326
1933	112	79	83	363
1934	122	102	100	437
1935	140	117	108	534
1936	171	128	119	693
1937	186	138	128	772
1938	143	149	118	857

b) Einkommen und Arbeitslosigkeit in den USA (1920-1939)

	Anteil der Spitzenverdiener am Gesamteinkommen		**Durchschnittliches Jahreseinkommen eines Vollbeschäftigten in Dollar**		**Arbeitslosenquote (in % der Erwerbstätigen)**
	1 % d. Höchstverdienenden	5 % d. Höchstverdienenden	Industrie	Landwirtschaft	
1920	12,34	22,07	1.532	528	5,2
1929	14,50	26,09	1.543	401	3,2
1930	14,12	26,19	1.488	388	8,7
1933	12,48	25,34	1.086	232	24,9
1936	13,14	24,35	1.287	308	16,9
1937	12,84	23,80	1.376	360	14,3
1938	11,45	22,80	1.296	369	19,0
1939	11,80	23,45	1.363	385	17,2

c) Die öffentlichen Haushalte der USA in Mrd. Dollar (1929-1941)

Jahr	**Einnahmen**	**Ausgaben**	**Staatsschuld**	**Jahr**	**Einnahmen**	**Ausgaben**	**Staatsschuld**
1929	4,0	3,3	16,9	1936	4,1	8,5	33,8
1930	4,2	3,4	16,2	1937	5,0	7,8	36,4
1931	3,1	3,6	16,8	1938	5,6	6,8	37,2
1932	1,9	4,7	19,5	1939	5,0	8,9	40,4
1933	2,0	4,6	22,5	1940	5,1	9,1	43,0
1934	3,1	6,7	27,0	1941	7,1	13,3	49,0
1935	3,7	6,5	28,7				

Statistiken nach: Paul Kennedy, Aufstieg und Zerfall der großen Mächte, Frankfurt/Main 1991, S. 451; U. S. Bureau of the Census, Historical statistics of the United States, Washington 1975, S. 126 ff.

1. *Beschreiben Sie die wirtschaftliche Entwicklung der Vereinigten Staaten im internationalen Vergleich. Suchen Sie nach Gründen für auffällige Abweichungen.*
2. *Erfahren wir etwas über die tatsächliche industrielle Leistungsstärke der vier Nationen? Ziehen Sie zur Beantwortung auch die Tabelle M 1 auf Seite 52 heran.*
3. *Prüfen Sie, ob ein Zusammenhang besteht zwischen der Industrieproduktion der USA und der Einkommenssituation bzw. dem Beschäftigungsgrad der Bevölkerung.*

M3
Die Idee des New Deal

Als Präsidentschaftskandidat der Demokratischen Partei kündigte Franklin D. Roosevelt erstmals am 2. Juli 1932 sein sozialpolitisches Programm des New Deal an.

Überall in der ganzen Nation erwarten Männer und Frauen, die in der politischen Konzeption der Regierung der letzten Jahre praktisch nicht berücksichtigt worden sind, von uns Führerschaft und gerechtere Chancen, um bei der Verteilung des nationalen Reichtums ihren Anteil zu bekommen. [...]
Ich gelobe euch und ich gelobe mir selbst, dass für das amerikanische Volk die Karten neu verteilt werden [I pledge you, I pledge myself, to a new deal for the American people]. Wir alle, die wir hier versammelt sind, müssen uns neu formieren, als Künder einer neuen Ordnung, gegründet auf Sachverstand und Mut. Das ist mehr als nur eine politische Kampagne, es ist ein Ruf zu den Waffen. Gebt mir eure Unterstützung – nicht nur, um Stimmen zu gewinnen, sondern um diesen Kreuzzug zu gewinnen, durch den wir Amerika seinen Bürgern wiedergeben wollen.

Die Umsetzung des New Deal konkretisierte Roosevelt erst nach seiner Wahl in der Antrittsbotschaft vom 4. März 1933.

Unsere große Nation wird durchhalten, wie sie bisher durchgehalten hat, wird wieder aufblühen und gedeihen. Lassen Sie mich also vor Ihnen erst einmal meine feste Überzeugung aussprechen, dass das Einzige, was wir zu fürchten haben, die Furcht selbst ist [...].
Unsere alles beherrschende Aufgabe ist es, den Menschen wieder Arbeit zu verschaffen. Diese Aufgabe ist nicht unlösbar, wenn wir sie klug und unerschrocken anpacken. Teilweise kann das Problem durch direktes Eingreifen der Regierung gelöst werden, indem wir an unsere Aufgabe so großzügig herangehen, wie wir im Fall eines Krieges handeln würden; aber gleichzeitig müssen wir bei der öffentlichen Arbeitsbeschaffung so vorgehen, dass durch sie dringend notwendige Verbesserungen für den Gebrauch unserer natürlichen Hilfsmittel erfolgen. Gleichzeitig müssen wir anerkennen, dass unsere Industriegebiete übervölkert sind und dass es im nationalen Interesse gelegen ist, eine Umschichtung und Neuverteilung der Menschen in unserem Land durchzuführen, – eine Neuverteilung, die eine bessere Ausnützung des Landes durch diejenigen, die sich dazu am besten eignen, ermöglicht.
Gefördert kann die Erfüllung dieser Aufgabe werden durch zielbewusste Maßnahmen zur Erhöhung der Preise der ländlichen Produkte und durch die dadurch zu erreichende Steigerung der Kaufkraft der ländlichen Bevölkerung, von der dann wieder die Städte den Nutzen haben. Sie kann weiter gefördert werden dadurch, dass man der sich immer noch verschärfenden Tragödie, die mit der Enteignung kleiner Heimstätten und Landgüter und den dabei erwachsenden Verlusten verbunden ist, tatkräftig einen Riegel vorschiebt. Ferner ist es unumgänglich nötig, dass die Bundes-, Staats- und Lokal-Regierungen in Zukunft ihre Ausgaben ganz erheblich verringern. Außerdem muss eine Vereinheitlichung all der zahlreichen Hilfsmaßnahmen durchgesetzt werden, die heute noch vielfach auseinanderfließen und unwirtschaftlich und nicht genügend durchdacht sind. [...]
Damit wir aber bei der Durchführung unserer Arbeit und bei der Wiederbelebung der Wirtschaft nicht wieder in die alten Übelstände zurückgleiten, haben wir Schutzwälle für unser Werk aufzurichten: Es muss eine scharfe Beaufsichtigung des ganzen Bankwesens, der Kreditwirtschaft und der Kapitalanlagen eintreten, und es muss der Spekulation mit anderer Leute Geld ein Ende bereitet werden. Und es muss für eine mit der Wirklichkeit in Einklang stehende, aber gesunde Währung gesorgt werden. [...]
Unsere internationalen Handelsbeziehungen, von so weit tragender Bedeutung sie auch sein mögen, kommen gegenüber diesen vordringlichen Aufgaben erst an zweiter Stelle. Die Sorge um sie steht hinter dem Aufbau einer gesunden nationalen Wirtschaft zurück. [...]
Sollte aber der Kongress versagen, wenn es sich darum handelt, einen notwendigen Beschluss zu fassen, und sollte die nationale Not zu einem solchen Zeitpunkt noch ebenso groß sein wie heute, so werde ich meiner Pflicht nicht ausweichen. Ich werde dann den Kongress ersuchen, mir das in einem solchen Fall noch einzig verbleibende Mittel

zur Überwindung der Krise zu geben und mich mit Exekutivgewalt auf allerbreitester Basis auszustatten, damit ich der Not den Krieg erklären kann, also den Kongress ersuchen, mir uneingeschränkte Gewalt zu geben, wie ich sie beanspruchen könnte, wenn wir den Einbruch eines ausländischen Feindes abzuwehren hätten.

Erster Text: Günter Moltmann, Die Vereinigten Staaten von Amerika von 1917 bis zur Gegenwart, Paderborn 1987, S. 21; zweiter Text: Herbert Schambeck, Helmut Widder, Marcus Bergmann (Hrsg.), Dokumente zur Geschichte der Vereinigten Staaten von Amerika, Berlin 1993, S. 452 ff.

1. *Beschreiben Sie Roosevelts politische Überzeugungen. Welche Rolle spielen darin die Bürger, die Politiker, das Ausland, das Selbstverständnis der amerikanischen Nation?*
2. *Nehmen Sie Stellung zu der These, Roosevelts Politik des New Deal bedeute eine Abkehr von der traditionellen amerikanischen Wirtschafts- und Sozialpolitik.*

M4
Kritik am New Deal

Roosevelts Vorgänger Herbert C. Hoover äußerte sich während des Präsidentschaftswahlkampfes von 1936 zur Politik der vergangenen vier Jahre.

Während der letzten vier Jahre hat sich der New-Deal-Angriff auf die freien Institutionen als die Schicksalsfrage in Amerika entpuppt. Alle Menschen, die heute in der Welt nach Macht streben, bedienen sich derselben Waffen. Sie singen dieselben Lieder. Sie alle versprechen die Freuden des Elysiums[1] ohne Anstrengung. Aber ihre Philosophie gründet sich auf den Zwang und die erzwungene Organisation von Menschen. Eine wirkliche liberale Regierung gründet sich auf die Freiheit der Menschen. [...]

Ich lehnte immer die großen Monopole und die Preisfestsetzung durch Absprachen ab. Das konnte nur den kleinen Geschäftsmann schädigen, der dadurch unter die Fuchtel des „großen Bruders" geriet. Dieser Gedanke wurde in bestimmten amerikanischen Großunternehmen geboren und entwickelte sich zum „Nationalen Hilfsgesetz". [...] Ich verwarf alle Pläne, die Regierung zum wirtschaftlichen Rivalen ihrer Bürger zu machen. Dieser Gedanke stammte von Karl Marx. Ich wehrte mich gegen die Idee, die Wirtschaft mit Hilfe gewaltiger öffentlicher Ausgaben wieder anzukurbeln. [...] Ich vereitelte alle Versuche, Hilfsmaßnahmen in Washington um politischer und sozialer Experimente willen zu zentralisieren. Ich durchkreuzte andere Pläne, die Staatsrechte zu beeinträchtigen und die Macht in Washington zu konzentrieren. [...] Ich unterband Versuche, die Währung zu inflationieren und die Regierungsverbindlichkeiten nicht mehr anzuerkennen. Das war Betrug an den Versicherungsunternehmern, den Besitzern von Bankguthaben und den Lohnabhängigen. [...] Ich wies alles dies zurück, weil es nicht nur die wirtschaftliche Erholung verzögern musste, sondern weil ich gewiss war, dass es am Ende die Freiheit der Menschen einschränken würde. [...] Die Vertreter des New Deal sagen, dass alles, was wir vorschlagen, einem veralteten System entstammt; dass dieses Maschinenzeitalter neuartige Maßnahmen erfordert, für die wir einen Teil der menschlichen Freiheit opfern müssen. Hier hat man sich in die verworrene Vorstellung verirrt, Regierungen hätten Maschinen zu bedienen. Von Menschen gemachte Maschinen können nicht wertvoller sein als die Menschen selbst. [...] Die freie Regierung ist die schwierigste aller Regierungsformen. Aber es ist auf ewig wahr, dass die einfachen Leute weniger Fehler machen als eine noch so mächtige Einzelgruppe. Die freie Regierungsform führt in einem Volke zu wachsamem Denken, mutigem Leben und Selbständigkeit. Lassen Sie mich Ihnen sagen, dass jede Maßnahme, die die Deiche unserer Freiheit bricht, das Land mit Elend überfluten wird.

Joachim Rohlfes (Hrsg.), Politische Weltkunde II. Die Vereinigten Staaten von Amerika, Stuttgart 1980, S. 69 f.

1. *Arbeiten Sie Hoovers weltanschauliche Vorstellungen heraus.*
2. *Diskutieren Sie die Berechtigung eines liberalen Standpunkts angesichts der Erfolge und Misserfolge des „New Deal".*

---

[1] *nach der griechischen Mythologie ein Gefilde der Glückseligen am Westrand der (als Scheibe vorgestellten) Erde*

▲ *Isaac Soyer (1907-1981), Arbeitssuchende in einer Jobvermittlungsagentur.*

M5
Bilanz des New Deal

Der Historiker Horst Dippel bewertet den New Deal aus heutiger Sicht.

Rückblickend erwies sich Roosevelts Amtsantritt am 4. März 1933 als der Beginn einer neuen Epoche. Drei Gründe sprechen für diese Zäsur.

1. Franklin D. Roosevelt war der erste moderne Präsident der Vereinigten Staaten, der das Präsidentenamt mit einem neuen Verständnis und neuer Zielsetzung ausgeübt hat. Die in der Verfassung angelegte und zuvor von einigen Präsidenten ausgefüllte dominierende Rolle des Chefs der Exekutive wurde von ihm systematisiert und institutionell auf eine neue Grundlage gestellt, darunter das gewaltig ausgebaute *Executive office of the President.*
2. Roosevelt gelang es, die politischen Strukturen des Landes anhaltend zu verändern, indem er die Demokratische Partei auf eine neue Wählerbasis aus Arbeitern, Intellektuellen und ethnischen Minderheiten, die so genannte *New Deal*-Koalition, stellte und sie damit von der sektionalen Partei zur neuen Mehrheitspartei auf nationaler Ebene machte.
3. Seine Politik bewirkte eine Neudefinition des Verhältnisses von Wirtschaft und Gesellschaft zueinander und die Begründung des amerikanischen Sozialstaates, der zwar nicht unbesehen mit der europäischen Variante gleichzusetzen ist, aber dennoch die Aufgaben des Staates gegenüber Wirtschaft und Gesellschaft grundlegend neu definierte.

Daraus ergab sich ein wesentlicher Unterschied zu Deutschland und anderen Ländern Europas: In der Stunde der Krise verkündete die Rooseveltsche Politik statt des Rückfalls in die Verängstigung und Verunsicherung, des Klammerns an vermeintlich sichere Werte und der Paralysierung aus Furcht den mutigen Schritt nach vorn, um „die Rückkehr zu den Übeln der alten Ordnung" zu verhindern. Roosevelt sprach damit einen Grundtenor amerikanischer Politik aus, der dann bei Kennedy und in ganz anderer Weise erneut bei Reagan anzutreffen war und der die amerikanische Politik immer wieder rein europäischen Erklärungsversuchen entzieht. Denn hier wird Politik weder nach einem ausgefeilten Plan noch nach einem in sich stimmigen parteipolitischen Konzept gemacht, sondern mit dem Vorsatz, möglichst viele, selbst gegensätzliche Wege auszuprobieren, um dann den Erfolg versprechenden dem Kongress und damit dem Volk zu präsentieren.

Horst Dippel, Geschichte der USA, München 1996, S. 95 f.

1. *Arbeiten Sie die grundlegenden Wesenszüge der US-Innenpolitik seit der Amtszeit Roosevelts heraus.*
2. *Diskutieren Sie darüber, ob sich daraus Lehren für die Politik der Bundesrepublik Deutschland ziehen lassen.*

Ursachen der amerikanischen Wirtschaftskrise

Die überragende Stellung der USA in der Weltwirtschaft und der fulminante Aufschwung fanden 1929 ein unerwartet schnelles Ende. Es folgte die schwerste Krise seit Beginn der Industriellen Revolution.
Die Prosperitätsphase der Zwanzigerjahre hatte an der New Yorker Aktienbörse ein hektisches Spekulationsfieber ausgelöst. Viele Anleger kauften Wertpapiere auf Kredit, um sie nach einem Kursanstieg wieder mit Gewinn verkaufen zu können. In wenigen Jahren vervierfachte sich der Wert der Aktien und übertraf damit den tatsächlichen Wert der Unternehmen bei weitem. Am 24. Oktober 1929 (*Black Thursday*)[1] und noch einmal am 29. Oktober brach die Börse zusammen, manche Aktien verloren bis zu 90 Prozent ihres Wertes.
Was waren die Gründe? Während die Kaufkraft der Bevölkerung in den Zwanzigerjahren wegen der anhaltenden Krise in der Landwirtschaft nur um 9 Prozent gestiegen war, war die Produktion der Betriebe und des Agrarsektors in die Höhe geschnellt. Im Industriebereich wurde die Überproduktion eine Zeit lang durch die vielen Ratenkaufverträge verschleiert. Hingegen musste die Landwirtschaft die wachsenden Überschüsse mit sinkenden Preisen „bezahlen“. Als immer mehr Farmer ihre Hypotheken nicht tilgen konnten, gerieten kleine und mittlere Banken in Zahlungsschwierigkeiten. Panikreaktionen von Anlegern, die aus Angst um ihre Ersparnisse die Geldinstitute stürmten oder ihre Aktien verkauften, verschärften die Liquiditätsprobleme. Das amerikanische Wirtschaftssystem brach zusammen.

The Great Depression

Der Kurssturz hatte die Krise erst eingeleitet. In den folgenden Monaten mussten über 9 000 Banken und mehr als 100 000 Betriebe Konkurs anmelden, die Industrieproduktion sank um rund 10 Prozent, die Agrarpreise fielen um weitere 60 Prozent ins Bodenlose und das Bruttosozialprodukt halbierte sich. Nach Massenentlassungen waren 1932/1933 rund 15 Millionen Menschen arbeitslos, ein Viertel der erwerbsfähigen Bevölkerung (▶ M 1).
Da es kein staatliches Sozialsystem gab, waren die in Not Geratenen auf die unzureichende Hilfe von Gemeinden, privaten Organisationen und Kirchen angewiesen. Tausende Obdachlose kampierten am Rande der Großstädte in zynisch „Hoovervilles“ genannten Barackensiedlungen. Der durch die Wirtschaftskrise ausgelöste Schock erschütterte die ganze Nation. Das Vertrauen in das bislang so erfolgreiche Wirtschaftssystem war gestört. Dazu trug bei, dass Präsident Hoover fast nur auf die Selbstheilungskräfte des Marktes setzte. Einzelne Hilfsmaßnahmen kamen zu zögerlich oder zu spät.
Die Krise in den USA musste sich angesichts der internationalen Wirtschaftsverflechtungen auch auf andere Länder auswirken. Um zahlungsfähig zu bleiben, zogen die amerikanischen Banken ihre kurzfristigen Kredite aus Europa ab. Außerdem erhöhten Präsident Hoover und andere Regierungen zum Schutz der eigenen Industrien drastisch die Importzölle. Die dadurch ausgelöste Drosselung des Welthandels sowie das in Europa fehlende Kapital für Neuinvestitionen zogen einen Flächenbrand nach sich. Aus der Great Depression wurde die *Weltwirtschaftskrise*. Dabei muss man den verantwortlichen Politikern jedoch zugute halten, dass die Komplexität wirtschaftlicher Prozesse damals noch nicht erforscht war (▶ M 2).

---

[1] *Wegen der Zeitverschiebung datiert man in Europa den Kurssturz auf den 25. Oktober („Schwarzer Freitag“).*

Die erste Phase des New Deal

Im Gegensatz zu Europa konnten radikale Gruppen von links und rechts in den USA aus der dramatischen Verarmung der Bevölkerung und der lautstarken Kritik an der Regierung kein Kapital schlagen. Bei den Wahlen 1932 löste die Demokratische Partei wieder die Republikaner ab. Ihr Kandidat *Franklin D. Roosevelt*[1] forderte im Wahlkampf „eine Neuverteilung der Karten" (*New Deal*) und vermittelte damit den Wählern endlich eine Perspektive (➧ M 3).

Der New Deal, den Roosevelt ab 1933 auf den Weg brachte, war kein in sich stimmiges Konzept. Vielmehr handelte es sich um eine Fülle von zum Teil einander widersprechenden Einzelmaßnahmen, die Roosevelt je nach Erfolg zu korrigieren bereit war. Entscheidend war das energiegeladene Vorgehen des Präsidenten. Endlich tat die Regierung etwas und ließ die Nation wieder mit Optimismus nach vorne blicken. Welche Änderungen brachte der New Deal?

▲ *Die Karikatur von John Baer stammt aus dem Jahr 1931.*
• *Welche gesellschaftlichen Gruppen bringt der Karikaturist am Kartentisch zusammen? Ergreift er Partei?*

Banken: Die Einlagen der Kunden wurden versichert, Börsenspekulationen überwacht und die Rückzahlung gefährdeter Hypotheken erleichtert. Rasch kehrte das Vertrauen der Sparer zurück.

Währung: Der Dollar wurde abgewertet, die umlaufende Geldmenge vergrößert und die Zinsen gesenkt. Damit erhielt die Industrie gegenüber der ausländischen Konkurrenz einen Vorteil und es entstand ein Anreiz für Investitionen. Allerdings verhinderten protektionistische Gegenmaßnahmen anderer Staaten die notwendige Belebung des Welthandels.

Industrie: Unternehmen und Gewerkschaften sollten unter Aufsicht des Staates enger zusammenarbeiten. Wettbewerbsregeln sollten einen aggressiven Preiskampf zwischen Firmen verhindern. Die Absprachen zwischen den Wettbewerbern verstärkten aber in der Folgezeit wieder die Monopolbildung.

Landwirtschaft: Staatlich unterstützte Anbau- und Zuchtbeschränkungen sowie Subventionen sorgten für eine Erhöhung der Agrarpreise. Durch Unzulänglichkeiten im Verteilungssystem profitierten aber fast nur die größeren Farmer.

Arbeitsbeschaffung: Neu gegründete Behörden vergaben Aufträge für Schul- und Straßenbau, den Landschaftsschutz (Anlage von Nationalparks) oder die Regulierung von Flüssen. Millionen Menschen fanden Arbeit, doch stieg das Haushaltsdefizit.

[1] *Franklin Delano Roosevelt (1882-1945), ein Verwandter des früheren Präsidenten Theodore Roosevelt, war seit einer Erkrankung an Kinderlähmung (1921) schwer gehbehindert. Dennoch wurde er 1929 Gouverneur von New York und setzte sich in der Demokratischen Partei als Präsidentschaftskandidat durch. Er wurde einer der bedeutendsten Präsidenten der Vereinigten Staaten.*

Die zweite Phase des New Deal

Als alle Maßnahmen die Wirtschaft nur unzureichend ankurbelten, geriet die Regierung unter den Druck der Verbände. Überdies verwarf der Oberste Gerichtshof eine Reihe von Gesetzen als verfassungswidrig. Roosevelt trat nun verstärkt als Sachwalter des „vergessenen kleinen Mannes“ auf und setzte zwischen 1935 und 1938 weitere Reformen durch:
Industrie: Das Wettbewerbsrecht wurde wieder verschärft, Mindestarbeitsbedingungen festgelegt (darunter Verbot der Kinderarbeit) und die Rechte der Gewerkschaften als Tarifpartner gesichert. Die Zahl der Trade-Union-Mitglieder stieg bis 1941 von rund drei auf acht Millionen an.
Arbeitsbeschaffung: Infrastrukturprojekte wurden mit noch größerem finanziellem Aufwand vorangetrieben. Die Einbeziehung von Künstlern sollte zusätzlich eine kulturelle Aufbruchstimmung im Land herstellen.
Soziale Absicherung: Nach europäischem Vorbild wurden Versicherungen für Renten, Arbeitsunfälle und Arbeitslose eingerichtet, die sich aus Beiträgen von Arbeitgebern und Arbeitnehmern finanzierten. Eine nationale Krankenversicherung kam nicht zustande.
Steuern: Höhere Einkommen und Unternehmensgewinne wurden stärker besteuert.
Der Beifall der Wähler für diese Maßnahmen bescherte Roosevelt bei den Präsidentenwahlen 1936 einen „Erdrutschsieg“.

Der New Deal im Rückblick

Die Jahre des New Deal werden von den Historikern heute differenziert beurteilt. Die Auswirkungen der wirtschaftspolitischen Reformen waren wohl nur begrenzt. Die Arbeitslosenzahlen halbierten sich zwar zunächst von 15 auf sieben Millionen, doch schnellten sie 1938 bereits wieder auf elf Millionen hoch. Die Frauen blieben in der Berufswelt benachteiligt: Sie waren in den staatlichen Beschäftigungsprogrammen unterrepräsentiert und erhielten in der Industrie nach wie vor, aber jetzt von der Regierung bestätigt, bei gleicher Arbeit niedrigere Mindestlöhne als Männer.
Auf der anderen Seite: Die Beziehungen zwischen Staat und Wirtschaft waren nicht mehr die alten. Staatliche Förderung von Arbeitnehmern und Gewerkschaften, staatlich finanzierte Erschließungsvorhaben und Arbeitsbeschaffung, Subventionen für die Landwirtschaft sowie staatlich kontrollierte Sozialversicherungen entsprachen bis dahin gar nicht dem amerikanischen Politikverständnis (▸ M 4). Das Programm des New Deal verwirklichte „den Übergang der amerikanischen Nation vom ‚Laissez-faire'-Staat des klassischen Liberalismus zum modernen demokratischen Sozialstaat“ (Erich Angermann). Gleichzeitig hielt die Gesellschaft in ihrer Mehrheit am „American Dream“, an dem Glauben an individuelle Leistung und Freiheit fest. Anders als in Europa löste die wirtschaftliche Depression in den USA keine Krise des demokratischen Systems aus (▸ M 5).

2.4 Die USA auf dem Weg in den Zweiten Weltkrieg

▲ *Präsident Franklin D. Roosevelt besichtigt einen Navy-Kreuzer, um 1938.*

1939
Mit dem Cash-and-Carry-Gesetz lockert der Kongress erstmals seine Neutralitätsgesetze

1941
Das Leih- und Pachtgesetz ermöglicht der Regierung die Unterstützung befreundeter Staaten

Das Atomwaffenprogramm (Manhattan Project) wird eingeleitet

Nach dem japanischen Luftangriff auf Pearl Harbor treten die USA in den Zweiten Weltkrieg ein

M1

„Krieg ist ansteckend"

Mit der „Quarantäne-Rede" (Angreiferstaaten müssten unter internationale Quarantäne gestellt werden) nimmt Präsident Roosevelt am 5. Oktober 1937 in Chicago zu den internationalen Konflikten in Europa und Asien Stellung.

Die politische Weltlage hat sich in der letzten Zeit immer mehr verschlimmert und ist nun dazu geeignet, allen den Völkern und Ländern, die mit ihren Nachbarn in Frieden und Eintracht leben wollen, ernste Besorgnisse und Befürchtungen einzuflößen [...].

Es begann damit, dass man sich ohne Berechtigung in die inneren Angelegenheiten anderer Völker einmischte oder im Widerspruch zu geltenden Verträgen fremdes Gebiet anderer Völker besetzte, und nun ist ein Stadium erreicht, da die eigentlichen Grundlagen der Zivilisation ernstlich bedroht sind. [...]

Wenn so etwas in anderen Gegenden der Welt passiert, dann soll niemand sich einbilden, dass Amerika entrinnen werde, dass es Pardon erwarten dürfe, dass die westliche Hemisphäre keinen Angriff zu befürchten habe, dass sie auch weiterhin ruhig und friedlich die Traditionen der Moral und der Zivilisation bewahren könne. [...]

Friede, Freiheit und Sicherheit für neunzig Prozent der Weltbevölkerung werden durch die restlichen zehn Prozent bedroht, die drauf und dran sind, die gesamte internationale Rechtsordnung zu zerschlagen. Die neunzig Prozent, die in Frieden leben wollen, im Einklang mit Gesetzen und moralischen Prinzipien, die im Laufe der Jahrhunderte fast allgemeine Geltung erlangt haben, können und müssen einen Weg finden, um ihren Willen durchzusetzen [...].

Es scheint leider zuzutreffen, dass die Epidemie der allgemeinen Gesetzlosigkeit immer mehr um sich greift.

Wenn eine ansteckende Krankheit sich zu verbreiten beginnt, verordnet die Gemeinschaft eine Isolierung der Patienten, um die eigene Gesundheit vor der Epidemie zu schützen. [...]

Krieg – ob mit oder ohne Kriegserklärung – ist ansteckend. Er kann Staaten und Völker erfassen, die von dem ursprünglichen Kriegsschauplatz weit entfernt sind. Wir sind entschlossen, uns nicht in einen Krieg verwickeln zu lassen, aber es gibt keine wirksame Versicherung gegen die verheerenden Auswirkungen eines Krieges und gegen die Gefahr, mit hineingezogen zu werden. Wir treffen alle Maßnahmen, die geeignet sind, unser Risiko auf ein Mindestmaß zu reduzieren, aber in einer verwirrten Welt, in der das Vertrauen und die Sicherheit zusammengebrochen sind, kann es keinen vollständigen Schutz geben. [...]

Das Allerwichtigste ist: Der Friedenswille der friedliebenden Völker muss sich so deutlich geltend machen, dass diejenigen Nationen, die in Versuchung geraten, ihre Verträge zu brechen und die Rechte anderer zu verletzen, von ihren Vorhaben abstehen.

Günter Schönbrunn, Weltkriege und Revolutionen 1914-1945. Geschichte in Quellen, München, 3. Auflage 1979, S. 365 f.

1. *Stellen Sie die Ereignisse zusammen, die Roosevelt zu dieser Rede veranlasst haben dürften.*
2. *Bestimmen Sie die Adressaten der Rede des Präsidenten.*
3. *Bewerten Sie anhand der Ereignisse vor und nach 1937 den Stellenwert der „Quarantäne-Rede" für die Politik Roosevelts.*

M2

Isolationismus oder Internationalismus?

Der Historiker Detlef Junker ist ein Kenner der Geschichte der USA. Er referiert die Argumente der außenpolitischen Diskussion in den USA zwischen 1937 und 1941.

Solange die USA selbst nicht angegriffen würden, war nach Ansicht der Isolationisten ein Kriegseintritt der USA nicht zu rechtfertigen, was auch immer in Europa und Asien geschehe. Die Übel, die für die USA daraus erwachsen würden, seien größer als die Konsequenzen eines Sieges der Achsenmächte.

Der Erste Weltkrieg und seine Folgen waren für viele Isolationisten ein schlagendes Beispiel für die völlige Nutzlosigkeit, das Geschehen im alten, moralisch verrotteten und immer wieder von Kriegen erschütterten Europa mitbestimmen zu wollen. [...]

▶ *Die Kriegskosten der USA beliefen sich auf ca. 370 Millarden Dollar. Zu 60 Prozent wurden sie aus dem Verkauf von Anleihen, vor allem der War Bonds, aufgebracht (Plakate aus den Jahren 1943/44).*

Die Sicherheit der USA sei, so die Isolationisten, durch Hitler[1] nicht gefährdet, ein in defensiver Absicht bis an die Zähne bewaffnetes Amerika, eine „Festung Amerika" im Besitz einer Zwei-Ozean-Flotte, sei für jeden Angreifer uneinnehmbar. Durch die Reden des Präsidenten und durch die Sprecher der Regierung werde eine hysterische Furcht vor einer Invasion der Nazis geschürt. Aussagen wie die des ehemaligen amerikanischen Botschafters in Frankreich, Bullitt, Hitler werde nach einem Fall Englands in die Unabhängigkeitshalle von Philadelphia einmarschieren, seien nichts als Kriegstreiberei. Auch wirtschaftlich könnten die USA, so argumentierten die Isolationisten, den Verlust der Märkte in Europa und Asien verkraften. Selbst nach einem Sieg in Europa könne Hitler keineswegs die Handelsbedingungen diktieren. Außerdem bringe eine Steigerung des Binnenhandels um nur 5% mehr Dollars ein als ein Anwachsen des Außenhandels um 100%. Alles in allem kamen die Isolationisten zu dem Ergebnis, dass die USA keiner eindeutigen und unmittelbaren Gefahr ausgesetzt seien und folglich kein Grund für eine Einmischung vorliege.

Die Internationalisten dagegen, an ihrer Spitze Roosevelt, reduzierten das nationale Interesse der USA nicht auf die westliche Hemisphäre, sondern bestimmten es im globalen Maßstab, und zwar wirtschaftlich, militärisch und ideell [...].

Ein Sieg Hitlers und Italiens in Europa und Japans im Fernen Osten würde beide Regionen in ein System fast autarker Planwirtschaften zwingen. Die USA würden ihre Investoren verlieren, das Handelsvolumen würde drastisch fallen und Außenhandel, wenn überhaupt, zu den Bedingungen der Achsenmächte stattfinden. Südamerika, der natürliche Lieferant Europas, würde zusehends unter den Einfluss von Hitlers Europa geraten. Durch das Schrumpfen der Import- und Exportindustrie der USA und die damit verbundenen sekundären Effekte auf die gesamte Volkswirtschaft würde sich das vom *New Deal* nicht gelöste Arbeitslosenproblem radikal zuspitzen und soziale Spannungen erzeugen, die im Rahmen des bestehenden Systems nicht gelöst werden könnten. [...]

In fast ermüdender Wiederholung hat Roosevelt immer wieder erklärt: Das Recht der Völker auf freie Selbstbestimmung und die Pflicht der Staaten, sich in der internationalen Politik den Grundsätzen des Völkerrechts zu unterstellen, seien unteilbar. Diese Prinzipien müssten für alle Staaten überall auf der Welt uneingeschränkt gelten. Gewalt und Aggression als Mittel zur Veränderung des Status quo seien illegitim. [...] Im Selbstverständnis Roosevelts

---

[1] *Adolf Hitler (1889-1945): nationalsozialistischer „Führer" des Deutschen Reiches seit 1933, betrieb eine aggressive Außenpolitik, die schließlich zum Zweiten Weltkrieg (1939-1945) führte.*

war die heraufziehende Auseinandersetzung mit den Achsenmächten nie nur ein Konflikt zwischen den „Habenden“ und den „Habenichtsen“. Er deutete ihn als einen epochalen Kampf um die zukünftige Gestalt der Welt zwischen Aggressoren und friedlichen Nationen, zwischen liberaler Demokratie und Faschismus, zwischen westlicher, christlich-humanistischer Zivilisation und Barbarei, zwischen Bürgern und Verbrechern. Zum zweiten Mal in diesem Jahrhundert saß ein Deutschland, dieses Mal das nationalsozialistische Dritte Reich, in der [...] Falle des amerikanischen Sendungsbewusstseins.

Detlef Junker, Von der Weltmacht zur Supermacht, Mannheim/Leipzig/Wien/Zürich 1995, S. 54 ff.

1. *Stellen Sie die Argumente von Isolationisten und Globalisten einander gegenüber.*
2. *Bei Umfragen in den USA wuchs die Zahl der Globalisten in der Bevölkerung zwischen Herbst 1939 und Frühjahr 1941 von rund 15 % auf 53 %. Arbeiten Sie internationale und nationale Faktoren dieses Stimmungsumschwungs heraus.*

M3
„Dieses neue Phänomen“

Bis 1939 fand die wissenschaftliche Erforschung der Kernenergie in den USA ohne Unterstützung der Regierung statt. Nach dem Brief des aus Deutschland emigrierten Nobelpreisträgers Albert Einstein (1879-1955) an Präsident Roosevelt (2. August 1939) wurden 1940/41 insgesamt 16 verschiedene Forschungsvorhaben genehmigt, die im „Manhattan Project“ zusammengefasst wurden.

Mein Herr:
Eine neue Arbeit von E. Fermi und L. Szilard[1)], die mir im Manuskript zugeschickt wurde, erweckt in mir die Hoffnung, dass der Grundstoff Uran in unmittelbarer Zukunft in eine neue, bedeutsame Energiequelle umgesetzt werden könnte. Bestimmte Gesichtspunkte der entstandenen Lage scheinen mir die Wachsamkeit und nötigenfalls rasches Handeln der Regierung zu erfordern. Deshalb halte ich es für meine Pflicht, Ihre Aufmerksamkeit auf folgende Tatsachen und Empfehlungen zu lenken.
Im Laufe der letzten vier Monate hat die Arbeit Joliots[2)] in Frankreich wie auch Fermis und Szilards in Amerika es wahrscheinlich möglich gemacht, eine nukleare Kettenreaktion in einer großen Menge Uran hervorzurufen, die gewaltige Energien und große Mengen neuer radiumähnlicher Elemente erzeugen würde. Es scheint nun beinahe gewiss, dass dies in naher Zukunft erreicht werden kann.
Dieses neue Phänomen kann auch zum Bau von Bomben führen, und es ist denkbar, wenn auch durchaus nicht sicher, dass äußerst wirksame Bomben eines neuen Typs gebaut werden können. Eine einzige Bombe dieses Typs, die zu Schiff in einen Hafen befördert und dort zur Explosion gebracht würde, könnte gut den ganzen Hafen sowie einen Teil der benachbarten Gebiete vernichten. Indessen könnten sich solche Bomben für den Lufttransport als zu schwer erweisen. [...]
Wie ich höre, hat Deutschland jetzt den Verkauf von Uran aus den von ihm übernommenen tschechoslowakischen Minen eingestellt. Dass es diesen Schritt so früh unternommen hat, erklärt sich vielleicht daraus, dass der Sohn des deutschen Unterstaatssekretärs von Weizsäcker dem Kaiser-Wilhelm-Institut in Berlin angehört, wo einige der amerikanischen Versuche mit Uran zur Zeit gerade wiederholt werden.

Ihr sehr ergebener
A. Einstein

Thilo Koch, Nordamerika. Texte – Bilder – Dokumente, München 1972, S. 141

1. *Stellen Sie die Motive der am Manhattan Project beteiligten Wissenschaftler und Regierungsbeamten fest.*
2. *Alle genannten Forscher engagierten sich in der pazifistischen Bewegung. Welcher inneren Zerreißprobe waren sie ausgesetzt? Die Problematik lässt sich gegebenenfalls intensiv in einem fächerübergreifenden Projekt (Physik/Chemie/Deutsch/Religion) diskutieren. Zusätzliche Impulse könnte eine Aktualisierung des Themas (Gentechnik) erbringen.*

---
1) *Enrico Fermi (1901-1954), italienischer Physiker, Nobelpreisträger im Jahr 1938, lehrte seit 1939 in New York; Leo Szilard (1898 -1964), ungarischer Kernphysiker, wanderte über England 1938 in die USA aus*
2) *Frédéric Joliot (1900-1958), französischer Nobelpreisträger für Chemie 1935*

US-Außenpolitik: „unabhängiger Internationalismus“

Bei allem Desinteresse der amerikanischen Bevölkerung an den Vorgängen in Europa und Asien konnte die US-Außenpolitik nach 1919 nicht mehr zu dem vormals gepflegten Isolationismus zurückkehren. Zu groß war das wirtschaftliche Engagement in den anderen Kontinenten geworden. So bemühte sich die amerikanische Diplomatie um Rüstungskontrollen sowie um eine Stabilisierung der bestehenden Verhältnisse durch gute Beziehungen zu allen Großmächten, auch zum ehemaligen Kriegsgegner Deutschland. Der nach den Außenministern Frankreichs und der USA benannte *Briand-Kellogg-Pakt* (1928) sollte durch Ächtung des Krieges den Frieden sichern. 63 Staaten traten den Abkommen bei.

Der Kurs eines „unabhängigen Internationalismus“ sollte nach dem Wunsch der öffentlichen Meinung auch nicht verlassen werden, als in den Dreißigerjahren Nazi-Deutschland, das faschistische Italien und Japan zu Störenfrieden der Weltordnung wurden. Im Gegenteil: Um jedes Kriegsrisiko auszuschalten, verabschiedete der Kongress bis 1937 mehrere Neutralitätsgesetze, die der Regierung eine Unterstützung Krieg führender Mächte, etwa durch Waffenlieferungen, unmöglich machen sollten. Als Präsident Roosevelt im selben Jahr erstmals in seiner „Quarantäne-Rede“ eine Warnung an die aggressiven Mächte richtete, stieß er in der amerikanischen Öffentlichkeit auf Ablehnung (➧ M 1).

Roosevelts Abkehr von der Neutralität

Erste Beunruhigung in der öffentlichen Meinung riefen im Winter 1938/39 die Ausschreitungen gegen Juden in Deutschland sowie der deutsche Überfall auf die Tschechoslowakei im Frühjahr 1939 hervor. Aber trotz der Flucht von 80 000 Juden aus Europa lehnten Politiker und Bevölkerung eine Erhöhung der Einwanderungsquote für deutsche Juden ab. Lediglich zu einer Aufstockung der Verteidigungsausgaben war der Kongress bereit, eine Maßnahme, die zudem die Beschäftigungspolitik des New Deal unterstützte.

Mit dem Einmarsch deutscher und sowjetischer Truppen in Polen brach im September 1939 in Europa der Krieg aus. Ähnlich wie während des Ersten Weltkriegs entzündete sich nun eine heftige innenpolitische Diskussion um den Kurs der Regierung. Roosevelt versuchte die Bevölkerung von der Notwendigkeit einer machtvollen Unterstützung Großbritanniens zu überzeugen. Ansonsten drohe der Verlust der Märkte in Europa, und nach einer Niederlage der Engländer sei in einer kleiner werdenden Welt die Sicherheit der Meere und damit des eigenen Landes gefährdet. Außerdem verpflichteten in den Augen Roosevelts die demokratischen Ideale der USA dazu, notfalls mit eigenen Truppen für Freiheit und Selbstbestimmungsrecht der Völker einzustehen. In mehreren Etappen setzte der Präsident[1] gegenüber einem zögernden Kongress und der misstrauischen Öffentlichkeit seinen Willen durch, wobei er die Ereignisse in Europa geschickt nutzte (➧ M 2). Welche Maßnahmen ergriff die US-Regierung im Vorfeld des Kriegseintritts?

---

1) Wegen der Kriegsereignisse wurde Roosevelt entgegen dem US-Verfassungsverständnis 1940 und 1944 noch ein drittes und viertes Mal zum Präsidenten gewählt. Um seine Außenpolitik abzusichern, nahm er einflussreiche republikanische Politiker in sein Kabinett auf. Seit 1951 begrenzt die Verfassung die Präsidentschaft auf zwei Amtszeiten.

1. In der *Erklärung von Panama* legten die Staaten Nord- und Südamerikas eine Dreihundert-Meilen-Sicherheitszone um ihren Kontinent (1939).
2. In den USA lockerte die erneuerte *Cash-and-Carry-Klausel* die Neutralitätsgesetze (1939): Waffen durften wieder an Krieg führende Mächte verkauft werden, wenn das Material zuvor bar bezahlt war (cash) und auf Schiffen der neuen Eigentümer außer Landes transportiert wurde (carry).
3. Im *Destroyer-for-bases*-Handel tauschte die US-Regierung 50 Kriegsschiffe gegen sechs britische Flottenstützpunkte in der Karibik und vor Kanada (1940).
4. Der Kongress führte erstmals in Friedenszeiten die *Wehrpflicht* ein (1940). Damit einher ging bis 1945 ein beispielloses Aufrüstungsprogramm.
5. Das *Leih- und Pachtgesetz (Lend Lease Act)* räumte dem Präsidenten wieder das Recht ein, kriegswichtiges Gerät an fremde Nationen zu verkaufen, zu verleihen oder zu verpachten, wenn diese Staaten dem „vitalen Interesse“ der Vereinigten Staaten dienten (1941). Von dem Gesetz profitierte besonders die von Hitler-Deutschland überfallene Sowjetunion.
6. Bei einem Treffen im Atlantik vereinbarten Roosevelt und der englische Premierminister *Winston Churchill*[1] die gemeinsamen Ziele einer Nachkriegsordnung (*Atlantik-Charta*, 1941) (siehe Seite 99).
7. Ab Herbst 1941 gab die US-Flotte britischen Konvois im Atlantik bewaffneten Geleitschutz.
8. Roosevelt genehmigte das *Manhattan Project*, das streng geheime amerikanisch-britische Atomrüstungsprogramm (1941) (▶ M 3).

Kriegsausbruch

Parallel zu dem deutschen Vordringen in Europa besetzte Japan die französischen Kolonien in Indochina (Vietnam, Laos, Kambodscha) und drang in China weiter vor. Die USA und Großbritannien reagierten mit Wirtschaftssanktionen und nach gescheiterten Verhandlungen mit einem weltweiten Ölembargo[2]. Vor die Alternative Rückzug oder Krieg gestellt, ließ die japanische Regierung am 7. Dezember 1941 den US-Stützpunkt Pearl Harbor auf Hawaii bombardieren. Einen solchen Überraschungsschlag hatte die amerikanische Führung den Japanern nicht zugetraut. Über 2 400 Amerikaner kamen bei dem Überfall ums Leben, ein Teil der Pazifikflotte war zerstört. Einen Tag später erklärten die Vereinigten Staaten Japan den Krieg. Die Entscheidung über einen amerikanischen Kriegseintritt in Europa trafen Deutschland und Italien selbst: Sie brachen am 11. Dezember 1941 die diplomatischen Beziehungen zu den USA ab.

---

1) *Winston Leonard Churchill (1874-1965), war seit 1900 als Abgeordneter und in verschiedenen Regierungsämtern einer der profiliertesten (konservativen) englischen Politiker. 1940 wurde er Premierminister (bis 1945), ein Amt, das er noch einmal von 1951 bis 1955 innehatte.*
2) *Embargo: Handelsverbot*

2.5 Die Politik der USA im Zweiten Weltkrieg

▲ *Pearl Harbor während des japanischen Luftangriffs am 7. Dezember 1941.*

14.8.1941
Roosevelt und Churchill verkünden in der Atlantik-Charta ihre gemeinsamen Kriegsziele

14.1.-25.1.1943
Auf der Konferenz von Casablanca geben die Westalliierten als Kriegsziel die „bedingungslose Kapitulation" der Achsenmächte bekannt

28.11.-1.12.1943
Die „Großen Drei" treffen erstmals auf der Konferenz von Teheran zusammen

4.2.-11.2.1945
Auf der Konferenz von Jalta bereiten die Alliierten die Nachkriegsordnung vor

25.6.1945
In San Francisco gründen 51 Staaten die Vereinten Nationen (UNO)

17.7.-2.8.1945
Die Potsdamer Konferenz endet mit Formelkompromissen

6.8.-9.8.1945
Der amerikanische Abwurf der ersten Atombomben über Hiroshima und Nagasaki zwingt Japan zur Kapitulation: Ende des Zweiten Weltkriegs

◀ *Ein legendäres Kriegsfoto der Vereinigten Staaten: Am 23. Februar 1945 eroberte das US-Marinekorps in einem blutigen Angriff die Pazifikinsel Iwo Jima. Fast 7 000 amerikanische Soldaten fielen. Gegen Ende der Kampfes hissten die siegreichen Truppen ihre Bataillonsfahne auf der Bergspitze der Insel. Weil die Flagge jedoch zu klein war, wurde sie wenige Stunden später ausgetauscht. Diesen Moment hielt der Fotograf Joe Rosenthal fest.*
Das Motiv erschien auf Briefmarken und in der Werbung für Kriegsanleihen, es wurde von Künstlern verwendet und als hundert Tonnen schweres Bronzemonument auf dem Soldatenfriedhof Arlington aufgestellt – ja sogar Butter, Eiscreme und Würstchen wurden der Szene nachgestaltet.
Drei der sechs Soldaten auf dem Foto erlebten das Kriegsende nicht.

M1

Die Kosten des Krieges

a) Die Militärausgaben der Vereinigten Staaten (in Millionen Dollar) und ihr Anteil am Gesamthaushalt

1940	1 798	19,9 %	1946	43 151	71,5 %	1952	40 536	62,1 %
1941	6 252	47,2 %	1947	14 769	37,9 %	1953	44 014	59,4 %
1942	22 905	67,3 %	1948	11 983	36,4 %	1954	40 626	57,3 %
1943	63 414	79,9 %	1949	13 988	35,4 %	1955	35 630	52,0 %
1944	75 975	80,0 %	1950	13 440	44,0 %	1960	43 969	47,7 %
1945	80 537	81,9 %	1951	20 857	47,4 %	1965	47 179	39,8 %
						1970	78 360	39,9 %

b) Ausgaben im Rahmen des Leih- und Pachthilfegesetzes für alliierte Bündnispartner während des Zweiten Weltkrieges (in Millionen Dollar)

British Commonwealth	31 384	China	1 627
Sowjetunion	10 982	Lateinamerika	501
Frankreich	3 224	Sonstige	2 526
		gesamt	50 244

Statistiken nach: U. S. Bureau of the Census, Historical Statistics of the United States, Washington 1975, S. 1140 f.; World Almanac and Book of Facts, New York 1977; Samuel Flagg Bemis, A Diplomatic History of the United States, New York, 4. Auflage 1955, S. 749

1. *Erklären Sie die Entwicklung des Militärhaushalts. Berücksichtigen Sie dabei sowohl die außenpolitischen Ereignisse als auch die Rückwirkungen auf das Wirtschaftsleben und die Innenpolitik.*
2. *Nach Kriegsende wurde die Pacht- und Leihhilfe eingestellt. Bewerten Sie diesen Vorgang aus der Sicht der US-Regierung sowie der betroffenen Staaten, besonders der Sowjetunion.*

M2
Die Atlantik-Charta

Am 12. August 1941 trafen sich Präsident Roosevelt und der britische Premierminister Winston Churchill auf einem Kriegsschiff vor der amerikanischen Küste. Die USA waren zu diesem Zeitpunkt noch nicht in den Zweiten Weltkrieg eingetreten. Dennoch vereinbarten die beiden Regierungschefs ihre gemeinsamen Kriegsziele. Die Erklärung, die keine völkerrechtliche Verbindlichkeit besaß, wurde kurz darauf von zahlreichen Staaten – darunter die Sowjetunion – gegengezeichnet.

Der Präsident der Vereinigten Staaten und Premierminister Churchill als Vertreter Seiner Majestät Regierung des Vereinigten Königreiches halten es nach gemeinsamer Besprechung für richtig, gewisse allgemeine Grundsätze der nationalen Politik ihrer beiden Länder bekannt zu machen, auf die sie ihre Hoffnung auf eine bessere Zukunft für die Welt gründen:

1. Ihre Länder erstreben keinerlei Gebiets- oder sonstige Vergrößerung;
2. Sie wünschen keine Gebietsveränderungen, die nicht mit den frei zum Ausdruck gebrachten Wünschen der betreffenden Völker übereinstimmen;
3. Sie anerkennen das Recht aller Völker, die Regierungsform zu wählen, unter der sie leben wollen; und sie wünschen, dass denen souveräne Rechte und Selbstregierung zurückgegeben werden, die ihrer gewaltsam beraubt worden sind;
4. Sie werden sich unter gebührender Berücksichtigung ihrer bestehenden Verpflichtungen bemühen, allen Staaten, groß oder klein, Siegern oder Besiegten, fördernd zu helfen, dass sie unter gleichen Bedingungen Zutritt zum Handel und zu den Rohstoffen der Welt haben, die zu ihrem wirtschaftlichen Gedeihen notwendig sind; [...]
6. Sie hoffen, dass nach der endgültigen Zerstörung der Nazityrannei ein Frieden geschaffen wird, der allen Nationen die Möglichkeit gibt, in Sicherheit innerhalb ihrer eigenen Grenzen zu leben, und der Gewähr dafür bietet, dass alle Menschen in allen Ländern der Welt ihr Leben frei von Furcht und Mangel leben können;
7. Ein solcher Friede sollte es allen Menschen ermöglichen, die Meere und Ozeane ungehindert zu überqueren;
8. Sie glauben, dass aus sachlichen wie aus ideellen Gründen alle Nationen der Welt dazu gelangen müssen, auf die Anwendung von Gewalt zu verzichten. Da künftig kein Friede erhalten werden kann, wenn von Nationen, die mit Angriffen außerhalb ihrer Grenzen drohen oder drohen könnten, weiterhin ihre Land-, See- und Luftrüstungen aufrechterhalten werden, glauben sie, dass bis zur Schaffung eines umfassenderen und dauerhaften Systems allgemeiner Sicherheit die Entwaffnung solcher Nationen wesentlich ist. Sie werden ebenso alle anderen durchführbaren Maßnahmen unterstützen und fördern, die den friedliebenden Völkern die erdrückende Last der Rüstung erleichtern.

Herbert Schambeck, Helmut Widder und Marcus Bergmann (Hrsg.), Dokumente zur Geschichte der Vereinigten Staaten von Amerika, Berlin 1993, S. 480 f.

1. *Trennen Sie die Kriegsziele, die jeweils für die Vereinigten Staaten beziehungsweise für Großbritannien besonders bedeutsam waren.*
2. *Erklären Sie die Forderungen der Atlantik-Charta aus den historisch-politischen Traditionen der angelsächsischen Mächte.*
3. *Überlegen Sie, inwieweit die Atlantik-Charta einen Bruch mit der traditionellen US-Außenpolitik darstellt.*
4. *Diskutieren Sie darüber, ob die Atlantik-Charta lediglich als zeitbedingtes Dokument anzusehen ist oder ob ihr eine über den aktuellen Anlass hinausweisende Bedeutung zukommt.*

Die amerikanische Gesellschaft im Krieg

Der Schock von Pearl Harbor mobilisierte mit einem Schlag die amerikanische Kriegsproduktion. Schon ein Jahr später stellte das „größte Waffenarsenal der Welt“ mehr Kriegsgeräte her als Deutschland, Italien und Japan zusammen (➧ M 1).

Nicht der New Deal verhalf der amerikanischen Wirtschaft zu stabilen Wachstumsraten und Vollbeschäftigung, sondern die Rüstungsanstrengungen im Zweiten Weltkrieg. Zwischen 1939 und 1945 verdoppelten sich Industrieproduktion und Bruttosozialprodukt. Sechs Millionen Menschen verließen die krisengeschüttelte Landwirtschaft und fanden Arbeit in den Industriezentren des Westens. Am meisten profitierten die Unter- und Mittelschichten von dem Boom. Dies lag auch daran, dass immer mehr Frauen in Unternehmen und Behörden beschäftigt wurden. Viele Familien verfügten damit über ein zweites Einkommen. Diese Entwicklung veränderte die Rolle der Frauen in der Gesellschaft dauerhaft.

Während die Bevölkerung zu keiner Zeit Not litt, war die militärische Strategie bemüht, die Opfer unter den Soldaten möglichst gering zu halten. Von knapp 16 Millionen Armeeangehörigen fielen etwa 260 000; Deutsche und Russen verloren 15- bzw. 53-mal so viel Soldaten – nicht gerechnet die Opfer unter der Zivilbevölkerung.

Die Rolle der Minderheiten

Die Kriegsereignisse stärkten ein einheitliches Nationalgefühl im amerikanischen Vielvölkerstaat. Die Lage der Schwarzen verbesserte sich: Sie dienten in der Army (wenn auch in gesonderten Einheiten) und fanden verstärkt Arbeit in der Rüstungsindustrie, die aber meist schlecht bezahlt wurde. Ihr 1942 gegründeter *Congress of Racial Equality (CORE)* rief dazu auf, den weltweiten Kampf gegen Unterdrückung auch im eigenen Land zu führen. Wegen der plötzlichen Zuwanderung von Schwarzen in die Städte des Nordens brachen noch während des Krieges Unruhen aus. Das seit dem vorigen Jahrhundert schlummernde Rassenproblem stand wieder auf der Tagesordnung.

Leidtragende der überschäumenden patriotischen Begeisterung waren die etwa 110 000 Einwanderer japanischer Abstammung, die als „feindliche Rasse“ (*enemy race*) behandelt wurden. Sie wurden in Lager gebracht und fast vollständig enteignet. Erst in den Achtzigerjahren entschuldigte sich die Regierung und entschädigte die Opfer mit je 20 000 Dollar.

Zu den Minderheiten zählten auch etwa 200 000 Emigranten aus Deutschland. Unter ihnen befanden sich viele Angehörige der geistigen Elite: die Schriftsteller *Bertolt Brecht*, *Thomas* und *Heinrich Mann*, die Architekten *Walter Gropius* und *Mies van der Rohe*, Filmregisseure wie *Ernst Lubitsch* und *Billy Wilder*, der Physiker *Albert Einstein* und viele andere mehr. Während das intellektuelle Leben in Deutschland sich von diesem Aderlass nicht mehr erholen sollte, verhalfen die Emigranten der bislang in Europa belächelten amerikanischen Kultur zu einer noch nie gekannten Blüte.

Der Kriegsverlauf

Trotz der Niederlage von Pearl Harbor verfolgte Franklin D. Roosevelt konsequent die mit Winston Churchill vereinbarte *Germany first*-Strategie, um Großbritannien und den neuen Verbündeten Sowjetunion zu entlasten. Im November 1942 landeten anglo-amerikanische Truppen in Nordafrika, die im Sommer 1943 auf das italienische Festland übersetzten. Ihre wachsende Überlegenheit nutzten die Alliierten zur *Landung in der Normandie* (6. Juni 1944). Der Mehrfrontenkrieg brach schließlich den Widerstand der Deutschen, die am 7. Mai 1945 in Reims kapitulierten.

Auch im Pazifik gingen die US-Streitkräfte seit Sommer 1942 zum Gegenangriff über. Nach erfolgreichen Seeschlachten hatten sie sich im Sommer 1945 immer näher an das japanische Mutterland herangekämpft. Am 6. und 9. August warfen amerikanische Bomber über *Hiroshima* und *Nagasaki* die ersten *Atombomben* ab – Japan kapitulierte. Der Zweite Weltkrieg war beendet.

Die alliierten Kriegskonferenzen

▲ *Die „Großen Drei". Nach außen demonstrierten Winston Churchill, Franklin D. Roosevelt und Stalin (von links nach rechts) stets Einvernehmen. Doch hinter den Kulissen (hier in Jalta im Februar 1945) verfolgten die Sieger jeweils eigene Vorstellungen.*

Bereits bei ihrem ersten Treffen im August 1941 hatten Präsident Roosevelt und der englische Premierminister Churchill die *Atlantik-Charta* verkündet. In ihr waren die gemeinsamen Ziele für einen gerechten Frieden und die Idee für eine Nachfolgeorganisation des Völkerbunds festgeschrieben (▶ M 2).

Bei einem zweiten Treffen (*Konferenz von Casablanca*, 14.-25. Januar 1943) konzentrierten sich Roosevelt und Churchill auf militärstrategische Fragen und beschlossen die Fortsetzung des Krieges bis zur bedingungslosen Kapitulation *(unconditional surrender)* Deutschlands, Italiens und Japans.

Erst anlässlich der *Konferenz von Teheran* (28. November - 1. Dezember 1943) kamen die beiden westlichen Politiker erstmals mit dem sowjetischen Führer *Stalin*[1)] zusammen. In Teheran und später in *Jalta* (4.-11. Februar 1945) setzte Stalin große Gebietsgewinne in Osteuropa durch und sicherte seinen Einfluss in den von der *Roten Armee* eroberten Ländern.

Der amerikanische Präsident tolerierte das sowjetische Vorgehen nicht zuletzt aus innenpolitischen Gründen. Die Öffentlichkeit in den Vereinigten Staaten war zwar zu einem hohen Materialeinsatz bereit, doch benötigte Roosevelt für einen Sieg das rus-

---

1) *Josif W. Dschugaschwili, genannt Stalin (1879-1953), setzte sich nach dem Tod des Revolutionsführers Lenin (1924) als alleiniger Führer der Kommunistischen Partei durch. Er sicherte seine Herrschaft durch Terror, dem Millionen Menschen zum Opfer fielen. Als Stalin starb, war die Sowjetunion neben den USA die zweite Weltmacht.*

sische Landheer und wollte das Bündnis mit der UdSSR auf keinen Fall gefährden. Vor diesem Hintergrund war das Schicksal Deutschlands sowie der Länder Mittel- und Südosteuropas zweitrangig. Absehbare Probleme der Nachkriegszeit wurden aufgeschoben.

Als sich die Regierungschefs der drei Siegermächte nach Ende des Kriegs in Europa noch einmal trafen (*Potsdamer Konferenz*, 17. Juli.-2. August 1945), war das wechselseitige Misstrauen gewachsen. Stalin betrachtete die Einstellung der amerikanischen Pacht- und Leihhilfe als unfreundlichen Akt. Betroffen waren zwar ebenso die anderen Verbündeten der USA, doch die Sowjetunion war auf die amerikanischen Nahrungsmittel- und Gerätelieferungen angewiesen. Der gerade gewählte britische Premierminister *Clement Attlee* äußerte immer stärker Zweifel an der Aufrichtigkeit der sowjetischen Politik. Trotz aller Differenzen setzte der neue amerikanische Präsident *Harry S. Truman*[1] in Potsdam auf ein tragfähiges sowjetisch-amerikanisches Einvernehmen. Er fühlte sich in einer überlegenen Position, da sich die USA seit kurzem im Besitz der Atombombe befanden.

Die Gründung der UNO

Wenn sich Präsident Roosevelt gegenüber sowjetischen Forderungen nachgiebig gezeigt hatte, so auch deshalb, weil er seiner Idee von den *Vereinten Nationen* zum Durchbruch verhelfen wollte. Tatsächlich stimmte die UdSSR in Jalta der Gründung der UNO zu, nachdem sie ein absolutes Vetorecht der Großmächte durchgesetzt hatte. Außerdem sollte die Sowjetunion in dieser Organisation mit drei Stimmen vertreten sein, da die Ukrainische und Weißrussische Sowjetrepublik ebenfalls zu ordentlichen Mitgliedern der Weltorganisation erklärt worden waren. Am 25. Juni 1945 unterzeichneten in San Francisco 51 Staaten die *Charta der United Nations Organization.* Sitz der Vereinten Nationen wurde New York.

Die UNO war nicht mehr wie der Völkerbund in der Zwischenkriegszeit eine Versammlung gleichberechtigter Nationen. Die vier Siegermächte des Weltkriegs einschließlich Frankreichs erhielten zusammen mit China einen herausragenden Status zugebilligt (ständiger Sitz im *Sicherheitsrat*, Vetorecht) und sollten die Rolle des „Weltpolizisten“ spielen. Solange Einigkeit unter den Großmächten herrschte, konnte dieses Konzept aufgehen.

Auch die Weltwirtschaftsordnung trug nach 1945 die amerikanische Handschrift. Bereits auf der *Konferenz von Bretton Woods* (1944) hatte die US-Regierung die Bindung aller Währungen an das Gold und an den Dollar als Leitwährung durchgesetzt. Die Abhängigkeit der Schuldnerländer von amerikanischem Kapital sicherte den Einfluss auf die internationale Wirtschafts- und Finanzpolitik. Der freie Welthandel entsprach nicht nur einer alten liberalen Forderung, sondern nutzte in erster Linie der stärksten Wirtschaftsmacht.

---

[1] Harry S. Truman (1884-1972), Politiker der Demokratischen Partei, kam als Vizepräsident nach dem Tod von Franklin D. Roosevelt am 12. April 1945 ins Amt. 1948 wurde er für eine weitere Amtsperiode bestätigt.

2.6 Aus Kriegsverbündeten werden Rivalen

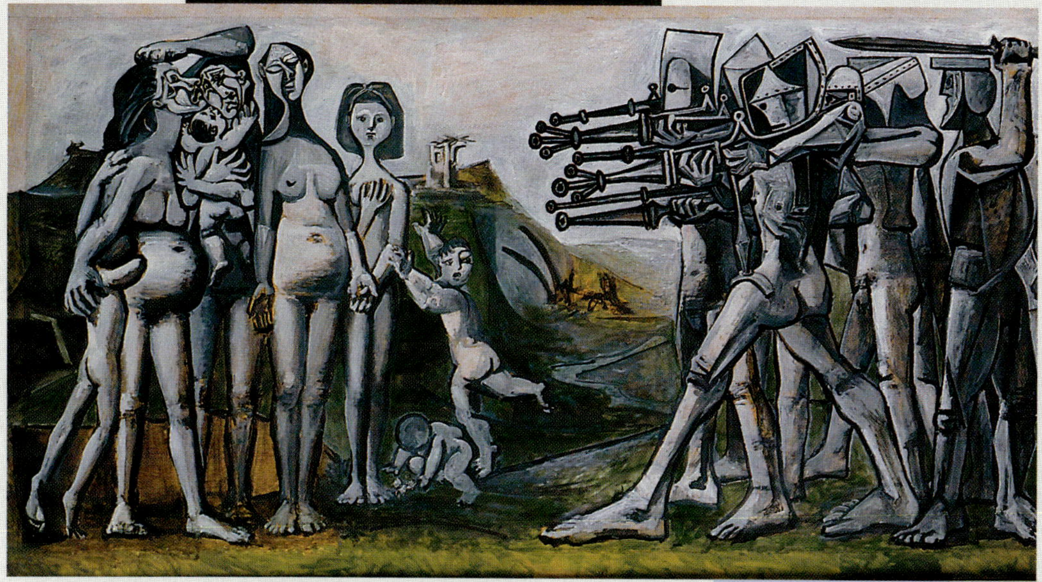

▲ *Im Juli 1950, in den ersten Tagen des Korea-Krieges, erschossen amerikanische Soldaten an der Brücke bei No Gun Ri mehrere Hundert Flüchtlinge, die möglicherweise einige Soldaten verbargen. Der spanische Künstler Pablo Picasso (1881-1973) malte das Bild „Massaker in Korea" 1951.*
Erst in den Neunzigerjahren wurde die moralische Schuld in der amerikanischen Öffentlichkeit diskutiert.

1947
Die Containment-Politik Präsident Trumans will das Vordringen des Kommunismus in der Welt eindämmen

1949
Die Sowjetunion zündet ihre erste Atombombe

1950-1953
Der Korea Krieg erhöht die Verteidigungsbereitschaft der USA und ihrer westlichen Verbündeten

1957
Die Sowjetunion schießt den ersten künstlichen Satelliten ins All

▲ *Ausdehnung des sowjetischen Herrschaftsbereiches in Europa.*

M1
Feindbilder

Am 22. Februar 1946 schickte der damalige Berater des US-amerikanischen Botschafters in Moskau, George F. Kennan, ein 13-seitiges Telegramm nach Washington, das bereits wesentliche Grundsätze der späteren amerikanischen Außenpolitik enthielt.

Die UdSSR lebt immer noch inmitten feindseliger „kapitalistischer Einkreisung", mit der es auf die Dauer keine friedliche Koexistenz geben kann. […] Die Erfordernisse ihrer eigenen vergangenen und gegenwärtigen Position sind es, die die sowjetische Führung dazu zwingen, ein Dogma zu verkünden, nach dem die Außenwelt böse, feindselig und drohend, aber zugleich von einer schleichenden Krankheit befallen und dazu verurteilt ist, von immer stärker werdenden inneren Kämpfen zerrissen zu werden, bis sie schließlich von der erstarkenden Macht des Sozialismus den Gnadenstoß erhält und einer neuen und besseren Welt weicht. Diese These liefert den Vorwand für das Anwachsen von Militär und Polizei im russischen Staat, für die Isolierung der russischen Bevölkerung von der Außenwelt und für die ständigen Versuche, die russische Polizeigewalt noch weiter auszuweiten, alles Dinge, die seit je den natürlichen Instinkten russischer Herrscher entsprechen. […]
Wo es angezeigt und Erfolg versprechend scheint, wird man versuchen, die äußeren Grenzen der Sowjetmacht zu erweitern. Im Augenblick beschränken diese Bemühungen sich auf gewisse Punkte in der Nachbarschaft, die man hier für strategisch notwendig hält […].
Gegenüber Kolonialgebieten und rückständigen oder abhängigen Völkern wird die sowjetische Politik sogar auf amtlicher Ebene das Ziel verfolgen, Macht, Einfluss und Kontakte der hoch entwickelten westlichen Nationen zu schwächen, und zwar unter dem Gesichtspunkt, dass bei einem Erfolg dieser Politik ein Vakuum entstünde, das sowjetisch-kommunistisches Eindringen erleichtern müsste […].

Alles in allem haben wir es mit einer politischen Kraft zu tun, die sich fanatisch zu dem Glauben bekennt, dass es mit Amerika keinen dauernden Modus Vivendi[1)] geben kann, dass es wünschenswert und notwendig ist, die innere Harmonie unserer Gesellschaft, unsere traditionellen Lebensgewohnheiten und das internationale Ansehen unseres Staates zu zerstören, um der Sowjetmacht Sicherheit zu verschaffen [...]. Aber ich möchte meiner Überzeugung Ausdruck geben, dass es in unserer Macht steht, das Problem zu lösen, und zwar ohne uns in einen großen militärischen Konflikt zu flüchten. [...]

Sie (die Sowjetunion) arbeitet nicht nach festgelegten Plänen. Sie geht keine unnötigen Risiken ein. Der Logik der Vernunft unzugänglich, ist sie der Logik der Macht in hohem Maße zugänglich. Daher kann sie sich ohne weiteres zurückziehen – und tut das im Allgemeinen –, wenn sie irgendwo auf starken Widerstand stößt. Wenn also dem Gegner genügend Hilfsmittel zur Verfügung stehen und er die Bereitschaft zu erkennen gibt, sie auch einzusetzen, wird er das selten tun müssen. Wenn die Situation richtig gehandhabt wird, braucht es zu keiner das Prestige verletzenden Kraftprobe zu kommen. [...]

Ich bin überzeugt, dass es in unserem Lande heute viel weniger antisowjetische Hysterie gäbe, wenn unser Volk mit der Situation besser vertraut wäre. Nichts ist so gefährlich oder so schrecklich wie das Unbekannte [...].

Viel hängt von der Gesundheit und Kraft unserer eigenen Gesellschaft ab. Der Weltkommunismus ist wie ein bösartiger Parasit, der sich nur von erkranktem Gewebe nährt. Das ist der Punkt, in dem Innen- und Außenpolitik einander begegnen.

George F. Kennan, Memoiren eines Diplomaten, Band 1, Stuttgart 1968, S. 553 ff.

1. *Vergleichen Sie das Bild, das die UdSSR und die USA jeweils voneinander haben.*
2. *Diskutieren Sie die Parallelen der beiden Bilder.*
3. *Welche außenpolitischen Konsequenzen könnten sich aus Kennans Analyse ergeben haben?*

1) *Modus Vivendi (lat.): Zustand erträglichen Zusammenlebens*

M2

Die Truman-Doktrin

In seiner Rede vor dem amerikanischen Kongress am 12. März 1947 forderte Präsident Truman 400 Millionen Dollar zur Unterstützung Griechenlands und der Türkei, um zu verhindern, dass kommunistische Kräfte im griechischen Bürgerkrieg die Macht an sich rissen. Die bislang eher zahlungsunwillige republikanische Kongressmehrheit bewilligte daraufhin sofort das geforderte Geld.

Eins der ersten Ziele der Außenpolitik der Vereinigten Staaten ist es, Bedingungen zu schaffen, unter denen wir und andere Nationen uns ein Leben aufbauen können, das frei von Zwang ist. Das war ein grundlegender Faktor im Krieg gegen Deutschland und Japan. Wir überwanden mit unserem Sieg Länder, die anderen Ländern ihren Willen und ihre Lebensweise aufzwingen wollten. [...]

In einer Anzahl von Ländern waren den Völkern kürzlich gegen ihren Willen totalitäre Regimes aufgezwungen worden. Die Regierung der Vereinigten Staaten hat mehrfach gegen Zwang und Einschüchterung bei der Verletzung des Jalta-Abkommens in Polen, Rumänien und Bulgarien protestiert. Und weiter muss ich feststellen, dass in einer Anzahl anderer Staaten ähnliche Entwicklungen stattgefunden haben.

Im gegenwärtigen Abschnitt der Weltgeschichte muss fast jede Nation ihre Wahl in Bezug auf ihre Lebensweise treffen. Nur allzu oft ist es keine freie Wahl. Die eine Lebensweise gründet sich auf den Willen der Mehrheit und zeichnet sich durch freie Einrichtungen, freie Wahlen, Garantie der individuellen Freiheit, Rede- und Religionsfreiheit und Freiheit vor politischer Unterdrückung aus.

Die zweite Lebensweise gründet sich auf den Willen einer Minderheit, der der Mehrheit aufgezwungen wird. Terror und Unterdrückung, kontrollierte Presse und Rundfunk, fingierte Wahlen und Unterdrückung der persönlichen Freiheiten sind ihre Kennzeichen.

Ich bin der Ansicht, dass es die Politik der Vereinigten Staaten sein muss, die freien Völker zu unterstützen, die sich der Unterwerfung durch bewaffnete Minderheiten oder durch Druck von außen widersetzen.

Ich glaube, dass wir den freien Völkern helfen müssen, sich ihr eigenes Geschick nach ihrer eigenen Art zu gestalten. [...]
Die Saat der totalitären Regimes gedeiht in Elend und Mangel. Sie verbreitet sich und wächst in dem schlechten Boden von Armut und Kampf. Sie wächst sich vollends aus, wenn in einem Volk die Hoffnung auf ein besseres Leben ganz erstirbt. Wir müssen diese Hoffnung am Leben erhalten. Die freien Völker der Erde blicken auf uns und erwarten, dass wir sie in der Erhaltung der Freiheit unterstützen.

Herbert Michaelis (Hrsg.), Ursachen und Folgen. Vom deutschen Zusammenbruch 1918 und 1945 bis zur staatlichen Neuordnung in der Gegenwart, Band 25, Berlin o. J., S. 148 ff.

1. *Inwiefern signalisiert die Rede Trumans eine fundamentale Neuorientierung der amerikanischen Außenpolitik?*
2. *Vergleichen Sie den neuen Kurs der USA mit der amerikanischen Außenpolitik nach dem Ersten Weltkrieg und der Quarantäne-Rede Roosevelts (▶ S. 92).*
3. *Zeigen Sie den inneren Zusammenhang zwischen Trumans Hilfsangebot und dem Marshall-Plan (▶ S. 111).*

M3
Die Welt ist in zwei Lager geteilt

Der sowjetische Delegierte Shdanow entwickelt bei der Gründung des Kommunistischen Informationsbüros (Kominform) am 30. September 1947 in Warschau Stalins Zwei-Lager-Theorie.

Die Sowjetunion und die demokratischen Länder betrachteten als Hauptziele des Krieges die Wiederherstellung und Festigung der demokratischen Systeme in Europa, die Liquidierung des Faschismus, Verhütung der Möglichkeit einer neuen Aggression Deutschlands und allseitige dauernde Zusammenarbeit der Völker Europas. Die USA, und in Übereinstimmung mit ihnen Großbritannien, setzten sich im Krieg ein anderes Ziel. Beseitigung ihrer Konkurrenten auf dem Weltmarkt (Deutschland und Japan) und Festigung ihrer eigenen Vormachtstellung. Die Meinungsverschiedenheiten in der Zielsetzung des Krieges und der Aufgaben der Nachkriegsgestaltung haben sich in der Nachkriegszeit vertieft. Es bildeten sich zwei einander entgegengesetzte politische Richtungen heraus: auf dem einen Pol die Politik der UdSSR und der demokratischen Länder, die auf Untergrabung des Imperialismus und Festigung der Demokratie gerichtet ist, auf dem anderen die Politik der USA und Großbritanniens, die auf Stärkung des Imperialismus und Drosselung der Demokratie abzielt. Da die UdSSR und die Länder der neuen Demokratie ein Hindernis bei der Durchführung der imperialistischen Pläne des Kampfes um die Weltherrschaft und der Zerschlagung der demokratischen Bewegung sind, wurde ein Kreuzzug gegen die UdSSR und die Länder der neuen Demokratie proklamiert, der auch durch Drohungen mit einem neuen Krieg von Seiten der besonders eifrigen imperialistischen Politiker der USA und Englands bestärkt wird. Auf diese Weise entstanden zwei Lager: das imperialistische, antidemokratische Lager, dessen Hauptziel die Weltherrschaft des amerikanischen Imperialismus und die Zerschlagung der Demokratie ist, und das antiimperialistische und demokratische Lager, dessen Hauptziel die Untergrabung des Imperialismus, die Festigung der Demokratie und die Liquidierung der Überreste des Faschismus ist.

Keesing's Archiv der Gegenwart 1947, S. 1207 f.

1. *Erläutern Sie, welche Länder die Sowjetunion zu den demokratischen Ländern zählt. Erklären Sie den sowjetischen Demokratiebegriff.*
2. *Inwiefern sind die Ausführungen des sowjetischen Delegierten Shdanow eine Antwort auf die Truman-Doktrin?*
3. *Überprüfen Sie die Aussage Shdanows über die Gründe für den Kriegseintritt Großbritanniens und der USA.*
4. *Informieren Sie sich über kommunistische Imperialismustheorien. Erläutern Sie den sowjetischen Imperialismusbegriff.*
5. *Beurteilen Sie die Bedeutung der Zwei-Lager-Theorie für das Verhältnis zwischen Moskau und den kommunistischen Parteien Osteuropas.*

M4
Das NSC 68

Im April 1950 legte Außenminister Dean Acheson Präsident Truman ein geheimes Dossier vor. Das National Security Memorandum No. 68, das seither als das maßgebliche Grundlagenpapier der US-Außenpolitik galt, kommt zu folgenden Empfehlungen:

19a. Die Reduzierung der Macht und des Einflusses der UdSSR auf ein Maß, welches keine weitere Bedrohung für den Frieden, die nationale Unabhängigkeit und Stabilität der Weltfamilie darstellt. [...]

20. Wir sollten uns darum bemühen, unsere Ziele bei der Durchführung nachfolgender Aufgaben ohne Krieg zu erreichen:

a. Die allmähliche Zurücknahme des übertriebenen russischen Machteinflusses im Bereich der traditionellen russischen Grenzen und die Entwicklung der Satellitenstaaten zu von der UdSSR unabhängigen Einheiten zu fördern und zu unterstützen.

b. Unter den russischen Völkern die Entwicklung von Haltungen zu fördern, die dazu beitragen könnten, die gegenwärtige sowjetische Haltung zu ändern [...].

c. Den Mythos auszurotten, durch den Völker außerhalb des sowjetischen Militärbereichs in einer Position der Unterwürfigkeit gegenüber Moskau gehalten werden, und die Welt schließlich dazu zu veranlassen, die wahre Natur der UdSSR und des Weltkommunismus [...] zu sehen und zu verstehen und ihr gegenüber eine logische und realistische Haltung einzunehmen. [...]

21. Das Erreichen dieser Ziele erfordert, dass

a. die USA einen Status der militärischen Bereitschaft entwickeln, welcher solange aufrecht erhalten werden kann, wie eine Abschreckung gegenüber der sowjetischen Aggression notwendig ist, als unverzichtbare Unterstützung unserer politischen Haltung gegenüber der UdSSR, als eine Quelle der Ermutigung gegenüber Nationen, die sich der sowjetischen politischen Aggression entgegenstellen und als eine geeignete Basis einer sofortigen militärischen Verantwortung und einer schnellen Mobilisierung im unvermeidlichen Kriegsfalle.

b. Eine Absicherung der inneren Sicherheit der Vereinigten Staaten gegenüber Gefahren von Sabotage, Subversion und Spionage.

▲ *„Es wird hier dauernd von Frieden gesprochen – meine Herren, der Friede bin ich!“*
Die Karikatur „Das Veto der Bombe“ von H. M. Brockmann wurde am 19. Mai 1956 im „Simplicissimus“ veröffentlicht.

c. Die Steigerung unseres wirtschaftlichen Potenzials [...].

d. Eine Stärkung der Orientierung der nichtsowjetischen Nationen in Richtung der Vereinigten Staaten; und die Hilfe gegenüber solchen Nationen, die in der Lage und bereit sind, einen wichtigen Beitrag für die US-Sicherheit zu leisten, indem ihre wirtschaftliche und politische Stabilität vergrößert und die militärischen Voraussetzungen geschaffen werden.

e. Das Ausüben des größtmöglichen Drucks auf die sowjetische Machtstruktur, insbesondere jedoch auf die Beziehungen zwischen Moskau und seinen Satellitenstaaten.

f. Eine vollkommene Aufklärung der amerikanischen Öffentlichkeit in Hinblick auf die Bedrohung unserer nationalen Sicherheit, so dass diese bereit ist, die Maßnahmen, die wir in diesem Zusammenhang ergreifen müssen, zu unterstützen. [...]

Unsere Position als Zentrum der Macht in der freien Welt legt der US-Führung eine immense Verantwortung auf. Wir müssen die Energien und Ressourcen der freien Welt in einem positiven Friedensprogramm organisieren und gewinnen, welches die Absichten des Kreml zur Anpassung zwingt. Ohne ein solches gemeinschaftliches Bemühen unter der Führung der Vereinigten Staaten werden wir uns unter Druck allmählich zurückziehen müssen, bis wir eines Tages entdecken, dass wir Positionen von lebenswichtigem Interesse geopfert haben. [...]

Die Durchführung eines solchen Aufbaus erfordert jedoch ein Programm der USA, welches über ein

bloßes defensives Programm gegenüber der sowjetischen Bedrohung hinausgeht.
Dieses Programm muss den Weg zum Frieden und zur Ordnung unter den Nationen in einem System basierend auf Freiheit und Gerechtigkeit aufzeigen, wie dies in der Charta der Vereinten Nationen gesehen wird. Weiterhin muss es die politischen und wirtschaftlichen Maßnahmen vorsehen, mit denen und hinter deren militärischen Schild die freie Welt arbeiten kann, um den Kreml zu schwächen durch die Strategie eines Kalten Krieges; denn jede Überlegung der Treue gegenüber unseren fundamentalen Wertvorstellungen und unserer nationalen Sicherheit gebietet es, dass wir unsere Ziele durch die Strategie des Kalten Krieges erreichen, indem wir unsere militärische Stärke ausbauen, in der Hoffnung, sie möge nicht zum Einsatz kommen. Der einzig wahre Sieg liegt in der Schwächung des Kreml durch eine ständige Entwicklung der moralischen und materiellen Stärke der freien Welt und ihre Projektion in die sowjetische Welt, damit auf diese Weise ein interner Wandel im sowjetischen System vonstatten gehen kann. [...]
Dieses Programm sollte einen Verhandlungsplan mit der Sowjetunion enthalten, der, zusammen mit unseren Alliierten entwickelt und abgestimmt, mit unseren Zielen in Einklang steht. Die Vereinigten Staaten und ihre Alliierten, insbesondere Großbritannien und Frankreich, sollten immer darauf vorbereitet sein, mit der Sowjetunion unter Einhaltung unserer Zielsetzungen zu verhandeln. [...]
Der ganze Erfolg des vorgeschlagenen Programms hängt letztlich von der Erkenntnis dieser Regierung, des amerikanischen Volkes und aller freien Völker ab, dass der Kalte Krieg tatsächlich ein wirklicher Krieg ist, in welchem das Überleben der freien Welt auf dem Spiel steht.

Foreign Relations of the United States 1950, Band I, Washington 1977, S. 289 ff. (Übers.: Dorothee Hartmann-Vincken)

1. *Arbeiten Sie heraus, wie sich die allgemein beschriebenen „Gegenmaßnahmen" der US-Politik konkret auswirken konnten. Stellen Sie dabei Bedeutung und Grenzen militärischer Mittel fest.*
2. *Vergleichen Sie das Dokument mit Roosevelts Version der „einen Welt". Zeigen Sie, welche Abweichungen deutlich werden.*

M5

Die neue Verantwortung der Großmächte

Anlässlich einer Konferenz 1955 in Genf sprachen die vier Siegermächte des Zweiten Weltkriegs erstmals über gemeinsame Abrüstungsanstrengungen. Der Journalist Walter Lippmann kommentierte in der „New York Herald Tribune":

Was sich ereignet hat, ist, wie ich denke, dass bei bis jetzt unveränderter Politik in dem Konflikt die Bedeutung der offenen Fragen zwischen den beiden Ländern überprüft, dann herabgesetzt und schließlich entwertet wurde. Beide Regierungen, welche von einer steigenden öffentlichen Meinung vorwärts und rückwärts getrieben werden, sind zu dem Entschluss gekommen, dass die spezifischen offenen Fragen – Deutschland, China, Formosa, die Satelliten, Vietnam, die Basen – nicht von einer solch vitalen Bedeutung sind, dass sie mit dem Risiko eines Atomkrieges gelöst werden müssten. Beide Länder können leben, sie leben auch in der Tat, ohne dass diese offenen Fragen gelöst sind. Ein jedes würde es natürlich vorziehen, sie nach den eigenen Bedingungen zu lösen. Aber sie wollen lieber höflich über die Fragen reden und abwarten, als das Risiko eines Krieges auf sich nehmen.
Diese Entwertung – die Minderbewertung der Politik und die Höherbewertung der Kriegsgefahr – ereignete sich in Westeuropa vor mehr als zwei Jahren. Sie wurde von Churchill deutlich ausgesprochen. Sein Aufruf zu einem Treffen auf höchster Ebene vom Mai 1953 wurde von der Überzeugung geleitet, dass die Staatsmänner, wenn sie einmal erfasst hätten, was die Atomwaffen bedeuten (denn sie hatten dies damals noch nicht erfasst), in der Vermeidung des Krieges übereinstimmen müssten. Wieder einmal hat sich der große alte Mann als wahrer Prophet erwiesen. In den beiden vergangenen Jahren trat dieses Erfassen bei beiden ein, den Russen und Amerikanern, und hat nicht so sehr die spezifischen Bedingungen, sondern den Geist ihrer Politik in dem Konflikt tief beeinflusst.
Dieses Erfassen hat auch die Ausbalancierung politischer Kräfte innerhalb eines jeden Landes tief beeinflusst. Es wird in den öffentlichen Dokumenten kundgetan, dass in dem sowjetischen militärischen Denken ein großer Wechsel eingetreten ist, auf Grund einer neuen und eben erst erfolgten Ein-

◀ *Abschluss des Gipfeltreffens im Juli 1955 in Genf: die vier Regierungschefs Nikolai Bulganin (UdSSR), Dwight D. Eisenhower (USA), Edgar Faure (Frankreich) und Anthony Eden (Großbritannien).*

schätzung der Atomwaffen. Es ist außerdem deutlich, dass die sowjetische Außenpolitik tief, vielleicht sogar direkt von den neu geschulten militärischen Führern der Sowjetunion beeinflusst ist. In den Vereinigten Staaten war es neben den direkten Gründen des Zusammenbruchs des McCarthyismus[1] und des Zurückgehens der Kriegspartei die Einsicht des Volkes, dass ein moderner Krieg nicht geduldet werden kann. Präsident Eisenhower stand immer in Opposition zur Kriegspartei. Aber sogar noch zu einem so späten Zeitpunkt wie dem letzten Januar widerstand er ihr nur unter Schwierigkeiten und sah sich gezwungen, sie beträchtlich zu beruhigen. In jedem Falle hatte Eisenhower dieses ganze Land hinter sich, seit die Sowjets zu zeigen begannen, dass auch sie sich vor dem Kriege fürchteten. Er konnte nach Genf gehen mit dem höchsten Anliegen der Vermeidung eines Krieges.

Keesing's Archiv der Gegenwart, XXV. Jahrgang, Essen 1955, S. 5289

1. *Erläutern Sie, wodurch sich die „Spielregeln" der Außenpolitik geändert haben.*
2. *Vergleichen Sie den Kommentar mit M 4. Prüfen Sie, ob die amerikanische Regierung ihre eigene Doktrin befolgt.*

---

1) *McCarthyismus: Der republikanische Senator Joseph McCarthy verfolgte von 1950 bis 1954 eine aggressive „Säuberungspolitik" gegen vermeintliche kommunistische Umtriebe in den USA, siehe dazu Seite 132.*

M6

Der Sputnik-Schock

Die sowjetrussische Nachrichtenagentur TASS veröffentlichte am 5. Oktober 1957 folgende Mitteilung:

Infolge der großangelegten angestrengten Arbeit von wissenschaftlichen Forschungsinstituten und Konstruktionsbüros ist ein künstlicher Erdsatellit, der erste in der Welt, geschaffen worden. Am 4. Oktober 1957 wurde in der Sowjetunion der erste Satellit erfolgreich aufgelassen. Nach vorläufigen Angaben hat die tragende Rakete dem Satelliten die erforderliche Fluggeschwindigkeit von etwa 8 000 Metern in der Sekunde verliehen. Jetzt beschreibt der Satellit elliptische Flugbahnen um die Erde, und seinen Flug kann man [...] mit Hilfe einfachster optischer Instrumente (Feldstecher, Fernrohre usw.) beobachten. [...]
Durch das erfolgreiche Auflassen des ersten von Menschenhand geschaffenen Erdsatelliten wird ein kolossaler Beitrag zu den Schätzen der Weltwissenschaft und Kultur geleistet. Das in so großer Höhe angestellte wissenschaftliche Experiment ist von kolossaler Bedeutung für die Erkenntnis der Beschaffenheit des Weltraums und die Erforschung der Erde als Planeten des Sonnensystems. [...]
Die künstlichen Erdsatelliten bahnen den Weg zu interplanetaren Flügen, und unseren Zeitgenossen wird es offenbar gegönnt sein, zu erleben, wie dank der befreiten und bewussten Arbeit der Menschen der neuen sozialistischen Gesellschaft die kühnsten Träume der Menschheit Wirklichkeit werden.

▲ *Die amerikanische Öffentlichkeit zeigte sich so beeindruckt vom Erfolg des Sputnik, dass das große Nachrichtenmagazin TIME den sowjetischen Parteichef Nikita Chruschtschow (1894-1971) zum „Mann des Jahres“ erklärte.*

Die „New York Herald Tribune“ schrieb am 6. Oktober 1957 in einem Leitartikel:

Das ist eine ernüchternde Nachricht. Das ist in der Tat eine sehr schwer wiegende Nachricht, etwas, was jeden Bürger unserer Nation aus der pfennigfuchsenden, die Dinge leicht nehmenden Stimmung erwecken sollte, in welche die Regierung, der Kongress und das ganze Land verfallen sind. Das ist ein Triumph des Menschen über den Weltraum und eine Errungenschaft für die ganze menschliche Rasse, welche die amerikanischen Wissenschaftler, als sie ihren sowjetischen Besuchern in Washington Adieu sagten, dazu veranlasste, ihre Glückwünsche auszusprechen in einer Mischung aus freudiger Erregung und Bestürzung – freudiger Erregung darüber, dass die Brüderschaft der Wissenschaft in der Welt einen Satelliten gestartet hat, Bestürzung darüber, dass die kommunistische Welt die freie Welt hierbei geschlagen hat. In ihrer Bestürzung anerkannten sie die nüchterne Tatsache als das, was sie ist – als eine schwere Niederlage für Amerika.

Das Ausmaß der Größe dieser Niederlage liegt in der Tatsache, dass die größte wissenschaftliche Entdeckung aller Zeiten vor dieser, die Freisetzung der Atomenergie, durch die Bereitstellung unbegrenzter amerikanischer Mittel und die besten wissenschaftlichen Gehirne vieler Nationen vollbracht wurde. Dieser Erfolg kennzeichnete die Überlegenheit der Vereinigten Staaten in der Welt auf dem Gebiete wissenschaftlicher Forschung und Entwicklung. Der Sowjetsatellit bedeutet, dass wir diese Überlegenheit verloren haben. Der Grund, warum dies geschah, ist ebenfalls klar: Die Sowjetunion erlaubt nicht, dass irgendetwas die erste Priorität wissenschaftlicher Forschung stört. Wie zu Besuch weilende amerikanische Wissenschaftler vor einigen Monaten feststellten, ist es nicht so, dass den sowjetischen Wissenschaftlern vorgeschrieben wird, mit wie viel Geld sie sich abquälen müssen. Sie werden gefragt, wie viel sie brauchen und ebenso viel wird ihnen gegeben zu Lasten jedes anderen Segments der versklavten Gemeinschaft. Die sowjetischen Wissenschaftler arbeiten unter dem Mantel der totalen nationalen Diktatur und leiden darunter, wie alle Wissenschaftler unter einem Verlust von Freiheit leiden, aber innerhalb ihres eigenen Fachgebiets ist ihnen keine andere Grenze gesetzt als der Himmel, und seit Freitag nicht einmal das.

Keesing's Archiv der Gegenwart, S. 6675 und 6683

1. *Erläutern Sie, warum die Sowjetunion den Sputnik als großen Erfolg feiert.*
2. *Nennen Sie Gründe dafür, dass sich die US-amerikanische Presse betroffen zeigt.*
3. *Diskutieren Sie, warum der Wettlauf ins All von beiden Seiten als ein Wettstreit der verschiedenen Regierungssysteme interpretiert wird.*
4. *Vergleichen Sie die drei Pressetexte in M 5 und M 6 hinsichtlich ihrer Abhängigkeit vom aktuellen Kontext.*

Containment contra „Zwei-Lager-Theorie“

US-Präsident Harry S. Truman beeilte sich nach Kriegsende mit dem Abbau der Streitkräfte. Damit folgte er der isolationistischen Grundhaltung des Landes. Gleichzeitig setzte die Sowjetunion in den von der Roten Armee eroberten Ländern im östlichen Europa kompromisslos ihr eigenes Staats- und Gesellschaftssystem durch und verfolgte auch in anderen Teilen der Welt einen aggressiven Kurs. Truman korrigierte deshalb die auf enge Zusammenarbeit mit der UdSSR angelegte Außenpolitik Roosevelts. Ab 1947 gingen die USA zu einer Politik der *Eindämmung (containment)* über (➧ M 1, M 2).

Auf die so genannte *Truman-Doktrin* vom 12. März 1947 reagierte Stalin Ende September mit der Gründung des *Kommunistischen Informationsbüros (Kominform)*, das die weltweite Steuerung der kommunistischen Parteien unter Führung der KPdSU zur Aufgabe hatte. Von nun an galt die *„Zwei-Lager-Theorie“*, der zufolge das sozialistische Weltlager in einer unerbittlichen Konfrontation zum westlichen Imperialismus stand (➧ M 3).

Der „Eiserne Vorhang“[1] in Europa

Um die drohende ökonomische Zerrüttung und politische Destabilisierung in Europa zu verhindern und einem wachsenden politischen Druck der Sowjetunion entgegenzuarbeiten, entwickelte die Truman-Administration ein umfassendes europäisches Wiederaufbauprogramm (*Marshall-Plan*). Zwischen 1948 und 1952 verteilten die USA rund 14 Milliarden Dollar an 16 europäische Länder. Die Sowjetunion verbot den Ländern ihres Einflussbereichs die Annahme des amerikanischen Angebots. Die planwirtschaftlich umorganisierten Volkswirtschaften Ostmitteleuropas mussten sich an den Moskauer Bedürfnissen orientieren.

Die Spaltung Europas in zwei (Wirtschafts-)Blöcke spitzte sich 1948/49 zu, als Stalin die Zufahrt nach *West-Berlin* sperrte. Ein knappes Jahr lang versorgten die USA daraufhin den Stadtteil mit Flugzeugen. Über die „Luftbrücke“ flogen sie bis zu 7 000 Tonnen Lebensmittel und Brennstoff täglich ein. Stalin erreichte letztlich nur einen engeren Zusammenschluss der USA und der Staaten Westeuropas, dem sich bald auch der 1949 gegründete westdeutsche Teilstaat Bundesrepublik Deutschland annäherte.

In einer dramatischen Abkehr von der traditionellen amerikanischen Außen- und Sicherheitspolitik erteilte der Kongress der USA-Regierung das Recht, auch in Friedenszeiten Bündnisse abzuschließen. Am 4. April 1949 wurde die *NATO (North Atlantic Treaty Organization)* durch zehn europäische Staaten (Belgien, Dänemark, Frankreich, Großbritannien, Italien, Island, Luxemburg, Niederlande, Norwegen, Portugal) sowie die USA und Kanada gegründet (1955 trat die Bundesrepublik Deutschland der NATO bei). Die US-Diplomatie orientierte sich neu (➧ M 4).

Der Korea-Krieg (1950-1953)

In Ostasien war Korea 1948 in eine kommunistische Volksdemokratie im Norden und einen westlich orientierten Teilstaat im Süden geteilt worden. Am 25. Juni 1950 überfielen Streitkräfte Nordkoreas den Süden. Der nordkoreanische Angriff wurde im Westen als Beweis für die Aggressivität des internationalen Kommunismus und als Bedrohung

---

[1] *Winston Churchill sprach am 5. März 1946 in Fulton (USA) erstmals von einem „Eisernen Vorhang“, der Europa geteilt habe.*

der gesamten freien Welt aufgefasst. Der Sicherheitsrat der UNO entsandte Truppen aus 15 Nationen.
Die UNO-Streitkräfte unter dem Oberbefehl des US-Generals *MacArthur* eroberten Südkorea zurück und setzten ihre Operationen auf nordkoreanischem Gebiet bis zur chinesischen Grenze fort. Die erfolgreiche Gegenoffensive starker chinesischer Truppen wollte MacArthur notfalls mit dem Abwurf von Atombomben auf militärische Ziele in der Mandschurei beantworten. Daraufhin wurde der in den USA populäre General abberufen, denn Präsident Truman wollte keine Ausweitung des Krieges. Nach zweijährigen Waffenstillstandsverhandlungen wurde die ursprüngliche Grenze zwischen beiden Landesteilen entlang des 38. Breitengrades bestätigt.
Die weltpolitische Bedeutung des Korea-Krieges lag darin, dass die amerikanische Öffentlichkeit jetzt die militärische Aufrüstung ihres Landes und die dauernde militärische Präsenz in Europa akzeptierte. Der Kongress erhöhte die Verteidigungsausgaben, die zwischen 1946 und 1950 von 43 Milliarden Dollar auf 13 Milliarden gesenkt worden waren, 1951 wieder auf 48 Milliarden Dollar. Politiker und Öffentlichkeit waren davon überzeugt, erneut Freiheit und Demokratie gegen eine totalitäre Gefahr verteidigen zu müssen. Nur die Rollen von „Gut" und „Böse" auf der Welt vergab das amerikanische Publikum neu. Wenige Jahre nach Beendigung des Zweiten Weltkriegs war ein *Kalter Krieg* zwischen der kommunistischen Ideologie der „Weltherrschaft" und dem amerikanischen Sendungsbewusstsein ausgebrochen.

Im Schatten der Atombombe

Unter Außenminister *John Foster Dulles* trat an die Stelle der Strategie der Eindämmung die aktive Politik der „Zurückdrängung" (*roll back*) des internationalen Kommunismus. Die offizielle Doktrin erwies sich als wirkungslos: Bei Aufständen in der DDR (1953), in Polen und Ungarn sowie bei der Suez-Krise (1956) blieb die US-Diplomatie darauf bedacht, keine militärische Auseinandersetzung mit der UdSSR zu riskieren. Die Gefahr eines selbstzerstörerischen Nuklearkriegs schien eine stillschweigende Übereinkunft zwischen den Atommächten geschaffen zu haben (▶ M 5).
Als es der Sowjetunion 1957 gelang, mit dem „Sputnik" den ersten künstlichen Satelliten auf eine Erdumlaufbahn zu bringen, zeigten sich die USA verunsichert (▶ M 6). Das Sowjet-Regime schien den technischen Rückstand aufgeholt zu haben.

2.7 Die Grenzen der Supermacht – Höhepunkte des Kalten Krieges

1961
Bau der Berliner Mauer

1962
Während der Kuba-Krise steht die Welt am Rande eines Atomkriegs

1965–1975
Die US-Politik scheitert im Vietnam-Krieg: Ganz Vietnam wird kommunistisch

▲ *Filmplakat von 1963. Dieser aufwendig gestaltete Agentenfilm brachte den Kalten Krieg auch ins Kino.*

▲ *„Ok, Mr. President, wir reden miteinander." Karikatur aus der britischen Zeitung „Daily Mail" von 1962; das „H" auf den Bomben ist das Zeichen für Wasserstoff.*

M1

Die Lösung der Kuba-Krise

Als die UdSSR 1962 Mittelstreckenraketen auf Kuba in Stellung brachte, verhängten die USA eine Seeblockade. Daraufhin schrieb der sowjetische Staatschef Nikita Chruschtschow am 26. Oktober an den amerikanischen Präsidenten John F. Kennedy:

Ich versichere Ihnen im Namen der sowjetischen Regierung und des sowjetischen Volkes, dass Ihre Schlussfolgerungen in Bezug auf Offensivwaffen auf Kuba vollkommen unbegründet sind. […]

Wie können Sie also diese völlig falsche Interpretation geben, die Sie jetzt verbreiten, dass einige Waffen in Kuba Offensivwaffen sind, wie Sie sagen? Alle Waffen dort – das versichere ich Ihnen – sind defensiver Art; sie sind ausschließlich zu Verteidigungszwecken in Kuba gedacht, und wir haben sie auf Bitten der kubanischen Regierung nach Kuba entsandt. Und Sie behaupten, es seien Offensivwaffen. […]

Sie haben nun piratenhafte Maßnahmen der Art angekündigt, die man im Mittelalter praktiziert hat, als man Schiffe überfiel, die internationale Gewässer befuhren; und Sie haben das eine „Quarantäne" um Kuba genannt. Unsere Schiffe werden wahrscheinlich bald die Zone erreichen, in der Ihre Kriegsmarine patrouilliert. Ich versichere Ihnen, dass die Schiffe, die gegenwärtig nach Kuba unterwegs sind, die harmlosesten, friedlichsten Ladungen an Bord haben. […]

Lassen Sie uns deshalb vernünftig sein, Herr Präsident. Ich versichere Ihnen, dass die Schiffe, die nach Kuba unterwegs sind, keinerlei Rüstungsgüter an Bord haben. Die Waffen, die zur Verteidigung Kubas notwendig sind, sind bereits dort. Ich will nicht behaupten, dass es überhaupt keine Waffenlieferungen gegeben hat. Nein, es hat solche Lieferungen gegeben. Aber nun hat Kuba die notwendigen Verteidigungswaffen bereits erhalten. […]

Wenn der Präsident und die Regierung der Vereinigten Staaten zusichern würden, dass die Vereinigten Staaten sich selbst nicht an einem Angriff auf Kuba beteiligen werden und andere von einem solchen Vorgehen abhalten; wenn Sie Ihre Kriegsmarine zurückrufen würden – das würde sofort alles ändern. […] Das würde auch das Herangehen an die Frage ändern, nicht nur die Waffen zu vernichten, die Sie Offensivwaffen nennen, sondern auch alle anderen Arten von Waffen. […]

Lassen Sie uns deshalb staatsmännische Klugheit beweisen. Ich schlage vor: Wir erklären unsererseits, dass unsere Schiffe mit Kurs auf Kuba keine Waffen an Bord haben. Sie erklären, dass die Vereinigten Staaten weder mit eigenen Truppen eine Invasion in Kuba durchführen werden noch andere Truppen unterstützen werden, die eine Invasion in Kuba planen könnten. Damit hätte sich die Präsenz unserer Militärexperten in Kuba erübrigt.

Kennedy antwortete Chruschtschow am 27. Oktober 1962:

Sehr geehrter Herr Vorsitzender,

Ich habe Ihren Brief vom 26. Oktober mit großer Sorgfalt gelesen und begrüße Ihre Absichtserklärung, eine sofortige Lösung des Problems anzustreben. Was jedoch als erstes getan werden muss, ist, die Arbeit an den offensiven Raketenstützpunkten in Kuba einzustellen und alle Waffensysteme in Kuba, die sich offensiv einsetzen lassen, zu entschärfen, und dies unter angemessenen Vorkehrungen der Vereinten Nationen.

Unter der Voraussetzung, dass dies umgehend geschieht, habe ich meinen Vertretern in New York Anweisungen erteilt, die es ihnen ermöglichen, an diesem Wochenende […] eine Einigung über eine dauerhafte Lösung der Kuba-Frage zu erarbeiten, die sich an den Vorschlägen in Ihrem Brief vom 26. Oktober orientiert. Wie ich Ihren Brief verstanden habe, enthalten Ihre Vorschläge […] folgende Schlüsselelemente:

1) Sie würden sich bereit erklären, diese Waffensysteme unter angemessener Beobachtung und Überwachung der Vereinten Nationen abzuziehen, und sich verpflichten, geeignete Sicherheitsvorkehrungen vorausgesetzt, die weitere Einfuhr solcher Waffensysteme nach Kuba zu unterbinden.

2) Wir unsererseits würden uns bereit erklären – nachdem die Vereinten Nationen geeignete Vorkehrungen getroffen haben, die Erfüllung und Einhaltung dieser Verpflichtungen sicherzustellen –,

a) die Quarantäne-Anordnungen, die derzeit gelten, umgehend aufzuheben; und

b) Garantien gegen eine Invasion Kubas zu geben.

[...] Wenn Sie Ihren Vertretern entsprechende Anweisungen erteilen, gibt es keinen Grund, weshalb wir nicht in der Lage sein sollten, diese Vereinbarungen innerhalb einiger Tage zustande zu bringen und sie der Welt bekannt zu geben. Die Wirkung, die eine solche Klärung für den Abbau der Spannungen in der Welt hätte, würde es uns ermöglichen, auf eine umfassendere Vereinbarung über „andere Rüstungen" hinzuarbeiten, wie Sie es in Ihrem zweiten Brief vorschlagen, den Sie veröffentlicht haben. Ich möchte noch einmal erklären, dass die Vereinigten Staaten sehr daran interessiert sind, die Spannungen abzubauen und den Rüstungswettlauf zu beenden; und sollte Ihr Brief signalisieren, dass Sie bereit sind, Gespräche über eine Entspannung bezüglich der NATO und des Warschauer Paktes zu führen, sind wir gerne bereit, mit unseren Verbündeten über jeden sachdienlichen Vorschlag nachzudenken.

Doch der erste wesentliche Schritt – lassen Sie mich dies betonen – ist die Einstellung der Arbeiten an den Raketenstützpunkten in Kuba und das Einleiten von Maßnahmen, diese Waffen zu entschärfen, und zwar unter wirksamen internationalen Garantien.

Bernd Greiner, Kuba-Krise. 13 Tage im Oktober, Nördlingen 1988, S. 319 ff. und 382 f.

1. *Arbeiten Sie die zentralen Argumente der Sowjetunion heraus und bewerten Sie diese.*
2. *Mit welchen Formulierungen deutete sich ein Nachgeben der sowjetischen Seite an?*
3. *Welche Strategien entwickelte US-Präsident Kennedy, um die Situation zu entschärfen?*

M2

Hilfe für Vietnam

Seit 1961 war Vietnam ein weiterer Schauplatz des Kalten Krieges. Präsident Lyndon B. Johnson beschloss, massiv zu intervenieren, und erläuterte am 7. April 1965 in der Johns Hopkins University (Baltimore) die Motive seines Vorgehens.

Über diesem Krieg und über ganz Asien liegt der tiefer werdende Schatten des kommunistischen China. Die Machthaber in Hanoi werden von Peking angetrieben. Dies ist ein Regime, das die Freiheit in Tibet zerstört hat, Indien attackiert hat und das durch die Vereinten Nationen wegen der Aggression in Korea verurteilt worden ist. Dies ist eine Nation, die die Kräfte der Gewalt in beinahe jedem Kontinent unterstützt. Der Kampf in Vietnam ist Teil eines weit reichenden Musters aggressiver Zielsetzung.

Was gehen uns diese Realitäten an? Warum sind wir in Südvietnam? Wir sind dort, weil wir ein Versprechen zu halten haben. Seit 1954 hat jeder amerikanische Präsident dem Volk von Südvietnam Unterstützung gewährt. Wir haben geholfen aufzubauen und wir haben geholfen zu verteidigen. Auf diese Art haben wir viele Jahre lang ein nationales Versprechen gegeben, Südvietnam zu helfen, seine Unabhängigkeit zu verteidigen. Und ich beabsichtige, unser Versprechen zu halten.

Dieses Versprechen zu missachten, diese kleine und tapfere Nation ihrem Feind auszuliefern und dem Terror, der folgen würde, würde ein unverzeihlicher Fehler sein.

Wir sind auch dort, um die Weltordnung zu stärken. Rund um den Globus, von Berlin bis Thailand gibt es Menschen, deren Wohlbefinden zum Teil darauf beruht, dass sie auf uns zählen können, wenn sie angegriffen werden. Würden wir Vietnam seinem Schicksal überlassen, wäre das Vertrauen all dieser Menschen in den Wert des amerikanischen Engagements, den Wert des Wortes Amerikas erschüttert. Das Resultat wäre steigende Unruhe und Instabilität und sogar weiter reichender Krieg.

Wir sind auch dort, weil sehr viel auf dem Spiel steht. Niemand soll auch nur einen Moment daran denken, dass der Rückzug von Vietnam ein Ende des Konfliktes bringen würde. Der Kampf würde

▲ *Amerikanische „Militärberater" 1964 in Südvietnam.*

in diesem und dann in einem anderen Land wieder aufbrechen. Die wesentliche Lehre unserer Zeit ist die, dass der Appetit auf Aggression niemals gestillt ist. Sich aus einem Kampffeld zurückzuziehen bedeutet nur, sich für das nächste vorzubereiten. Wir müssen in den Worten der Bibel in Südostasien das sagen, was wir auch in Europa gesagt haben: „Bis hierher sollst Du kommen, aber nicht weiter." [...]

Es gibt jene, die sich wundern, warum wir eine Verantwortung dort haben. Wir haben sie aus demselben Grund, aus dem wir eine Verantwortung für die Verteidigung der Freiheit in Europa haben. Der Zweite Weltkrieg ist sowohl in Europa wie auch in Asien gekämpft worden, und als er endete, fanden wir uns selbst mit fortgesetzter Verantwortung für die Verteidigung der Freiheit.

Unser Ziel ist die Unabhängigkeit von Südvietnam und seine Freiheit von Angriffen. Wir wollen nichts für uns selbst, nur dass es den Menschen von Südvietnam gestattet sein möge, ihr eigenes Land auf ihre Weise zu führen.

Wir werden alles Notwendige tun, um dieses Ziel zu erreichen. Und wir werden nur das tun, was absolut notwendig ist.

In den vergangenen Monaten sind die Angriffe auf Südvietnam gesteigert worden. Somit ist es notwendig geworden, unsere Gegenmaßnahmen zu steigern und Luftangriffe vorzunehmen. Dies ist kein Wechsel des Zweckes. Es ist ein Wechsel in dem, was wir glauben, dass der Zweck erfordert. Wir tun dies, um die Aggression zu vermindern.

Herbert Schambeck, Helmut Widder und Marcus Bergmann (Hrsg.), Dokumente zur Geschichte der Vereinigten Staaten von Amerika, Berlin 1993, S. 583 ff.

1. *Nennen Sie die Gründe Johnsons für die Kriegführung in Vietnam.*
2. *Erläutern Sie das Selbstverständnis der USA, das sich in der Rede spiegelt. Vergleichen Sie mit den Begründungen zu den amerikanischen Eintritten in den Ersten und Zweiten Weltkrieg (➧ S. 68, 92 und 99).*
3. *Diskutieren Sie die Glaubwürdigkeit der Argumentation.*

M3

Machtpolitik im Ausland oder vollkommene Demokratie zu Hause?

William Fulbright war lange der einflussreiche Vorsitzende des Außenpolitischen Ausschusses im Senat. Dort hielt er am 8. August 1967 eine Rede.

Gegenwärtig ist ein großer Teil der Welt abgestoßen von Amerika und dem, wofür Amerika in der Welt zu stehen scheint. Sowohl in unseren auswärtigen Angelegenheiten wie in unserem Leben daheim vermitteln wir ein Bild der Gewalttätigkeit. [...] In der Ferne sind wir in einen barbarischen und erfolglosen Krieg gegen arme Leute einer kleinen und rückständigen Nation verwickelt. Zu Hause – weitgehend aus Nachlässigkeit infolge von 25 Jahren vorwaltender Beschäftigung mit fremden Angelegenheiten – bersten unsere Städte in gewaltsamem Protest gegen Generationen sozialen Unrechts. Amerika, das noch vor ein paar Jahren der Welt ein Muster an Demokratie und sozialer Gerechtigkeit schien, ist ein Symbol für Gewaltsamkeit und disziplinlose Macht geworden. [...] Mit unserer undisziplinierten Anwendung physischer Gewalt haben wir uns selbst einer stärkeren Macht entkleidet: der Macht des Vorbildes [...].
Während der Tribut an Toten in Vietnam steigt, steigt er auch im Krieg zu Hause. In einer einzigen Woche des Juli 1967 wurden in Vietnam 164 Amerikaner getötet und 1442 verwundet, während bei Unruhen in Städten der Vereinigten Staaten 65 Amerikaner getötet und 2100 verwundet wurden. Wir führen wahrhaftig einen Zweifrontenkrieg und führen ihn an beiden schlecht. Jeder der beiden Kriege zehrt vom anderen, und obwohl uns der Präsident versichert, wir hätten die Mittel, beide zu gewinnen, gewinnen wir faktisch keinen von beiden.

Erich Angermann, Die Vereinigten Staaten von Amerika als Weltmacht, Stuttgart 1987, S. 77

1. *Beschreiben Sie das Dilemma, in dem Fulbright die amerikanische Politik sieht.*
2. *Erläutern Sie die Auswirkungen des Vietnamkriegs auf die ungelösten innenpolitischen Probleme der Vereinigten Staaten.*

M4

Vietnam – Wendepunkt der US-Politik

Detlef Junker beschäftigte sich als Direktor des Deutschen Historischen Instituts in Washington besonders mit der Geschichte der USA.

Die moralische und geistige Revolte gegen den Vietnamkrieg stellte auf breiter Front die Grundlage amerikanischer Weltpolitik in Frage, den amerikanischen Globalismus und die überparteiliche Überzeugung, dass Eurasien, ja die ganze Welt von vitalem Interesse für die USA sei. Die inneramerikanischen Kritiker, besonders die „neue Linke", nahmen Amerika das gute Gewissen eines freiheits- und friedensstiftenden Weltpolizisten. Selbst Amerikas „gerechtester Krieg", der Zweite Weltkrieg, geriet in den Strudel der Kritik. Links von der Mitte wurde Amerikas Geschichte neu gedeutet: Nicht die Sowjetunion, sondern die USA seien die imperiale Macht der Gegenwart. Seit der Gründung der Union im Jahre 1776 sei US-Außenpolitik immer ein Reflex des aus innerer wirtschaftlicher Notwendigkeit auf äußere Expansion angewiesenen liberal-kapitalistischen Systems gewesen. Dieser Zwang äußere sich in dem unablässigen Versuch, eine globale, den Handels- und Kapitalbedürfnissen dieser Wirtschaft angepasste Pax Americana zu errichten und notfalls gegen alle revolutionären Bewegungen mit Gewalt zu konservieren. Der Kalte Krieg sei entstanden, weil sich die Sowjetunion diesem Anspruch widersetzt habe.
Als 1975 der letzte amerikanische Hubschrauber aus Saigon ausflog, hatten die USA nicht nur zum ersten Mal seit 1814 einen Krieg verloren, sondern – vorübergehend – auch die Unschuld einer selbstbewussten Supermacht, die von sich glaubte, immer und in allen Teilen der Welt im Recht zu sein.

Detlef Junker, Von der Weltmacht zur Supermacht. Amerikanische Außenpolitik im 20. Jahrhundert, Mannheim/Leipzig/Wien/Zürich 1995, S. 89

1. *M 3 und M 4 sind aus der Sicht des handelnden Politikers und des urteilenden Historikers geschrieben. Vergleichen Sie ihre Aussagen.*
2. *Beurteilen Sie die folgende These: „Nicht die Sowjetunion, sondern die USA sind die imperiale Macht der Gegenwart."*

Die Kuba-Krise (1962)

Am 13. August 1961 spitzte sich der Ost-West-Konflikt zu: Die Deutsche Demokratische Republik (DDR) errichtete mit Einwilligung der sowjetischen Führung eine Mauer in Berlin und riegelte ihr Territorium hermetisch von der Bundesrepublik ab. US-Präsident *John F. Kennedy*[1] und seine westeuropäischen Verbündeten mussten tatenlos zusehen, wollten sie nicht einen Nuklearkrieg riskieren. Das Stillhalten der USA ermutigte *Nikita Chruschtschow*[2] die westliche Supermacht in ihrer unmittelbaren Nachbarschaft herauszufordern.

Nach einem jahrelangen Guerillakrieg gegen das korrupte Regime des Diktators *Batista* auf der unter amerikanischem Einfluss stehenden Karibikinsel Kuba hatte der kommunistische Revolutionär *Fidel Castro* 1959 die Macht in Havanna übernommen. Die Enteignung des gesamten US-Besitzes (Raffinerien, Unternehmen, Landwirtschaft) beantworteten die USA mit einem Handelsembargo und dem Abbruch der diplomatischen Beziehungen. Unterstützung fand Castro bei Chruschtschow, der im Sommer 1960 ein Militärabkommen mit Kuba abschloss. Im April 1961 scheiterte eine von US-Präsident Kennedy geförderte Invasion von Exilkubanern zur Entmachtung Castros, dessen Position dadurch erheblich gestärkt wurde. Der sowjetische Parteichef wollte die Gelegenheit nutzen, um sich in Lateinamerika eine Operationsbasis in der westlichen Hemisphäre zu schaffen.

Seit dem 14. Oktober 1962 hatte die US-Regierung durch Luftaufnahmen ihres Geheimdienstes den Beweis in Händen, dass auf Kuba sowjetische Mittelstreckenraketen in Stellung gebracht wurden, die die amerikanische Ostküste bedrohten. Nach mehreren Krisensitzungen ordnete Kennedy eine Seeblockade an. In einer Fernsehansprache am 22. Oktober informierte der amerikanische Präsident die Weltöffentlichkeit von der Existenz sowjetischer Angriffsraketen auf Kuba und von der Forderung seiner Regierung, sie wieder abzubauen. Zu diesem Zeitpunkt bewegten sich 18 sowjetische Frachter, begleitet von U-Booten, auf die Blockadelinie amerikanischer Zerstörer zu. Nach einer Überprüfung konnten zwei die Sperre passieren, die übrigen drehten ab und kehrten zurück.

Noch war die Krise nicht entschärft. Der US-Geheimdienst meldete, dass die auf Kuba vorhandenen Raketen in Kürze einsatzbereit seien. Außerdem wurde am 27. Oktober ein US-Spionageflugzeug über Kuba abgeschossen. Kennedy verzichtete jedoch auf eine weitere militärische Eskalation. Nach einem geheimen Briefwechsel, in dem Chruschtschow den Verzicht der USA auf eine Landung auf Kuba sowie die Demontage der US-Raketen in der Türkei gefordert hatte, erklärte sich der sowjetische Parteichef am 28. Oktober öffentlich zum Abbau und Rücktransport der Raketen bereit (➧ M 1). Kennedy seinerseits verzichtete auf alle Invasionspläne und zog wenige Monate später die in der Türkei stationierten US-Raketen ab. Dieser „Tausch" fiel ihm umso leichter, als der Abzug dieser veralteten Raketen bereits beschlossene Sache war. Das amerikanische Krisenmanagement hatte funktioniert, weil es das Nachgeben der Sowjetunion nicht ausnutzte und an einer Politik des Ausgleichs bei Anerkennung der gegenseitigen Interessensphären festhielt.

---

1) *John Fitzgerald Kennedy (1917-1963), wurde 1961 der jüngste und erste katholische Präsident der Vereinigten Staaten.*

2) *Nikita Sergejewitsch Chruschtschow (1894-1971) setzte sich nach Stalins Tod (1953) in der sowjetischen Führung durch. Von 1958 bis zur Absetzung 1964 hatte er die wichtigsten Machtpositionen inne.*

Der Vietnam-Krieg (1965-1975)

Wie Deutschland und Korea war auch Vietnam 1954 auf der *Genfer Indochina-Konferenz* „vorläufig“ geteilt worden. *Süd-Vietnam* unterstand der korrupten und autoritären Regierung *Diem*. Dieser weigerte sich, die in Genf vereinbarten gemeinsamen Wahlen aus Furcht vor einem Sieg der Kommunisten in Gesamtvietnam durchzuführen. *Nord-Vietnam* entwickelte sich mit sowjetischer und chinesischer Hilfe unter seinem Revolutionsführer *Ho Chi Minh* zu einem mit Gewalt und Terror herrschenden kommunistischen Einparteien-System. Mit Hilfe der südvietnamesischen Guerillabewegung *Vietcong* wollte Ho Chi Minh den Süden zurückerobern.

▲ *Der Vietnam-Krieg.*

1961 entsandte Präsident Kennedy „Militärberater“ zur Unterstützung im Kampf gegen die Partisanen. Als Erfolge ausblieben, ordnete sein Nachfolger *Lyndon B. Johnson*[1] im Februar 1965 den Einsatz von Bodentruppen und die Bombardierung Nordvietnams an. Im Sinne der Eindämmungspolitik wollte er verhindern, dass ein weiterer „Domino-Stein“ dem Kommunismus in die Hände fiel (➧ M 2). Die Zustimmung des Kongresses dazu hatte er nach einem nie aufgeklärten, wahrscheinlich provozierten Angriff auf zwei US-Kriegsschiffe (Tonking-Zwischenfall) erhalten.

Der Krieg eskalierte rasch, die Zahl der eingesetzten US-Soldaten stieg auf über 500 000 an. Die Luftwaffe warf im „Dschungelkrieg“ mehr Bomben ab als während des Zweiten Weltkriegs. Napalm-Brandbomben und chemische Kampfmittel verwüsteten das Land, ohne ihren militärischen Zweck der Zerstörung der Nachschubwege vom Norden in den Süden zu erfüllen. Die Zivilbevölkerung in den Städten und den Dörfern im Norden und im Süden litt unter den amerikanischen Bombardements ebenso wie unter dem Guerillakampf der kommunistischen Vietcong.

In den Vereinigten Staaten verbreitete das Fernsehen mit schonungslosen Bildberichten täglich Schrecken und Abneigung im heimatlichen Wohnzimmer. Immer deutlicher wurde die Verrohung der eigenen Armee. Die Berichterstattung riss die Amerikaner aus dem Traum vom gerechten und guten Krieg (➧ M 3, M 4).

Nachdem der Krieg auch auf Laos und Kambodscha übergegriffen hatte (1971), brachten Geheimverhandlungen des US-Sicherheitsberaters *Henry Kissinger* mit Vertretern Nord-Vietnams in Paris schließlich Anfang 1973 einen Waffenstillstand und den Rückzug der US-Truppen. Die Vereinigten Staaten gaben damit ihre in den Augen der (Welt-)Öffentlichkeit unhaltbar gewordene Stellung auf. Ihren Bündnispartner überließen sie seinem Schicksal. 1975 kapitulierte Südvietnam, und ein Jahr später wurde die offizielle Wiedervereinigung des Landes zur *Sozialistischen Republik Vietnam* vollzogen.

---

[1] *Lyndon B. Johnson (1908-1973) rückte am 22. November 1963 nach der Ermordung Kennedys vom Vizepräsidenten zum Präsidenten der USA auf (bis 1969).*

▲ *Ein kleines vietnamesisches Mädchen flieht vor einem amerikanischen Bombenangriff. Das abgeworfene Napalm hat ihre Haut verbrannt.*
Kim Phuc hat den Angriff überlebt, doch Narben und Schmerzen werden sie ihr Leben lang begleiten.

Nach amerikanischen Angaben kostete der Vietnam-Krieg über 1,1 Millionen Soldaten, darunter 55 000 Amerikaner, das Leben. Die Opfer unter der Zivilbevölkerung werden auf über 2 Millionen geschätzt. Nach der Niederlage verschwanden rund 200 000 Südvietnamesen in Umerziehungslagern. Das Besitzbürgertum wurde enteignet, Millionen Menschen als landwirtschaftliche Arbeiter in „Neue Wirtschaftszonen" deportiert. Die staatssozialistische Umgestaltung von Wirtschaft und Gesellschaft Süd-Vietnams und die sich rapide verschlechternden Lebensverhältnisse trieben schätzungsweise eine Million Vietnamesen in die Flucht.
Trotz des Debakels der amerikanischen Eindämmungspolitik in Vietnam kam es auch in Indochina zu keiner direkten Konfrontation der beiden Supermächte. Das Interesse beider Atommächte an einer Entspannungspolitik auf der Basis des Status quo war stärker als die Versuchung, die zeitweilige Schwäche der anderen Seite militärisch auszunutzen.

2.8 Die amerikanische Nachkriegsgesellschaft: Rechte und Wohlstand für alle?

◄▲ Die „Massenkultur" (popular culture) der amerikanischen Nachkriegsgesellschaft fand ihren Ausdruck in der neuen Kunstrichtung der Pop(ular)Art. Der Künstler Roy Lichtenstein (geb. 1923) benutzt die Bildformen der modernen Massenmedien (zum Beispiel Comic Strips), übersteigert aber deren Klischees: „Whaam!" von 1963 (oben).
In einer scheinbar unpersönlichen, distanzierten Bildsprache kommentiert Andy Warhol (1928-1987) die Vorkommnisse des täglichen Lebens: 80 Zweidollarscheine, Siebdruck (links).

- *Eröffnen die Bilder eine kritische Perspektive auf die Inhalte? Diskutieren Sie.*

1950-54
In der Phase des „McCarthyismus" wird die „Gesinnung" von Millionen Amerikanern öffentlich überprüft

1954
Der Supreme Court erklärt die Rassentrennung in öffentlichen Schulen für verfassungswidrig

1956
Die schwarze Bürgerrechtsbewegung erzwingt in Montgomery die Gleichberechtigung in öffentlichen Verkehrsmitteln

1961
Präsident Kennedy beginnt sein Programm des New Frontier

1964
Der Civil Rights Act schafft gleiche Bürgerrechte für alle Amerikaner

1968
Martin Luther King wird ermordet
Die Protestbewegung in den USA erreicht ihren Höhepunkt

1969
Der Amerikaner Neil Armstrong betritt als erster Mensch den Mond

1974
Präsident Nixon muss wegen des Watergate-Skandals zurücktreten

M1

Hexenjagd in Hollywood

Der Journalist und Filmwissenschaftler Hans Schmid beschreibt in einem Zeitungsartikel, mit welchen Verfahren der „Ausschuss zur Untersuchung für unamerikanische Umtriebe" Angehörige der Filmbranche überprüfte.

Im Oktober 1947 begannen die Anhörungen in Washington; alle großen Zeitungen hatten ihre Reporter, die Fernsehsender ihre Kamerateams geschickt. Die erste Woche der Anhörungen wurde von Zeugen bestritten, die [...] die Arbeit des Ausschusses unterstützten. [...]

Die zweite Woche war zehn „unfreundlichen Zeugen" vorbehalten. Sie verweigerten genaue Angaben zu ihren politischen Überzeugungen und beriefen sich auf den ersten Zusatzartikel zur amerikanischen Verfassung, der ihnen das Recht auf Rede- und Versammlungsfreiheit garantierte. Einer der „Hollywood Ten", Ring Lardner, hatte ihre Position so beschrieben: „Alles, was ich über die Geschichte der Inquisition weiß, bekräftigt mich in meiner Meinung, dass es kaum einen Unterschied gibt, ob man einen Menschen zwingt zu sagen, was er für Überzeugungen hat, oder ob man ihm die Überzeugung aufzwingt, die er haben sollte." [...]

Bald [...] traten die zehn „unfreundlichen" Zeugen Haftstrafen zwischen einem halben und einem Jahr wegen Aussageverweigerung und daher „Missachtung des Kongresses" an. [...]

Als die zehn aus dem Gefängnis kamen, standen sie auf der schwarzen Liste, die es offiziell nicht gab, und waren arbeitslos. Die Produzenten Hollywoods hatten sich zunächst vehement gegen eine solche Liste ausgesprochen – bis sie sich im November 1947 im New Yorker Waldorf-Astoria-Hotel mit ihren Finanziers von der Ostküste trafen und folgende Sprachregelung fanden: „Wir sind gegen eine schwarze Liste, aber wir beschäftigen keine Kommunisten." Damit erkauften sie sich einige Jahre Ruhe.

In Zukunft machten „unfreundliche" Zeugen von ihrem verfassungsmäßigen Recht Gebrauch, die Aussage zu verweigern, weil sie dadurch sich oder andere belasten könnten. Das war nicht justiziabel[1)], wurde aber auch mit Arbeitslosigkeit bestraft; wer vorgeladen wurde und nicht aussagte, galt automatisch als schuldig. [...] „Wie wir zu sagen pflegten", schrieb Ben Hecht dazu, „die freie Meinungsäußerung ist Amerikas wertvollstes Gut. In meiner Jugend war dieser Satz ein Klischee, ohne das ein Politiker weder zum Hundefänger noch zum Präsidenten gewählt werden konnte. Heute kann er seinem Wähler eine kleine Gefängnisstrafe einbringen." [...]

Anfang 1951 begann in Washington eine zweite große Anhörungsrunde. Noch war nicht klar, wie Opfer der schwarzen oder grauen Liste sich rehabilitieren konnten. Sterling Hayden hatte mit einer Rolle in John Hustons *The Asphalt Jungle* (1950) gerade seinen Durchbruch als Schauspieler erlebt, als er sich auf dem Abstellgleis wiederfand. Sein Anwalt (einige Juristen hatten sich längst spezialisiert) empfahl den Gang zum FBI. Hayden gestand ein, eine Weile KP-Mitglied gewesen zu sein, nannte Namen und arbeitete bald wieder. [...]

Wer kooperierte, wurde rehabilitiert. Die Prozedur war immer dieselbe. Am Anfang sprach man mit einem FBI-Agenten und gab bereitwillig Auskunft. Dann bat man den Ausschuss, gehört zu werden, um seine Vergangenheit und Kommunisten zu denunzieren oder solche, die man dafür hielt. Wer bekannt genug war, verfasste anschließend einen

▲ *Joseph McCarthy auf einem von ihm selbst verbreiteten Propagandafoto, aufgenommen im Januar 1952 vor dem Capitol in Washington.*

1) nicht justiziabel: konnte nicht gerichtlich verfolgt werden

Zeitungsartikel, in dem er noch einmal seine Reue bekundete und dem Ausschuss für seine Arbeit dankte. [...]
Von 110 Männern und Frauen, die zur zweiten Anhörungsrunde vorgeladen wurden, entschieden sich 58 zur vorher abgesprochenen Aussage. Wer nie KP-Mitglied gewesen war und keine Kommunisten nennen konnte, erhielt vom FBI eine Liste mit den ohnehin bekannten Namen, damit die Schauveranstaltungen ganz nach Drehbuch ablaufen konnten. Im Schnitt nannte jeder Informant gut zwei Dutzend Namen; da viele mehrfach genannt wurden, ergab das etwa 2000 (meist ehemalige) Kommunisten. [...]
Besonders verdächtig waren Kontakte zur DDR, die vielen als bester Beweis für die These galt, aus Nazis (weil fanatisch und Vernunftgründen kaum zugänglich) würden nur schwer Demokraten, sehr leicht aber Kommunisten (ebenfalls fanatisch und unvernünftig). Charles Laughton, der in New York mit Brecht zusammengearbeitet hatte, rief deshalb sofort seinen Anwalt an, als ihn das Ostberliner Ministerium für Kultur nach Brechts Ableben um eine Stellungnahme bat. Der Anwalt kontaktierte das FBI, erhielt eine Unbedenklichkeitserklärung, und Laughton schickte ein Beileidstelegramm. Das war 1956.

Hans Schmid in: Süddeutsche Zeitung Nr. 68, 22./23.3.1997, Feuilleton-Beilage, S. 1

1. *Beschreiben Sie die Folgen der Anhörungsverfahren für die Betroffenen.*
2. *Die „Hollywood Ten" fanden zunächst medienwirksame Unterstützung. Als sich herausstellte, dass neun von ihnen Mitglieder der Kommunistischen Partei waren, schlug die öffentliche Meinung um. Bewerten Sie die Ursachen und diskutieren Sie über die „Macht" der (veröffentlichten) Mehrheitsmeinung. Prüfen Sie, ob es dagegen Schutzmechanismen gibt.*
3. *Gibt es Phänomene vergleichbaren Meinungsdrucks auch in der Gegenwart? Sammeln Sie Themen und Argumente und beziehen Sie Stellung.*

M2

Dem Senat ist nicht wohl

Bereits 1950 kritisierte der Senat sein Mitglied McCarthy wegen seiner skrupellosen „Kommunistenjagd". McCarthys Einfluss endete 1954 nach einer formellen Rüge des Senats wegen finanzieller Unregelmäßigkeiten.

Obwohl er im Senat, in der Öffentlichkeit und vor diesem Unterausschuss abgestritten hat, die folgende Äußerung getan zu haben, ersehen wir aus dem zusammengetragenen Beweismaterial, dass Senator Joseph R. McCarthy am 9. Februar 1950 in Wheeling, West Virginia, gesagt hat: „Meine Damen und Herren! Ich habe zwar nicht die Zeit, alle diejenigen Männer im Außenministerium aufzuzählen, die als aktive Mitglieder der Kommunistischen Partei und als Mitglieder eines Spionagerings genannt worden sind, aber ich habe hier in meiner Hand eine Liste mit 205 Namen, eine Liste mit den Namen derjenigen, von denen der Außenminister erfahren hat, dass sie Mitglieder der Kommunistischen Partei sind und – dessen ungeachtet – immer noch im State Department arbeiten und dessen Politik mitgestalten."
Unsere Untersuchung hat ergeben, dass die vorstehenden Anschuldigungen falsch sind, vor allem dass Senator McCarthy nie eine solche Liste, wie behauptet, besessen hat [...].
Unsere Untersuchung hat ergeben, dass dieses Problem mit größter Kompetenz behandelt wurde, dass illoyale Personen tatsächlich ausgeschieden wurden und dass auch weiterhin wirksame Anstrengungen unternommen und entsprechende Verfahren durchgeführt werden, um die Sicherheit des Außenministeriums zu gewährleisten. [...]
Zu einer Zeit, in der wiederum amerikanisches Blut vergossen wird, um unsere Vision der Freiheit aufrechtzuerhalten[1], sehen wir uns genötigt, die Anschuldigungen McCarthys und die Methoden, mit denen diesen Glaubwürdigkeit verliehen werden sollte, mutig und offen als das zu bezeichnen, was sie wirklich sind: als Betrug und Schwindel zum Schaden des Senates der Vereinigten Staaten und des amerikanischen Volkes. Sie sind wohl die schändlichste Kampagne von Halbwahrheiten und

[1] *Es ist die Zeit des Koreakriegs.*

Unwahrheiten in der Geschichte dieser Republik. Zum ersten Mal in unserer Geschichte haben wir sehen müssen, wie die totalitäre Propagandatechnik der „großen Lüge“ über längere Zeit hin angewendet worden ist. Als Ergebnis ist das amerikanische Volk zu einer Zeit, da es stark und einig sein sollte, verunsichert und gespalten worden, und zwar in einem weit höheren Maße als es sich selbst die Kommunisten, deren Geschäft doch aus Verunsicherung und Spaltung besteht, hätten erträumen können. In einer solchen desillusionierenden Konstellation wissen wir mehr als je zuvor unsere Menschenrechte, die Pressefreiheit und das freiheitliche Erbe, das diese Nation groß gemacht hat, zu schätzen.

Günter Moltmann, Die Vereinigten Staaten von Amerika von 1917 bis zur Gegenwart, Paderborn 1987, S. 58 f.

1. *Erläutern Sie die Vorwürfe, die der Senat gegen McCarthy erhebt.*
2. *Suchen Sie nach den Ursachen, dass McCarthy sein Treiben weitere vier Jahre fortsetzen konnte.*

M3
Die Vision einer New Frontier

John Fitzgerald Kennedy, Senator von Massachusetts, wurde von der Demokratischen Partei als Präsidentschaftskandidat aufgestellt. In einer Rede vor den Delegierten beschrieb er am 15. Juli 1960 sein Programm. Den Wahlkampf gewann Kennedy gegen den republikanischen Kandidaten Richard Nixon.

Viele sagen heute, dass alle Horizonte erforscht worden und alle Kämpfe siegreich beendet worden sind; dass es also keine amerikanische Grenze mehr gebe. […]
Aber ich vertraue darauf, dass niemand in dieser großen Versammlung solche Ansichten teilt. Denn keineswegs sind alle Probleme gelöst oder alle Kämpfe bestanden; sondern wir stehen heute vor einer „Neuen Grenze“, der Grenze der Sechzigerjahre, einer Grenze voll unbekannter Chancen und Risiken, voll unerfüllter Hoffnungen und Bedrohungen. […] Die „Neue Grenze“, von der ich spreche, besteht nicht aus Versprechungen – vielmehr aus Herausforderungen. Sie lässt sich nicht in dem fassen, was ich dem amerikanischen Volk anzubieten beabsichtige, sondern in dem, was ich von ihm verlangen will. Sie appelliert an den Stolz der Amerikaner, nicht an ihr Scheckbuch – sie wirbt mit dem Versprechen größerer Opferbereitschaft statt mit mehr Sicherheit. […] Hinter dieser Grenze liegen noch nicht kartographierte Gebiete der Wissenschaft und des Weltraums, ungelöste Probleme von Frieden und Krieg, unbezwungene Inseln von Unwissenheit und Vorurteil, unbeantwortete Fragen von Armut und Überfluss. Es wäre einfacher, sich von dieser Grenze fern zu halten, die sichere Mittelmäßigkeit der Vergangenheit zu betrachten und sich von guten Vorsätzen und hehrer Rhetorik einlullen zu lassen – und diejenigen, die einen solchen Weg vorziehen, sollten mich, ganz unabhängig von Parteizugehörigkeiten, nicht wählen.
Aber ich glaube, dass unsere Zeit Erfindungsgabe, Erneuerungswillen, Einbildungskraft und Entscheidungsfähigkeit verlangt. Ich fordere alle auf, neue Pioniere an der „Neuen Grenze“ zu werden. […] Es ist eine harte Tatsache, dass wir an dieser Grenze stehen, an einem Wendepunkt der Geschichte. Wir müssen wieder ganz von vorne beginnen und den Beweis erbringen, ob diese Nation […] noch lange überleben kann, ob unsere Gesellschaft mit ihrer Freiheit der Wahl, ihrer Breite der Chancen und ihrer Spannweite von Alternativen den Wettbewerb mit dem eindimensionalen Fortschreiten des kommunistischen Systems bestehen kann. […]
Die ganze Menschheit wartet auf unsere Entscheidung. Eine ganze Welt sieht zu, was wir tun werden. Wir können ihr Vertrauen nicht enttäuschen, wir müssen den Versuch wagen.

Hartmut Wasser, Die USA – der unbekannte Partner, Paderborn 1983, S. 95

1. *Orientieren Sie sich über die Frontier-Bewegung des 19. Jahrhunderts, auf die Kennedy bewusst anspielt (➧ S. 38 f.).*
2. *Stellen Sie fest, was Kennedy unter einer Neuen Grenze versteht.*
3. *Arbeiten Sie Unterschiede zwischen Frontier, New Deal und New Frontier heraus.*

M4

Die Rassentrennung vor Gericht – und vierzig Jahre danach

Anfang der Fünfzigerjahre war die Rassentrennung an öffentlichen Schulen noch in 17 Einzelstaaten festgeschrieben. Dagegen entschied der Supreme Court am 17. Mai 1954.

Werden durch die Trennung der Kinder in den öffentlichen Schulen allein auf Grund ihrer Zugehörigkeit zu einer bestimmten Rasse, und obwohl die physischen Fähigkeiten und andere „handgreifliche" Faktoren gleich sind, den Kindern der Minorität die gleichen Erziehungsmöglichkeiten genommen? Wir glauben, dass dies zutrifft. [...] Die Auswirkung einer derartigen Trennung auf die Bildungschancen wurde durch die Begründung im Kansas-Fall durch ein Gericht treffend dargelegt [...].
„Die Trennung von weißen und farbigen Kindern in den öffentlichen Schulen übt einen schädlichen Einfluss auf die farbigen Kinder aus. Die Einwirkung ist umso stärker, wenn die Trennung gesetzlich sanktioniert ist, denn im Allgemeinen wird die Rassentrennungspolitik als ein Kennzeichen der Minderwertigkeit der Neger ausgelegt. Das Gefühl der Minderwertigkeit beeinflusst jedoch die innere Bereitschaft eines Kindes zum Lernen. Gesetzliche Rassentrennung hat daher die Tendenz, die Bildungs- und geistige Entwicklung der Negerkinder zu verzögern [...]."
Daher ist die „Trennungs- und Gleichheitstheorie" auf dem Gebiet der öffentlichen Erziehung fehl am Platze. Rassenmäßig getrennte Bildungsmöglichkeiten sind ihrem Wesen nach ungleich. Wir sind daher der Ansicht, dass die Kläger [...] auf Grund der Rassentrennung, über die sie Klage führen, der Gleichheit aller vor dem Gesetz [...] beraubt sind.

Die Schulwirklichkeit an der Little Rock Central High School, einem Zentrum der Auseinandersetzungen vierzig Jahre zuvor, beschrieb 1997 der Journalist Leo Wieland.

Central High hat inzwischen rund 1800 Schüler, den dritten schwarzen Direktor und einen überregional guten Ruf. Die Zahlenverhältnisse haben sich von Grund auf verändert: Fast sechzig Prozent der Schüler sind jetzt schwarz, knapp vierzig Prozent weiß. [...] Zwar schildern schwarze und weiße Schüler ihr Verhältnis als freundliche und friedliche Koexistenz. In den Klassen und vor allem den Pausen geht man aber überwiegend getrennte Wege. In den „honors classes", in denen viel verlangt und viel gearbeitet wird, dominieren [...] die Weißen, in den regulären Klassen überwiegen die Schwarzen. Letztere, so ergänzte die Tageszeitung „New York Times", schnitten bei den Prüfungen nur halb so gut ab wie die Weißen und schieden doppelt so häufig vorzeitig aus. Bei disziplinarischen Verstößen und Sanktionen lägen sie hingegen überproportional weit vorn. Die Gründe dafür sind vielfältig. Das Elternhaus, die Motivation, die Vorbildung und Vorbereitung schlagen den schwarzen Schülern aus einkommensschwachen Verhältnissen und „problematischen" Vierteln oft zum Nachteil aus. Dass man in der Pause in ethnisch getrennten Gruppen sitzt und in der Cafeteria zumeist auch nicht zusammen isst, ist ein neuer Trend.
Denn das Oberste Gericht konnte einst zwar die Türen für jedermann öffnen. Es konnte aber nicht bestimmen, wer mit wem am Tisch sitzt.

Erster Text: Herbert Schambeck, Helmut Widder und Marcus Bergmann (Hrsg.), Dokumente zur Geschichte der Vereinigten Staaten von Amerika, Berlin 1993, S. 534 f.;
zweiter Text: Leo Wieland in: Frankfurter Allgemeine Zeitung, 25.9.1997, S. 3.

1. *Mit dem Urteil korrigierte der Supreme Court die „Separate-but-equal-Doktrin". Informieren Sie sich über diese Doktrin (▶ S. 50) und suchen Sie Gründe für die Neubewertung.*
2. *Diskutieren Sie die langfristigen Auswirkungen des Urteils.*

▲ *John F. Kennedy (1917-1963) war von 1961 bis zu seiner Ermordung 1963 der 35. Präsident der USA.*

M5
Der Traum von einem anderen Amerika

In einer von allen Rundfunk- und Fernsehsendern übertragenen Ansprache wandte sich Präsident Kennedy am 11. Juni 1963 an die gesamte Nation.

Das farbige Kind, das heute in Amerika geboren wird, hat, gleichgültig in welchem Teil unseres Landes es zur Welt kommt, nur etwa die Hälfte der Chancen, eine höhere Schulbildung abzuschließen, wie ein weißes Kind, das am gleichen Ort am gleichen Tag geboren wird – nur ein Drittel der Chancen, eine College-Bildung zu erhalten, nur ein Drittel der Chancen, einen freien Beruf zu ergreifen, die doppelte Chance, arbeitslos zu werden, nur etwa ein Siebtel der Chance, 10 000 $ im Jahr zu verdienen. Seine Lebenserwartung ist um 7 Jahre geringer und seine Verdienstaussichten sind nur halb so gut. [...] Gesetze allein können den Menschen nicht zur richtigen Einsicht bringen. Wir stehen hier in erster Linie vor einer moralischen Frage. Sie ist so alt wie die Heilige Schrift und so klar wie die amerikanische Verfassung. Der Kern der Frage ist, ob alle Amerikaner wirklich gleiche Rechte und gleiche Chancen erhalten sollen, ob wir unsere amerikanischen Mitbürger so behandeln, wie wir behandelt werden wollen. Wenn ein Amerikaner, nur weil seine Haut dunkel ist, nicht in einem Restaurant essen kann, das der Öffentlichkeit zugänglich ist, wenn er seine Kinder nicht auf die beste vorhandene öffentliche Schule schicken kann, wenn er nicht die öffentlichen Bediensteten wählen kann, die ihn vertreten, wenn er, kurz gesagt, sich nicht des vollen und freien Lebens erfreuen kann, das wir uns alle wünschen, wer wäre dann bereit, die Farbe seiner Haut ändern zu lassen und an seine Stelle zu treten? [...] Seit Präsident Lincoln die Sklaven befreite, sind 100 Jahre vergangen, und doch sind ihre Erben, ihre Enkel noch nicht ganz frei. Sie sind noch nicht von den Fesseln der Ungerechtigkeit befreit. Sie sind noch nicht frei von sozialer und wirtschaftlicher Unterdrückung, und unsere Nation wird bei all ihren Hoffnungen und all ihrem Stolz nicht ganz frei sein, solange nicht alle ihre Bürger frei sind. Wir predigen in der ganzen Welt die Freiheit, und wir meinen es ehrlich, und wir halten unsere Freiheit hier im eigenen Lande hoch. Aber wollen wir der Welt, und was noch wichtiger ist, uns untereinander vielleicht sagen, dass unser Land ein Land der Freien – die Neger ausgenomnen – ist; dass wir keine Bürger zweiter Klasse haben außer den Negern; dass wir kein Klassen- oder Kastensystem, keine Ghettos und keine Herrenrasse haben, die Neger ausgenommen? Für unsere Nation ist jetzt die Zeit gekommen, ihre Versprechen zu erfüllen.

Keesing's Archiv der Gegenwart, XXXIII. Jahrgang, 1963, S. 10685

▲ *Dr. Martin Luther King (1929-1968, ermordet) erhielt 1964 den Friedensnobelpreis für sein Engagement um die Gleichberechtigung der Afroamerikaner. Seit 1986 ist sein Geburtstag (15. Januar) nationaler Feiertag in den USA.*

Am 28. August 1963 demonstrierten etwa 200 000 schwarze und weiße Anhänger der Bürgerrechtsbewegung mit einem Marsch nach Washington. Höhepunkt war eine Rede Dr. Martin Luther Kings.

Es gibt Menschen, die den Bürgerrechtskämpfern die Frage stellen: „Wann werdet ihr zufrieden sein?" Wir können nie zufrieden sein, solange wir, deren Körper nach einer Reise schwer vor Müdigkeit sind, keine Unterkunft in den Motels der Autostraßen und den Hotels der Städte bekommen. Wir können nicht zufrieden sein, solange der Neger lediglich die Freiheit hat, aus einem kleineren Ghetto in ein größeres zu ziehen. Wir können nie zufrieden sein, solange unseren Kindern ihr Selbst genommen wird und sie ihrer Würde beraubt werden durch Schilder mit der Aufschrift „Nur für Weiße". Wir können nicht zufrieden sein, solange der Neger in Mississippi nicht wählen kann und der Neger in New York glaubt, dass er nichts zu wählen hat. Nein, nein, wir sind nicht zufrieden und wir werden nicht zufrieden sein, bis das Recht offenbart wird wie Wasser und die Gerechtigkeit wie ein starker Strom. [...]

Ich sage euch heute, meine Freunde: Obwohl wir den Schwierigkeiten von heute und von morgen gegenüberstehen, habe ich immer noch einen Traum. Dieser Traum wurzelt tief im Amerikanischen Traum. Ich habe einen Traum, dass eines Tages diese Nation aufstehen und nach dem echten Sinn ihres Glaubensbekenntnisses leben wird: „Wir halten es für selbstverständliche Wahrheit, dass alle Menschen gleich geschaffen sind."

Ich habe einen Traum, dass eines Tages auf den roten Bergen Georgias die Söhne früherer Sklaven und die Söhne früherer Sklavenhalter sich werden zusammen an den Tisch der Brüderlichkeit setzen können.

Ich habe einen Traum, dass eines Tages sogar der Staat Mississippi, ein Staat, der unter der Glut der Ungerechtigkeit schmachtet, der unter der Glut der Unterdrückung schmachtet, in eine Oase der Freiheit und der Gerechtigkeit verwandelt wird. Ich habe einen Traum, dass meine vier kleinen Kinder eines Tages inmitten einer Nation leben werden, in der man sie nicht nach ihrer Hautfarbe, sondern nach ihrem Charakter beurteilt. Ich habe heute einen Traum.

Ich habe einen Traum, dass eines Tages unten in Alabama mit seinen bösartigen Rassisten, mit seinem Gouverneur, von dessen Lippen die Worte Einschreiten und Ungültigmachen triefen – dass eines Tages dort in Alabama kleine schwarze Jungen und Mädchen kleinen weißen Jungen und Mädchen als Brüder und Schwestern die Hände reichen können.

Herbert Schambeck u. a. (Hrsg.), a. a. O., S. 575 f.

1. *Benennen Sie die Benachteiligungen und Enttäuschungen von Menschen schwarzer Hautfarbe.*
2. *Stellen Sie fest, ob die beiden Redner konkrete Maßnahmen zur Beseitigung der Ungleichheit vorschlagen.*
3. *Diskutieren Sie die Beziehung zwischen Kings „Traum" und dem „Amerikanischen Traum".*
4. *Wenn Regierung und Demonstranten dasselbe Anliegen verfolgen, woran könnte es liegen, dass die Gleichstellung der Schwarzen noch immer Mängel aufweist?*

M6

Das Bürgerrechtsgesetz von 1964

99 Jahre nach der Sklavenbefreiung bedeutete der Civil Rights Act einen großen Schritt hin zur Integration der Schwarzen in die amerikanische Gesellschaft.

[Betrifft Behandlung in öffentlichen Räumen:]

a) Alle Personen haben das Recht auf volle und gleichberechtigte Nutznießung von Waren, Dienstleistungen, Einrichtungen, Rechten, Vorteilen und Annehmlichkeiten, die in öffentlichen Räumen, wie in diesem Abschnitt definiert, angeboten werden, und dies ohne Diskriminierung oder Trennung aufgrund von Rasse, Hautfarbe, Religion oder nationaler Herkunft.

b) Öffentliche Räume im Sinne dieses Abschnitts sind [...]:

(1) alle Gasthäuser, Hotels, Motels und andere Einrichtungen, die durchreisenden Gästen Unterkunft gewähren [...];

(2) alle Restaurants, Cafeterias, Imbissstuben, Schnellimbisse, Schankstätten und andere Einrichtungen, in denen hauptsächlich Nahrung zum Verzehr am Ort verkauft wird [...];

(3) alle Lichtspielhäuser, Theater, Konzerthallen, Sportstätten, Stadien und andere Vorführungs- und Vergnügungsstätten [...].

[Betrifft Arbeitsplatz:]

a) Folgende Einstellungspraktiken von Arbeitgebern sind ungesetzlich:

(1) Eine Person aufgrund ihrer Rasse, Hautfarbe, Religion, ihres Geschlechts oder ihrer nationalen Herkunft nicht einzustellen oder zu entlassen oder sie anderweitig im Hinblick auf Entlohnung, Vertragsbedingungen, Arbeitsbedingungen oder besondere Rechte zu benachteiligen oder:

(2) Angestellte aufgrund von Rasse, Hautfarbe, Religion, Geschlecht oder nationaler Herkunft auf eine Weise einzuschränken, zu trennen oder einzustufen, die geeignet ist, jemanden seiner Chancen in der Arbeitswelt zu berauben oder anderweitig seinen Status als Arbeitnehmer zu beeinträchtigen.

Günter Moltmann, Die Vereinigten Staaten von Amerika von 1917 bis zur Gegenwart, Paderborn 1987, S. 73 f.

1. *Erläutern Sie, welche Benachteiligungen von Minderheiten sich dem Gesetz entnehmen lassen.*
2. *Diskutieren Sie über eigene Erfahrungen: Inwieweit lässt sich der Umgang mit „Minderheiten" (im Freundeskreis, in der Klasse, in Ihrer Gemeinde) durch Vorschriften regeln?*

▼ *Schwere Rassenunruhen erschütterten 1965 Los Angeles.*

M7

Arbeitslosigkeit nach Geschlecht und ethnischer Herkunft (in %)

	1970	1975	1980	1983	1985	1990	1992	1998
Männer	3,7	9,0	6,8	11,9	7,8	5,6	7,5	4,4
Frauen	4,9	9,5	6,7	9,7	7,4	5,4	6,9	6,3
Weiße	3,9	8,9	6,0	9,7	6,6	4,7	6,5	4,0
Schwarze	6,7	14,7	13,4	21,0	15,6	11,3	14,1	8,2
Hispanics	–	12,8	9,2	16,3	11,3	8,0	11,4	7,6

Statistical Abstract of the United States, Bureau of the Census, Washington D. C.; Federal Statistics, Washington D. C. 1998

M8

Durchschnittliche Familieneinkommen der farbigen Amerikaner

(im Verhältnis zu dem durchschnittlichen Familieneinkommen der weißen Amerikaner, 1947-1997)

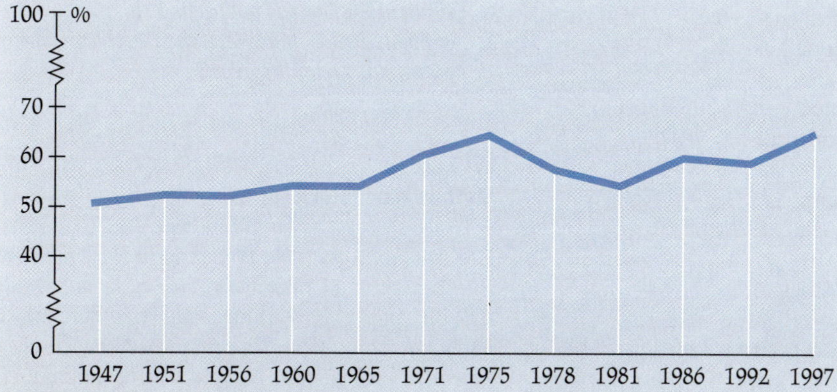

100% = Durchschnittliches Einkommen der weißen Familien

Nach: Erwin Helms, USA - Staat und Gesellschaft, Hannover, 9. Auflage 1993, S. 232; Bureau of the Census, Washington D. C. 1998

1. *Benennen Sie die Gründe für die schlechtere soziale Lage der benachteiligten Gruppen. Sprechen Sie über die Rolle des Staates: Inwieweit hat er das Ungleichgewicht verstärkt/ vermindert?*
2. *Vergleichen Sie mit der heutigen Situation in Deutschland. Welche Unterschiede oder welche Parallelen stellen Sie fest?*

Präsidenten der USA seit 1945:

Truman (D):	1945-1953
Eisenhower (R):	1953-1961
Kennedy (D):	1961-1963
Johnson (D):	1963-1969
Nixon (R):	1969-1974
Ford (R):	1974-1977
Carter (D):	1977-1981
Reagan (R):	1981-1989
Bush (R):	1989-1993
Clinton (D):	1993-2001

D = Demokrat R = Republikaner

M9
Mit Gott auf unsrer Seite?

Bob Dylan (geb. 1941 als Robert Allen Zimmerman) ist Sänger und Liedermacher. Mit seinen politischen und sozialkritischen Songs fand er in den Sechzigerjahren den Ton, den große Teile der Jugend, die sich gegen das Establishment auflehnten, suchten. „With God on Our Side" schrieb er 1963.

Oh mein Name hat nichts zu bedeuten
Mein Alter können wir vergessen
Das Land, aus dem ich komme
Nennt man den Mittelwesten
Dort wuchs ich auf und lernte beizeiten
Ich hätte das Gesetz zu achten
Und das Land, in dem ich lebe
Hätte Gott auf seiner Seite.

Oh die Geschichtsbücher sagen es
Sie formulieren es so gut
Die Kavallerie griff an
Die Indianer waren tot
Die Kavallerie brauchte nur
In sie rein zu reiten
Oh das Land war jung
Und hatte Gott auf seiner Seite. [...]

Als der Zweite Weltkrieg
Zu Ende war
Vergaben wir den Deutschen
Und wurden Freunde sogar
Obwohl sie sechs Millionen
In den Öfen verheizten
Haben jetzt auch die Deutschen
Gott auf ihrer Seite?

Den Hass auf die Russen hat man mir
Eingehämmert mein ganzes Leben
Wenn's wieder mal'n Krieg gibt
Müssen wir's denen geben
Ich muss sie hassen und fürchten
Ich muss kämpfen und leiden
Und alles tapfer erdulden
Mit Gott auf meiner Seite.

Und jetzt haben wir Waffen
Die versprühen chemischen Staub
Doch wenn's drauf und dran geht
Ist auch das erlaubt
Ein Druck auf den Knopf
Und die Welt ist ein weißes Blatt
Aber man stellt keine Fragen
Wenn man Gott auf seiner Seite hat. [...]

Und damit bin ich am Ende
Mein Kummer ist groß
Und die Verwirrung, die ich fühle
Ist grenzenlos
Etwas geht mir durch den Kopf
Und kommt immer wieder zurück:
Wenn Gott auf unserer Seite ist
Verhindert er den nächsten Krieg.

Bob Dylan, Songtexte 1962 – 1985, Frankfurt/Main 1998, S. 247 ff.

1. *Erläutern Sie Dylans politische Kritikpunkte.*
2. *Arbeiten Sie das amerikanische Geschichtsbild heraus, das Dylan angreift.*

M10
Mythos Woodstock

Paul Williams gründete 1966 in New York die erste Rockzeitschrift „Crawdaddy!". Er war dabei, als sich im August 1969 in der Nähe von Woodstock im Bundesstaat New York fast 500 000 Menschen zu einem mehrtägigen Festival trafen, um zahlreiche berühmte Musikerinnen und Musiker wie Janis Joplin, Jimi Hendrix, Carlos Santana, Joan Baez oder The Who zu hören.

Im August 1969 versammelte sich rund eine halbe Million Menschen im Matsch, Regen und Müll, um zusammen zu sein und um Musik zu hören. Die Welt wird nun, nach diesem Festival, nie wieder so sein wie zuvor. Warum nicht? [...] Mehr Leute waren auf LSD[1)] zusammen denn je zuvor. Mehr Menschen erlebten und hörten zeitgleich zusammen dieselbe Musik am selben Ort live – denn je zuvor.

[1)] *Rauschgift, das aus einem Getreideparasiten gewonnen wird; es wirkt bewusstseinsverändernd und kann zu psychischer Abhängigkeit führen.*

Es lebten (lebten!) mehr Menschen zusammen in einer gemeinsamen ökologischen Nische, teilten Wasser, Essen, das Wetter und die gesamte Umwelt für drei volle Tage (und noch länger).

Geschichtlich gesehen handelte es sich um die größte Stadt, die jemals ohne Regierung und ohne Kriminalität Bestand hatte.

Es gab keine Gewalt.

Keine Gesetze, keine von oben vorgegebene Ordnung. Es war eine wahre politische Demonstration.

[...]

Freitag abend wurde es ziemlich kalt, Samstag morgen regnete es. In der Frühe fing es zu nieseln an, dann goss es in Strömen. Schlafsäcke samt Menschen wurden platschnass, ebenso wie die Erde. [...] In Ermangelung von Unterschlupfen setzte man sich zu Fremden ins Zelt oder Auto, und wenn man es finden konnte, sogar ins eigene. Im Prinzip wurde man einfach nass und lernte, damit klar zu kommen. Die Kinder Amerikas, ohne Regenhäute, versagten sich jeder Vernunft, gingen nicht heim, sondern setzten sich dem Regen aus. Sie machten die Erfahrung, dass sie nicht aus Zucker sind, denn sie schmolzen nicht dahin! [...]

Es war eine Lebenserfahrung über das Schicksal des Menschen auf dem Planeten; er wirft den Abfall auf die Erde, auf der er schläft, verbrennt den Müll in der Luft, die er atmet. In Woodstock muss vielen der Zusammenhang zwischen dem persönlichen Müll und der Umweltverschmutzung, unter der alle leiden, aufgegangen sein. [...]

Es war ein freies Konzert, ein Free-Festival. Frei nicht nur hinsichtlich des Geldes, sondern auch außerhalb der Zeit. Als wir uns auf dieses Abenteuer einließen, katapultierten wir uns aus der Dollar-Ökonomie, dem puritanischen Kalendersystem (Rock'n Roll am Sonntag!?), der traditionellen Sozialstruktur hinaus. Wo auch immer möglich, bogen wir die Gitterstäbe beiseite, gewannen etwas mehr Raum. [...]

So wurde die Polizei angeturnt. Es waren vorwiegend New Yorker Bullen, die hier blaue Jeans und rote T-Shirts mit dem Aufdruck „Peace" über der Brust trugen. Es waren etwa 300, und sie waren unbewaffnet. Es waren wirkliche Freunde und Helfer für die Öffentlichkeit, und sie halfen gut.

Das Geheimnis hierfür war die totale Abwesenheit von Kontrolle. Die mangelnde Kontrolle bescherte uns schlechtes Trinkwasser, giftiges LSD und miserable Sanitäranlagen. Andererseits erlöste sie uns aus der Abhängigkeit, zwang (erlaubte) uns, Verantwortung für uns und unser Überleben zu übernehmen. Sie lehrte uns die Notwendigkeit effektiver Kommunikation und das Bewusstsein, dass diese Form der Regierung jedes existierende politische System ersetzen wird. Keine Kontrolle? Was für ein Segen! Wenn alles unter Kontrolle bleibt, werden wir niemals lernen, auf und mit diesem Planeten zu leben.

▲ *Entspannte Stimmung in Woodstock, 1969.*

Peter Kemper, Thomas Langhoff und Ulrich Sonnenschein (Hrsg.), „but I like it". Jugendkultur und Popmusik, Stuttgart 1998, S. 25 ff.

1. *Nennen Sie Gründe für das Gemeinschaftserlebnis von Woodstock.*
2. *Erläutern Sie das Urteil des Autors, Woodstock habe einen Meilenstein in der Geschichte des Umweltbewusstseins dargestellt.*
3. *Diskutieren Sie den Begriff der „Kontrolle".*

Antikommunismus

Der Kalte Krieg sowie einige Aufsehen erregende Spionagefälle entfachten in den USA ein hysterisches Klima des Antikommunismus. Im Mittelpunkt stand ein schon vor dem Krieg eingerichteter „Ausschuss für unamerikanische Umtriebe“, der seit 1947 in öffentlichen Anhörungen Millionen Amerikaner überprüfte. Betroffen waren vor allem Staatsangestellte, Künstler, Wissenschaftler und Gewerkschaftsfunktionäre. Der Ausschuss durchleuchtete deren Privatleben und brandmarkte „verdächtige“ Abweichungen vom gesellschaftlichen Grundkonsens als kommunistische Unterwanderung. Allein 3 000 Angehörige der Bundesverwaltung verloren ihren Arbeitsplatz.

Die Anhörungen steigerten sich unter dem Einfluss des republikanischen Senators *Joseph McCarthy* zur „Hexenjagd“, begleitet von Beifall der weißen Unter- und Mittelschicht. McCarthy machte vor Halbwahrheiten und Fälschungen nicht Halt, um die Opfer seiner Gesinnungskontrolle bloßzustellen. Als er auch die amerikanische Armee angriff und das Fernsehen die Arroganz und Brutalität der Diffamierungskampagnen entlarvte, verurteilte der Senat 1954 die Praktiken McCarthys (➧ M 1, M 2). Damit verschwand der „McCarthyismus“, während der Antikommunismus auch künftig Wesenszug des politischen Lebens in den USA blieb.

Wohlstandsgesellschaft (Affluent Society)

Unter Präsident Truman und seinem Nachfolger *Dwight D. Eisenhower*[1] erlebten die Vereinigten Staaten in den „goldenen Fünfzigerjahren“ einen lang anhaltenden Wirtschaftsboom. Wesentlich trugen dazu die steigenden Staatsausgaben bei, denn der Staat engagierte sich immer mehr in öffentlichen Bereichen und verbesserte soziale Maßnahmen – ein Erbe der New-Deal-Ära. Die Zahl der Staatsbediensteten stieg zwischen 1950 (7,5 Millionen) und 1970 (17 Millionen) auf mehr als das Doppelte an.

Ein in Friedenszeiten ungekanntes Ausmaß nahmen die Investitionen für militärische Projekte ein. Sogar zu Strahlenexperimenten an Soldaten und Zivilisten waren die Behörden bereit, um im Wettrüsten mit der Sowjetunion einen Vorsprung zu erzielen. Amerikanische Rüstungsunternehmen und multinational tätige Konzerne waren führend in der Welt. Daneben entstanden neue Branchen wie die Freizeitindustrie (die Imbisskette *Mc Donald's* wurde 1954 gegründet), die vom wachsenden Wohlstand breiter Massen profitierte. Als erste Nation machten die USA den Schritt von einer Produktions- zu einer Dienstleistungsgesellschaft.

Die dort tätigen Arbeitnehmer fühlten sich auf Grund ihrer betrieblichen Funktionen nicht mit den Zielen der Gewerkschaftsfunktionäre verbunden. Wie später in anderen Industriestaaten auch, sank die Zahl der Mitglieder in den Gewerkschaften. Eingeleitet worden war dieser Prozess bereits 1947, als die Republikaner im *Taft-Hartley-Act* das *Closed-shop-Prinzip* abschafften: Arbeitnehmer konnten nicht länger gezwungen werden, der für ihr Unternehmen zuständigen Trade Union beizutreten.

▼ Frau mit Einkaufswagen (1970). Der Hyperrealismus amerikanischer Künstler wie Duane Hanson (geb. 1925) versteht sich als objektives Gegenstück zu einer „Kultur der Anhäufung“.

[1] *Dwight D. Eisenhower (1890-1969) wurde während des Zweiten Weltkrieges als Oberbefehlshaber der amerikanischen Truppen in Europa populär. Als Kandidat der Republikaner wurde er zweimal zum Präsidenten gewählt (1953-1961).*

New Frontier und Great Society

Um 1960 hatte der Glaube der meisten Amerikaner, vorwiegend durch Wirtschaftswachstum alle inneren Probleme lösen zu können, Risse bekommen. Fast ein Viertel der Bevölkerung (45 Millionen Menschen) war von den Segnungen der Wohlstandsgesellschaft ausgeschlossen und lebte unter der Armutsgrenze von 3 000 Dollar im Jahr. Neuen Optimismus verbreitete der junge, charismatische Präsident John F. Kennedy. („Und so, meine amerikanischen Mitbürger: Fragt nicht, was euer Land für euch tun wird – fragt, was ihr für euer Land tun könnt.") Mit sozialen Reformen und einem Aufbruch zu *Neuen Grenzen (New Frontier)* wollte er die Gegensätze in der Gesellschaft abbauen (➧ M 3).
Anders als geplant, trieb jedoch der Kalte Krieg vor allem die Verteidigungsausgaben in die Höhe. In diesem Klima blockierte der Kongress die meisten sozialpolitischen Initiativen der Regierung. Die New-Frontier-Idee versandete.
Als aber Kennedy am 22. November 1963 in Dallas einem Attentat zum Opfer fiel, nutzte sein Nachfolger Lyndon B. Johnson den Mythos um den ermordeten Präsidenten. Jetzt stimmte der Kongress wesentlichen Sozialreformen zu. Dazu zählten der „bedingungslose Kampf gegen die Armut" (beispielsweise durch die Verteilung von Lebensmittelkarten), eine staatliche Krankenversicherung, Verbesserungen in der Ausbildung, Förderung unterentwickelter Regionen, Sanierung heruntergekommener Stadtviertel, ein liberales Einwanderungsgesetz und vieles mehr. Die Bundesstaaten erhielten für die Finanzierung der Reformen umfangreiche Mittel von der Zentralregierung. Sie gerieten dadurch in eine für das amerikanische Verfassungsverständnis ungewohnte Abhängigkeit.
Johnsons Vision der *Großen Gesellschaft (Great Society)* blieb nach Anfangserfolgen schließlich wegen der Verstrickung der USA in den Vietnamkrieg unvollendet. Die immensen Militärausgaben führten wieder zu Kürzungen bei den Sozialprogrammen. Enttäuscht wandten sich die Wähler von Johnson und der Demokratischen Partei ab.

Der Kampf gegen die Rassendiskriminierung

Zu einem bleibenden Erfolg der Präsidenten Kennedy und Johnson sollte der Kampf für die Bürgerrechte der Schwarzen werden. Die Afroamerikaner und die immer zahlreicher werdenden spanischsprachigen Einwanderer (*Hispanics*) lebten in der Wohlstandsgesellschaft der Nachkriegszeit immer noch auf der Schattenseite des *„American Way of Life"*. In den Industriestädten des Nordens wucherten die Slums, Asozialität und Kriminalität machten sich breit. Die Lebenserwartung der Farbigen blieb weit hinter der weißen Bevölkerung zurück.
Bereits unter Präsident Eisenhower kam es zu einer ersten Korrektur: 1954 erklärte das Oberste Bundesgericht die Rassentrennung in öffentlichen Schulen für verfassungswidrig. Angesichts einer immer wichtiger werdenden qualifizierten Ausbildung in der modernen Industrie- und Dienstleistungsgesellschaft bedeutete dieses Urteil einen wichtigen Fortschritt auf dem Weg zur Gleichberechtigung der Farbigen (➧ M 4). Die Entscheidung zog jedoch vor allem im Süden der Vereinigten Staaten eine Welle von Protesten und Ausschreitungen der weißen Bevölkerung nach sich. In Little Rock (Arkansas) setzte Eisenhower sogar Bundestruppen ein, um dem Gerichtsbeschluss zur Rassenintegration Achtung zu verschaffen.

▲ *Der erste Schultag. Nationalgardisten begleiten einen von sieben farbigen Schülern der Sturgis High School in Kentucky (September 1956).*

Inzwischen hatten die Farbigen begonnen, mit Demonstrationen, Boykotts, Sit-ins und anderen gewaltlosen Aktionen für die Verwirklichung ihrer Bürgerrechte zu kämpfen. Ihren ersten großen Erfolg erreichten sie 1955/56 in Montgomery (Alabama): Nach einem fast dreizehn Monate dauernden Busboykott wurde die Rassentrennung in öffentlichen Verkehrsmitteln aufgehoben. Der farbige Baptistenpfarrer *Dr. Martin Luther King*, der im Laufe der Auseinandersetzungen über zwanzig Mal zu Gefängnisstrafen verurteilt worden war, wurde der unumstrittene Führer der gewaltlosen Bürgerrechtsbewegung (➧ M 5). Der Streik hatte den Afroamerikanern bewiesen, dass sie nach Jahrhunderten der Fügsamkeit in der Lage waren, ihre soziale Situation selbst zu verbessern.
Auf der anderen Seite versuchten viele Weiße weiterhin, die Integration der Farbigen durch Einschüchterung, Gewalt und Ignoranz aufzuhalten. Noch 1964 gingen in den Südstaaten lediglich zwei Prozent der afroamerikanischen Kinder auf integrierte Schulen. Doch der Widerstand der *Black Revolution* gegen die Rassentrennung nahm zu. Anfang der Sechzigerjahre drohte die Auseinandersetzung zu eskalieren.

Die rechtliche Gleichstellung der Afroamerikaner

Präsident Kennedy hatte 1963 ein *Bürgerrechtsgesetz (Civil Rights Act)* vorgelegt, das Rassendiskriminierung verbot. Eine Kommission sollte Verstöße überwachen. Erst ein Jahr später setzte sein Nachfolger Johnson die Vorlage gegen den hinhaltenden Widerstand des Südens durch (➧ M 6).
Ein weiteres Gesetz schaffte die Wahlsteuern einiger Südstaaten ab und sorgte damit für ein ungehindertes Wahlrecht aller Bürger. Es dauerte nicht lange, bis Afroamerikaner in politische Ämter der Gemeinden und Parlamente gewählt oder (noch unter Johnson) zum Minister ernannt wurden.

Die rechtliche Gleichstellung der schwarzen Bevölkerung änderte nichts an ihrer sozialen Unterlegenheit. Gewalttätige Gruppen, vor allem die *Black Power* und *Black Panther*, gewannen an Einfluss. Sie verbanden die Ideen der Bürgerrechtsbewegung mit dem Aufruf zum revolutionären „Klassenkampf". Der Gedanke der Integration wurde als würdelose Anpassung an die weiße Gesellschaft verurteilt. Ein eigener Rassismus unter der Losung *„Black is beautiful"* löste die Forderung nach Gleichberechtigung der Rassen ab. Rassenunruhen mit Hunderten Toten versetzten die amerikanischen Städte noch jahrelang in Schrecken. Sie steigerten sich zu bürgerkriegsähnlichen Zuständen, als 1968 ein weißer Sträfling Martin Luther King ermordete.
In den Siebzigerjahren ebbten die Auseinandersetzungen ab. Seither gelingt zwar immer mehr Schwarzen der Aufstieg aus der Unterschicht, doch bleibt das Zusammenwachsen der Rassen ein immer noch unbewältigtes Problem der amerikanischen Gesellschaft (➧ M 7, M 8).

Studentenprotest

In der zweiten Hälfte der Sechzigerjahre schienen die Werte, auf denen die amerikanische Gesellschaft fußte, von einer Sinnkrise erfasst. Am heftigsten reagierte die studentische Jugend, deren Protest sich aus drei Strömungen speiste:
1. Viele weiße Intellektuelle und Jugendliche hatten sich in der schwarzen Bürgerrechtsbewegung engagiert. Über die Forderung nach Gleichstellung der Afroamerikaner hinaus interpretierte die liberale *Civil Rights Movement* die Freiheitsrechte der Verfassung neu. Die Grundrechte sollten den Einzelnen nicht mehr nur vor Übergriffen des Staates schützen, sondern ihm einen möglichst weitgehenden Anspruch auf Rechts- und Chancengleichheit sowie autonome Selbstbestimmung einräumen.
2. Großen Einfluss an den Universitäten gewannen die marxistischen Philosophen der *Neuen Linken (New Left)*. Gemäß ihrer Ideologie kritisierten sie die westliche Klassengesellschaft, die im eigenen Land und in der Dritten Welt die Massen unterdrücke.
3. Immer fragwürdiger erschien der Sinn des Krieges in Vietnam. Die *Antikriegsbewegung* wurde zur Massenbewegung, als die Regierung 1966 auch Studenten der Wehrpflicht unterstellte, um sie nach Vietnam zu schicken.
Zu dem politischen Protest der Jugend gesellte sich der Bruch mit den Konventionen der Elterngeneration. Rockmusik, lange Haare und „Schäbigkeitslook", freizügige Sexualmoral oder Drogenkonsum sollten den provokativen Protest gegen das „Establishment" schon rein äußerlich kundtun. Eine eigene „Jugendkultur" entstand, der sich die Jugend in Westeuropa begeistert anschloss (➧ M 9, M 10).

Frauenbewegung

In den Ruf nach Gleichberechtigung stimmten in den Sechzigerjahren auch Frauenrechtsgruppen ein. Die 1966 gegründete *National Organization of American Women (NOW)* kämpfte vor allem für die Gleichstellung von Frauen im Beruf. Die Einstellungschancen von Frauen in den Behörden verbesserten sich deutlich. Allerdings gelang dies meist nur durch Quotenregelungen, die bald auch auf ethnische Minderheiten angewandt wurden. Der Wandel war unübersehbar: 1960 übte nur ein Drittel der arbeitsfähigen Frauen einen Beruf aus, dreißig Jahre später waren es bereits knapp 60 Prozent. Großen Anteil daran hatte die Antibabypille, die Anfang der Sechzigerjahre auf den amerikanischen Markt kam. Sie gestattete den Frauen mehr Kontrolle über die Ent-

wicklung ihres Familienlebens und verbesserte damit die Möglichkeiten der Karriereplanung.
Ein Durchbruch aus Sicht der Frauenbewegang war 1973 auch die Freigabe der Abtreibung in den ersten drei Monaten einer Schwangerschaft. Diese so genannte „Fristenlösung" beruhte auf einem Urteil des Supreme Court, der die Selbstbestimmung der Bürger in seinen Urteilen mittlerweile sehr weit interpretierte.
Den Wandel in den Geschlechterbeziehungen machte die steigende Scheidungsrate deutlich. Der Anteil Geschiedener in der erwachsenen Bevölkerung wuchs von 2,3 Prozent (1960) auf knapp 10 Prozent (1990).

Watergate

Die außenpolitischen Krisen und die innere Unruhe stärkten die konservativen Grundströmungen in der verunsicherten Bevölkerung. Der neue Präsident *Richard Nixon*[1] wurde getragen von der Zustimmung der Mittelschichten, die das liberale und intellektuelle Ostküsten-Establishment für den Niedergang der „amerikanischen" Grundwerte verantwortlich machten.

◀ *Karikatur aus der amerikanischen Zeitschrift „Newsweek" (Mai 1974).*

Ein erster Erfolg fiel Nixon mit der *Mondlandung* zweier amerikanischer Astronauten am 21. Juli 1969 in den Schoß. Damit hatte die amerikanische Weltraumbehörde den Wettlauf mit den sowjetischen Wissenschaftlern gewonnen.
Trotz weiterer, vor allem außenpolitischer Erfolge stürzte Nixon sein Land in eine unheilvolle Krise. Während des Präsidentschaftswahlkampfes waren 1972 fünf Männer in das Wahlkampfhauptquartier der Demokratischen Partei im Watergate-Komplex in Washington eingebrochen, um Abhörgeräte anzubringen. Sie wurden dabei gestellt und verhaftet. Bei der Aufklärung des Vorfalls zogen sich die Fäden vom Wahlkampfstab der Republikaner bis hin zum Weißen Haus. Die folgenden Enthüllungen, die insbesondere von zwei Reportern der „Washington Post" vorangetrieben wurden, offenbarten ein erschreckendes Ausmaß an Machtmissbrauch, Korruption und Kriminalität von führenden Politikern. Einem drohenden Amtsenthebungsverfahren (*Impeachment*) kam der Präsident im August 1974 durch seinen Rücktritt zuvor.

---

[1] *Richard M. Nixon (1913-1994), zwischen 1953 und 1961 Vizepräsident unter Präsident Eisenhower, war von 1969 bis 1974 37. Präsident der Vereinigten Staaten.*

2.9 Das Ende des Ost-West–Konflikts: Die USA sind die einzige Supermacht

▲ *Von der Konfrontation zur Partnerschaft: US-Präsident Ronald Reagan und der sowjetische Parteichef Michail Gorbatschow begegnen sich im November 1985 in Genf bei der ersten ihrer fünf Gipfelkonferenzen.*

1968
Der Atomwaffensperrvertrag verhindert die unkontrollierte Verbreitung von Atomwaffen

1972
Der Salt-I-Vertrag begrenzt erstmals das atomare Wettrüsten zwischen den USA und der Sowjetunion

1975
Die erste KSZE-Konferenz endet mit der Schlussakte von Helsinki

1979
Die NATO reagiert mit dem Nachrüstungs-Doppelbeschluss auf die nukleare Aufrüstung der UdSSR

1987
Der INF-Vertrag verpflichtet die beiden Supermächte erstmals zum Abbau von Raketen

1989
Die kommunistischen Diktaturen im Ostblock werden gestürzt

1991/1993
In den Start-Verträgen schrauben die Supermächte ihr Atomwaffenpotential deutlich zurück

M1

Ronald Reagan und die Politik der Stärke

Ronald Reagan (geb. 1911) war ursprünglich Filmschauspieler und von 1966 bis 1974 Gouverneur von Kalifornien. 1981 bis 1989 war er Präsident der USA. Im Januar 1984 rechtfertigte er seine Politik in einer Fernsehansprache.

Die Geschichte lehrt uns, dass Kriege beginnen, wenn Regierungen glauben, dass der Preis einer Aggression niedrig ist. Um den Frieden zu erhalten, müssen wir und unsere Verbündeten stark genug sein, jeden potentiellen Aggressor überzeugen zu können, dass Krieg keinen Vorteil, sondern nur die Katastrophe bringen würde. [...]
Die Abschreckung ist von entscheidender Bedeutung für die Erhaltung des Friedens und den Schutz unserer Lebensform, aber die Abschreckung ist nicht Anfang und Ende unserer Politik gegenüber der Sowjetunion. Wir müssen und werden die Sowjets in einen Dialog einbinden, der so ernsthaft und konstruktiv wie möglich ist und der der Förderung des Friedens in den Unruhegebieten der Welt dienen, den Stand der Rüstungen verringern und ein konstruktives Arbeitsverhältnis schaffen wird. [...]
Stärke und Dialog gehen Hand in Hand.

Europa-Archiv, 39. Jahrgang (1984), S. D 109 ff.

1. *Stellen Sie Unterschiede fest zwischen der Außenpolitik Reagans und der seiner Vorgänger.*
2. *Überlegen Sie, weshalb die außen- und militärpolitische Strategie Reagans unter den NATO-Mitgliedern umstritten war.*

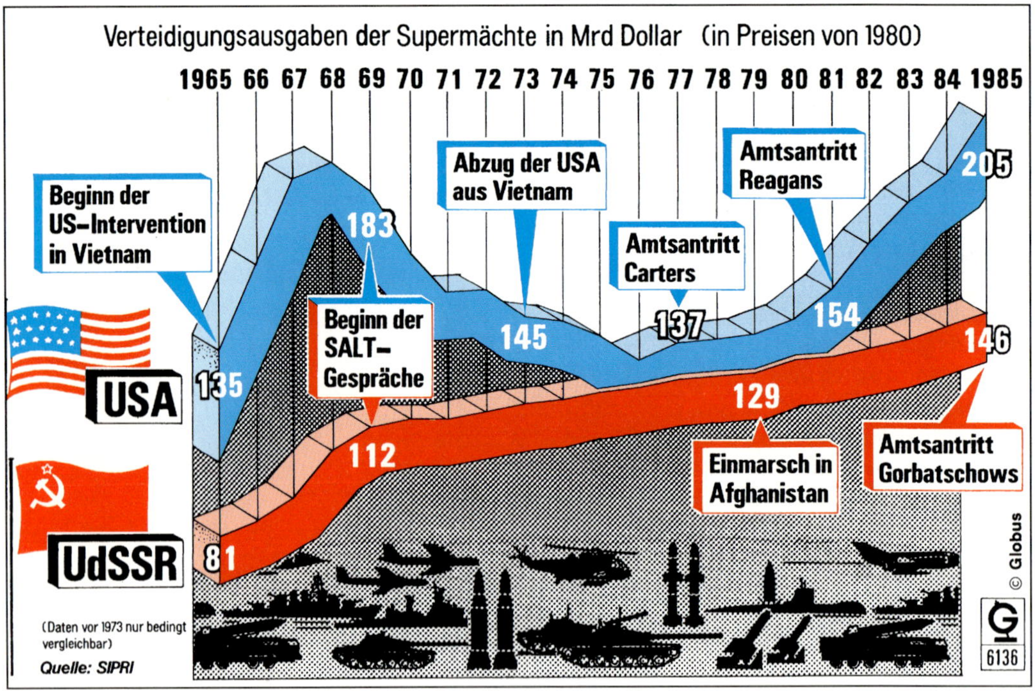

▲ *Die sowjetische Führung hat niemals realistische Zahlen zum Militärhaushalt veröffentlicht. Nach Schätzungen amerikanischer Nachrichtendienste wurden in der Sowjetunion zu Beginn der Siebzigerjahre 12 bis 14 Prozent des Bruttosozialprodukts für militärische Zwecke aufgewendet, Ende der Achtzigerjahre belief sich der Satz bereits auf 20 bis 25 Prozent. In den USA betrugen die analogen Aufwendungen in den Achtzigerjahren rund sieben Prozent des amerikanischen Bruttosozialprodukts.*

M2

Das SDI-Projekt

Ab 1983 veranlasste Präsident Reagan die Entwicklung eines Raketenabwehrsystems, das die USA vor feindlichen Atomraketen schützen und damit jede nukleare Drohung zunichte machen sollte. Das aufwendige SDI-Projekt (Strategic Defense Initiative) konnte letztlich nicht realisiert werden.

Reagan wollte die nukleare Abschreckungsstrategie überwinden. Er glaubte nicht an langfristige Stabilität und Sicherheit durch eine gesicherte Zweitschlagskapazität, sondern wollte Nuklearwaffen völlig abschaffen. Dafür erschien ihm SDI als das geeignete Mittel. Auch war SDI für ihn der entscheidende Trumpf in den Abrüstungsverhandlungen mit der Sowjetunion. Er wollte die Sowjets durch schnelle Fortschritte bei SDI vor den Kosten eines dynamisierten Wettrüstens abschrecken. [...] SDI war einer der entscheidenden Gründe, warum Gorbatschow[1] im Wettrüsten, bei der Abrüstung und bei der Gestaltung der sowjetisch-amerikanischen Beziehungen nachgab. Ronald Reagan hatte schließlich recht behalten, aber einen hohen Preis dafür gezahlt – er hatte die Grundlagen von Amerikas Staat und Gesellschaft durch SDI geschwächt. Amerikas Wissenschaftler hätten an anderer Stelle Nützlicheres geleistet. Aber der Erfolg gab ihm Recht: Zwar hatte er mit SDI Amerika krank-, die Sowjetunion aber totgerüstet. Die Sowjetunion hätte vermutlich ohne SDI in den Schlüsselfragen der West-Ost-Beziehungen nicht nachgegeben. Alexander Solschenizyn[2] erklärte, dass „der Kalte Krieg im Grunde von Ronald Reagan gewonnen wurde, als er das SDI-Programm entwickelte und die Sowjetunion erkennen musste, dass sie bei diesem weiteren Schritt nicht mehr mithalten konnte". [...]

Selbstbewusst erklärte er [Ronald Reagan] der sowjetischen Führung, dass sie in diesem Wettbewerb chancenlos sei: „Es war meine feste Absicht, die sowjetische Führung wissen zu lassen, dass wir alles daransetzen werden, um das Wettrüsten zu gewinnen. Wir werden niemals den zweiten Platz akzeptieren. Der große und dynamische Erfolg des Kapitalismus hat uns eine mächtige Waffe im Kampf gegen den Kommunismus in die Hand gegeben: Geld. Die Russen können niemals das Wettrüsten gewinnen. Wir können sie für immer mit unseren finanziellen Mitteln überbieten. Außerdem sind die verschiedenen Anreize des kapitalistischen Systems für uns eine industrielle Basis, um für immer den technologischen Vorsprung zu wahren." [...]
Abschließend lässt sich sagen, dass der antikommunistische Dogmatismus der ersten Amtsperiode [Ronald Reagans] für die Machtübernahme eines Reformers vom Schlage Michail Gorbatschows in Moskau unverzichtbare Voraussetzung war.

Christian Hacke, Zur Weltmacht verdammt, Berlin 1997, S. 297 ff.

1. *Arbeiten Sie heraus, worin Hacke die Wirkungen des amerikanischen SDI-Projekts sieht.*
2. *Erläutern Sie den Zusammenhang zwischen wirtschaftlicher und militärischer Überlegenheit.*
3. *Beurteilen Sie den Stand der amerikanisch-sowjetischen Beziehungen am Anfang und am Ende der Präsidentschaft Reagans. Nennen Sie Gründe für ihre Entwicklung.*

---

1) Michail Sergejewitsch Gorbatschow (geb. 1931) wurde 1980 als jüngstes Mitglied ins Politbüro der KPdSU aufgenommen. 1985 zum Generalsekretär gewählt, sollte er die von der Parteiführung für notwendig gehaltene Erneuerung auf den Weg bringen.

2) Alexander Solschenizyn (geb. 1918), russischer Literaturnobelpreisträger (1970), wurde 1974 wegen kritischer politischer Haltung aus der UdSSR ausgebürgert und emigrierte 1976 in die USA.

Rüstungskontrolle im Schatten der Atombombe

Das unklare „Patt“ zwischen den beiden Supermächten und die Erfahrungen aus der Kuba-Krise leiteten seit den Sechzigerjahren eine Wende im Kalten Krieg ein. Das weltweite „Gleichgewicht des Schreckens“ hielt einerseits den militärischen Rüstungswettlauf in Gang (ständige Modernisierung der Waffentechnik, Anhäufung von immer größeren Vernichtungspotentialen, die Fähigkeit zur Kriegführung musste glaubhaft gemacht werden, damit es nicht dazu kam), förderte aber andererseits die Bereitschaft zu Rüstungskontrollverhandlungen und einer begrenzten Kooperation. Erste Ergebnisse waren 1963 ein *Atomteststoppabkommen* (Beendigung von oberirdischen Kernwaffentests) und 1968 der *Atomwaffensperrvertrag* (Verpflichtung, Nuklearwaffen nicht weiterzugeben).

Mit dem Amtsantritt von US-Präsident Richard Nixon Anfang 1969 begann in den Beziehungen beider Supermächte eine Phase der Entspannung. Nixon befreite die Außenpolitik seines Landes vom Dogma der Eindämmungsdoktrin. Angeleitet vom Präsidentenberater und späteren Außenminister *Henry Kissinger* strebte er ein „Gleichgewicht“ der fünf Machtzentren an: USA, UdSSR, China, Japan und Europa. Die Balance zwischen den Blöcken sollte unabhängig von der inneren Ordnung der Staaten gelten. Die USA verzichteten damit auf ihre „missionarische“ Haltung und gingen daran, ihre Beziehungen zu den kommunistischen „Gegenmächten“ UdSSR und China zu verbessern. Unter diesen Vorzeichen konnte Nixon nach langen Geheimverhandlungen vor allem das bewerkstelligen, was die Nation am meisten von ihm erwartete: den Abzug der Truppen aus Nordvietnam (1973).

Das allgemeine Klima der Ost-West-Beziehungen verbesserte sich. Besonders in Europa wuchs die Hoffnung auf einen gesicherten Frieden im Rahmen des Status quo. Bedeutsam war der 1972 abgeschlossene *Salt-I-Vertrag (Strategic Arms Limitation Talks)* über die Begrenzung der vorhandenen nuklearen Abwehr- und Angriffssysteme und über die Kontrolle des Rüstungswettlaufes. Der bizarren Logik der Rüstungsstrategen im Atomzeitalter folgend sollte sich aus der erstmals festgeschriebenen gegenseitigen Vergeltungsfähigkeit ein Zugewinn an globaler Sicherheit ergeben. Doch weder die Zahl noch die Zerstörungskraft der atomaren Sprengköpfe wurde festgelegt. Viele Bestimmungen waren bewusst vage gehalten. So war letztlich die Tatsache des Vertragsabschlusses wichtiger als dessen Inhalt.

Auch der 1979 von US-Präsident *Jimmy Carter*[1] und dem sowjetischen Parteichef *Leonid Breschnew*[2] in Wien unterzeichnete *Salt-II-Vertrag* schrieb lediglich eine leicht abgesenkte Obergrenze für die Trägersysteme vor, ließ jedoch die Zahl der nuklearen Sprengköpfe und anderer Waffensysteme (U-Boote) für beide Seiten offen.

---

1) *James Carter (geboren 1924), demokratischer Politiker, war Gouverneur von Georgia. Seine von hohem moralischen Anspruch getragene Politik entsprach dem Zeitgeist nach Watergate (Präsident von 1977 bis 1981).*

2) *Leonid I. Breschnew (1906-1982) war von 1961 bis 1964 Staatsoberhaupt der UdSSR. Nach dem Sturz Chruschtschows wurde er Generalsekretär der KPdSU und damit mächtigster Mann im Staat (von 1964 bis 1982).*

Rückfall in den Kalten Krieg

Während die *Konferenz über Sicherheit und Zusammenarbeit in Europa (KSZE)* zwischen 1972 und 1975 noch weiteres Vertrauen zwischen den Blöcken stiften sollte, wurde das Klima zwischen den Supermächten kurz darauf wieder eisig.
Die amerikanische Führung war nach dem Vietnam-Debakel und der Watergate-Affäre verunsichert. Gleichzeitig schien es, als ob die UdSSR daraus Nutzen ziehen wollte, etwa durch Unterstützung von „Befreiungskriegen" in Afrika. Auf den russischen *Einmarsch in Afghanistan* am 27. Dezember 1979 reagierte Präsident Carter mit einer Reihe von Sanktionen, vor allem dem Boykott der Olympischen Spiele 1980 in Moskau.
Mehr als alles andere beunruhigte jedoch die massive sowjetische Aufrüstung. Mit einer neuen Generation von Interkontinentalraketen, zusätzlichen atomgetriebenen U-Booten und den neuen Mittelstreckenraketen SS-20 versuchte die Sowjetunion, ihre militärische Position, besonders in Europa, zu verbessern.
Die NATO reagierte im Dezember 1979 mit dem so genannten *Nachrüstungs-Doppelbeschluss*: Bis Ende 1983 sollten in Westeuropa Pershing-II-Mittelstreckenraketen und Marschflugkörper (*Cruise Missiles*) aufgestellt werden, falls Verhandlungen über den Abbau der sowjetischen Raketen ohne Erfolg bleiben würden. In der amerikanischen Innenpolitik gewannen die Gegner der Entspannung wieder an Einfluss. Den *Salt-II-Vertrag* von 1979 ließ der Senat scheitern, und Präsident Carter kündigte die Erhöhung des Verteidigungshaushaltes ab 1981 an.

Hochrüstung und Ende des Kalten Kriegs

Noch entschiedener setzte seit Anfang 1981 der neue republikanische Präsident *Ronald Reagan* auf eine Politik der Stärke gegenüber der Sowjetunion. Reagan beendete weitgehend die schon von Jimmy Carter aufgegebene Gleichgewichtspolitik und kehrte zu der alten amerikanischen Mission zurück, den Völkern der Welt zu Freiheit und Demokratie zu verhelfen (➧ M 1). Die Militärausgaben wurden in gigantische Dimensionen erhöht (300 Milliarden Dollar pro Jahr) und ein Forschungsprogramm für ein Raketenabwehrsystem im Weltraum *(Strategic Defense Initiative, SDI)* eingeleitet.
Die Hochrüstung mag in der Sowjetunion die Einsicht bestärkt haben, dass ein weiterer Wettlauf für ihr marodes Wirtschaftssystem nicht zu gewinnen sei (➧ M 2). Der im März 1985 ins Amt

Militärpotentiale im Jahr 1983

a) Konventionelle Streikräfte von NATO und Warschauer Pakt in Mitteleuropa

	NATO	Warschauer Pakt
Divisionen	38	61
Panzer	8050	16620
Artillerie	4400	10270
Taktische Flugzeuge	1880	4060

b) Nukleare Mittel und Kurzstreckensysteme in Europa

Mittelstreckenraketen und Marschflugkörper (1000-5000 km)	41 (572)	über 1200
Raketen kürzerer Reichweite (100-1000 km)	280 (172)	über 1300
Kampfflugzeuge mit Nuklearwaffen	ca. 800	ca 2500

c) Nuklearstrategische Waffensysteme (Interkontinentalraketen)

	USA	UdSSR
Landgestützte Interkontinentalraketen	1049 (2149)	1398 (6200)
U-Bootgestützte Raketen	544 (5000)	950 (1800)
Strategische Bomber	328 (1900)	345 (345)
Gesamtpotential	1921 (9049)	2693 (8345)

(Die in Tabelle b) in Klammern angegebenen Zahlen beziehen sich auf den Stand nach Abschluss der Nachrüstung.
Die in Tabelle c) in Klammern angegebenen Zahlen geben die Gefechtsköpfe an).
Die Daten stammen vom Bundesverteidigungsministerium (a), vom Generalsekretariat der NATO (b), sowie aus dem Weißbuch des Bundesverteidigungsministeriums von 1983 (c).

gekommene Generalsekretär *Michail Gorbatschow* wollte mit seiner Politik der „Offenheit“ (*Glasnost*) und der „Umgestaltung“ (*Perestroika*) die gefährliche ökonomische Krise seines Landes beheben.
Auf dem Gebiet der Außenpolitik führte das von Gorbatschow seit 1985 proklamierte „neue Denken“ zu einem Bruch mit der bisherigen Militär- und Sicherheitspolitik der Sowjetunion. In kurzer Zeit wandelten sich die sowjetisch-amerikanischen Beziehungen tief greifend. Nach mehreren Gipfeltreffen Gorbatschows mit US-Präsident Reagan unterzeichneten beide Regierungschefs in Washington am 8. Dezember 1987 den *INF-Vertrag (Intermediate Nuclear Forces)* über eine weltweite Beseitigung aller landgestützten Mittelstreckenraketen mit einer Reichweite zwischen 500 und 5 500 km. Die Sowjetunion musste 1 500, die USA 500 Systeme verschrotten. Erstmals hatten beide Staaten einen wirklichen Abrüstungserfolg erzielt.
Die Beendigung der Unterstützung sozialistischer Regimes in der Dritten Welt (1986), der Rückzug aus Afghanistan (1988/89) und vor allem der gewaltlose Zusammenbruch der kommunistischen Parteidiktaturen in Ostmitteleuropa schufen eine bis dahin ungekannte Vertrauensbasis in der Weltpolitik. 1990 wurde das geteilte Deutschland wieder vereinigt. Neue Abrüstungsvereinbarungen über die in Europa stationierten Waffen *(Vertrag über konventionelle Streitkräfte in Europa, KSE)* sowie eine einschneidende Reduzierung der interkontinentalen Atomraketen *(Start I* und *Start II)* dokumentierten zu Beginn der Neunzigerjahre das Ende der Konfrontation zwischen den USA und der UdSSR.
In der *Charta von Paris für ein neues Europa* am 21. November 1991 verkündeten 34 Staats- und Regierungschefs feierlich das Ende der Feindschaft zwischen Ost und West. Der Rüstungswettlauf und die Ära des Ost-West-Konflikts waren zu Ende, die USA gingen daraus als die einzig verbliebene Weltmacht hervor.
Diese Rolle bestätigten sie, als 1990/91 der irakische Staatschef *Saddam Hussein* die Welt herausforderte: Irakische Truppen überfielen das ölreiche Emirat Kuwait. Als Rückzugsforderungen der Vereinten Nationen erfolglos blieben, besiegten Soldaten aus rund 30 Staaten unter dem militärischen Kommando der USA in einem sechswöchigen Krieg die irakische Armee.
Acht Jahre später demonstrierten die Vereinigten Staaten im *Kosovo-Konflikt* erneut ihre ungebrochene Führungskraft. Seit Jahren hatte dort die serbisch-jugoslawische Regierung eine massive Unterdrückungspolitik gegen die Minderheit der islamischen Albaner betrieben. Als Präsident *Miloševic* nicht bereit war, das Kosovo unter internationale Kontrolle zu stellen, entschieden sich die USA als Führungsmacht der NATO für eine militärische Intervention. Flugzeuge bombardierten wochenlang Jugoslawien, wobei erstmals seit 1945 auch wieder deutsche Soldaten in Kampfhandlungen verwickelt wurden. Am Ende musste Miloševic nachgeben.

2.10 Die USA am Ende des 20. Jahrhunderts

▲ *Der amerikanische Maler Mark Tansey demonstriert in seinem 1984 geschaffenen Gemälde „Der Triumph der New York School" die Wachablösung in der zeitgenössischen Kunst und Kultur. Französisch-europäische Künstler wie Picasso und Matisse (in Uniformen des Ersten Weltkriegs) kapitulieren vor ihren amerikanischen Kollegen (in Uniformen des Zweiten Weltkriegs).*

1981
Die Politik der Reaganomics und die Verbreitung neuer Technologien der Mikroelektronik („dritte industrielle Revolution") leiten einen lang anhaltenden Wirtschaftsaufschwung ein

▲ *Forrest Gump und John F. Kennedy: Als College-Footballstar macht Forrest trotz seines niedrigen IQ's „Geschichte".*

▲ *Er läuft weder für Frauen, Schwarze, Behinderte, den Weltfrieden oder bedrohte Tierarten, sondern weil seine Jugendliebe Jenny ihn verlassen hat.* Falsch

er läuft einfach nur so.

Forrest Gump

Einen buchstäblichen Lauf durch die Geschichte Amerikas nach dem Zweiten Weltkrieg vollführt der Titelheld des 1994 in den Kinos angelaufenen amerikanischen Spielfilms „Forrest Gump"[1]. Der Vorname „Forrest" des Ich-Erzählers erinnert an einen Helden aus dem Amerikanischen Bürgerkrieg. Sein Nachname scheint auf den ersten Blick ironisch: Das Wort „gumption" bedeutet so viel wie Grips oder Geistesgegenwart, doch besitzt die Figur des Forrest einen niedrigen Intelligenzquotienten.

Forrest (dargestellt von Tom Hanks) nimmt alles wörtlich und zeigt einen umfassenden Sinn für Treue und Gehorsam, der ihn zu einer Idealfigur des American Dream werden lässt. Das literarische Motiv des „tumben Toren", der sein Glück macht, wird in Robert Zemeckis' Film mit politischen und gesellschaftlichen Themen und Höhepunkten der amerikanischen Geschichte verbunden.

Sicher profitierte die Popularität des Films wesentlich von seinem Hauptdarsteller. Hanks war 1991 durch seine Rolle in „Philadelphia" als aidskranker Anwalt international berühmt geworden. Nach den traditionellen vorurteilsvollen Gesellschaftsbildern wie dem idealisierten „Recht des Stärkeren" im klassischen Western verkörpert jetzt Hanks in beiden Filmen einen „gesellschaftlichen Außenseiter". Dass dieser vermeintliche Außenseiter schließlich materiell als Sieger und gleichzeitig als moralisches Vorbild für jedermann aus seiner Geschichte hervorgeht, entspricht der Überzeugung politischer Korrektheit.

Political Correctness

Entstanden ist die Diskussion um die „Political Correctness" um die Mitte der 1980er-Jahre in den amerikanischen Hochschulen. Von dort hat sie sich rasch zu einem Thema mit breitem Öffentlichkeitsinteresse entwickelt. Zentrale Frage ist, ob man der seit dem Bürgerrechtsgesetz von 1964 verbotenen Diskriminierung von Minderheiten entgegenwirkt, indem man etwa Sprachregelungen zur Vermeidung rassistischer oder sexistischer Begrifflichkeiten einführt und beispielsweise Quo-

---

1) *„Forrest Gump" (USA 1993, 142 min.) Regie: R. Zemeckis; Video-Verleih: CIC-Video GmbH, Frankfurt/Main 1995*

tenregelungen schafft. Diskutiert wurde, ob solche Maßnahmen den Minoritäten und der Verständigung zwischen den verschiedenen Gruppen und der gesamten Gesellschaft nützen oder eher schaden. Heute haben viele öffentliche Institutionen entsprechende Sprach-(und Verhaltens-)Normen erlassen. Diese Regelungen entsprechen einerseits dem Bemühen, Minderheitenschutz herzustellen, wie er im 14. Verfassungszusatz für alle Einwohner der USA als „Equal protection of laws“ garantiert ist. Sie stellen andererseits – so die Kritiker – einen Angriff auf die im 1. Verfassungszusatz garantierte Redefreiheit dar.

In Hollywood sorgt seit 1991 die „Media Image Coalition of Minorities and Women“ dafür, dass alles politisch korrekt verläuft. Drehbücher müssen sich den geltenden Normen anpassen. Manche Filmkritiker bemängeln, dass politisch korrekte Filme irreal wären und dass die ethnische oder soziale Identität der Charaktere verzerrt und aus falscher Rücksichtnahme oder Angst, sich die Finger an heißen Eisen zu verbrennen, übergangen würde.

▲ *Nicht nur Polit-, sondern auch Kulturgeschichte: Gump trifft nach Elvis auch John Lennon.*

1. *Informieren Sie sich über den Film „Forrest Gump“. Nennen Sie die geschichtlichen Ereignisse und großen gesellschaftlichen Themen, auf die der Film verweist. Berücksichtigen Sie die Innen- und Außenpolitik, aber auch Sport, Gesundheitswesen, Wirtschaftsentwicklung, Rechts- und Gesellschaftspolitik.*
2. *Diskutieren Sie, inwiefern der Film über die Bindung der Themen an bestimmte Identifikationsfiguren und deren Entwicklung Wertungen vornimmt. Welche „Minderheiten“ präsentiert die Filmhandlung und wie verläuft deren Entwicklung?*
3. *Erörtern Sie die Positionen zur Political correctness. Welches sind die zentralen Argumente der Befürworter und Gegner?*

▲ *Friedensdemo in Washington: Forrest bei seiner Rede auf der Mall. Er wird für die Geschichte benutzt. Politisches Bewusstsein besitzt er nicht, er erlebt nur Privatheit. Hier: das zufällige Wiedersehen mit Jugendliebe Jenny.*

M1

Der Haushalt der Vereinigten Staaten

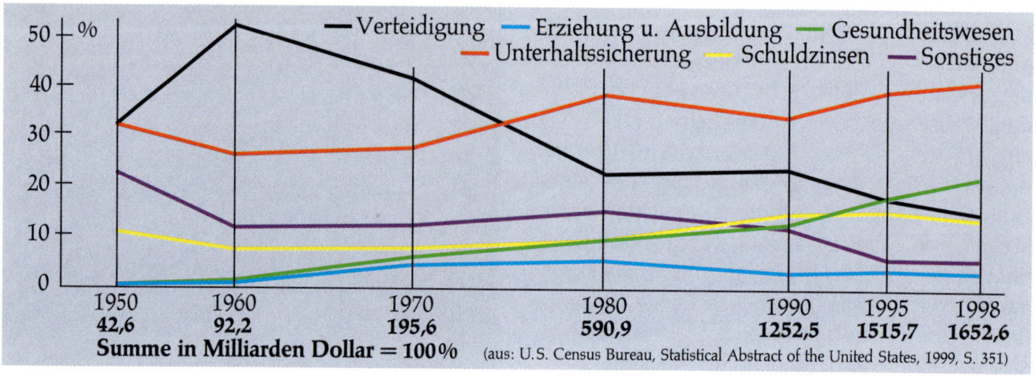

Jahr	Staatsschulden in Tausend US-Dollar	Staatsverschuldung in US-Dollar pro Kopf
1960	283 330 761	1 596
1970	370 918 707	1 825
1980	907 700 000	3 985
1985	1 823 100 000	7 598
1990	3 233 300 000	13 000
1993	4 351 200 000	16 689
1998	5 478 700 000	20 249

Udo Sautter, Lexikon der amerikanischen Geschichte, München 1997, S. 435; U.S. Census Bureau, Washington D.C. 1998

1. *Stellen Sie fest, inwieweit sich Schwerpunkte der jeweiligen Regierungspolitik im Haushalt der USA niedergeschlagen haben.*
2. *Diskutieren Sie die Chancen und Risiken einer wachsenden Staatsverschuldung. Bedenken Sie dabei die seit 1960 gewachsenen Einkommen.*

M2

Herkunft der Einwanderer in die Vereinigten Staaten (in Tausend)

Zeitraum	Deutschl.	Italien	England	Irland	Russland	Asien	Mexiko	Karibik	Gesamt
1820-1850	595	4	370	1 042			15	30	2 464
1851-1880	2 457	77	1 579	1 787	42	231	10	34	7 725
1881-1910	2 299	3 005	1 605	1 382	2 315	469	53	137	17 730
1911-1940	670	1 633	700	380	1 018	375	700	214	10 371
1941-1970	905	450	555	127	26	635	804	693	6 871
1971-1996	180	178	361	112	467	6 393	3 942	2 308	17 977
gesamt	7 106	5 347	5 170	4 820	3 868	8 103	5 524	3 416	63 140

1. *Welche auffälligen Veränderungen können Sie aus der Tabelle herauslesen?*
2. *Suchen Sie eine Erklärung dafür, welche Gründe in den Heimatländern der Einwanderer die Auswanderungswellen jeweils verursacht haben.*

M3
Der amerikanische Traum am Ende des Jahrtausends

William J. Clinton (geb. 1946) wurde als Gouverneur von Arkansas 1993 der 42. Präsident der Vereinigten Staaten. Zu seiner zweiten Amtseinführung am 20. Januar 1997 wandte er sich an die Nation.

▲ *New York: die Skyline einer Weltstadt.*

Das Versprechen für Amerika wurde im 18. Jahrhundert aus der stolzen Überzeugung heraus geboren, dass wir alle gleich geschaffen sind. Es wurde im 19. Jahrhundert erweitert und erhalten, als unsere Nation sich auf dem Kontinent ausbreitete, die Union rettete und die schreckliche Geißel der Sklaverei abschaffte.

Dann katapultierte sich dieses Versprechen in Aufruhr und Triumph auf die Weltbühne, um dieses Jahrhundert zum amerikanischen Jahrhundert zu machen.

Und was für ein Jahrhundert es war. Amerika wurde zur mächtigsten Industrienation der Welt, rettete in zwei Weltkriegen und einem langen Kalten Krieg die Welt vor der Tyrannei und reichte immer wieder über den Globus hinweg Millionen Menschen die Hand, die sich wie wir nach den Segnungen der Freiheit sehnten.

Auf dem Weg dorthin brachte Amerika eine großartige Mittelschicht und die Alterssicherung hervor, baute beispiellose Lerneinrichtungen und öffnete die öffentlichen Schulen für alle, spaltete das Atom und erforschte die Himmel, erfand den Computer und den Mikrochip, vertiefte den Urquell der Gerechtigkeit durch eine Revolution der Bürgerrechte für Afroamerikaner und alle Minderheiten und erweiterte den Kreis von Staatsbürgerschaft, Chancen und Würde auf die Frauen.

Jetzt liegt zum dritten Mal ein neues Jahrhundert vor uns und wiederum eine Zeit der Entscheidungen. Wir begannen das 19. Jahrhundert mit der Entscheidung, unsere Nation von Küste zu Küste auszubreiten. Wir begannen das 20. Jahrhundert mit der Entscheidung, die Industrielle Revolution für unsere Werte des freien Unternehmertums, des Naturschutzes und der Menschenwürde zu nutzen. Diese Entscheidungen bewirkten den Unterschied. Beim Anbruch des 21. Jahrhunderts muss ein freies Volk sich jetzt entscheiden, die Kräfte des Informationszeitalters und der globalen Gesellschaft zu formen, das unbegrenzte Potential all unserer Menschen freizusetzen und eine perfektere Union zu bilden. […]

Jeder Einzelne von uns muss auf seine Weise persönliche Verantwortung übernehmen – nicht nur für uns und unsere Familien, sondern für unsere Nachbarn und unsere Nation. Unsere größte Verantwortung besteht darin, einen neuen Gemeinsinn für ein neues Jahrhundert zu entwickeln. Damit jeder von uns Erfolg haben kann, müssen wir als ein Amerika Erfolg haben. […]

Die Trennung der Rassen ist der ewige Fluch Amerikas. Und jede neue Welle von Einwanderern ist ein neues Ziel für alte Vorurteile. Mit dem Vorwand religiöser oder politischer Überzeugung bemäntelte Vorurteile und Verachtung unterscheiden sich davon nicht. Diese Kräfte haben in der Vergangenheit beinahe unsere Nation zerstört. Sie plagen uns immer noch. Sie heizen den Fanatismus des Terrors an. Und sie quälen Millionen Menschen in gespaltenen Nationen auf der ganzen Welt. […]

Unser Gefüge rassischer, religiöser und politischer Vielfalt wird im 21. Jahrhundert ein Gottesgeschenk sein. Diejenigen, die zusammen leben, lernen und arbeiten sowie neue Bande knüpfen können, die zusammenschmieden, werden reichhaltig belohnt werden. […]

Die Welt ist nicht länger in zwei feindliche Lager gespalten. Stattdessen knüpfen wir Beziehungen zu

Nationen an, die einst unsere Gegner waren. Die wachsende Verbindung von Wirtschaft und Kultur gibt uns die Chance, den Menschen auf der ganzen Welt ein besseres Leben zu ermöglichen. Und erstmals in der Geschichte leben auf diesem Planeten mehr Menschen in einer Demokratie als in einer Diktatur. [...]

Vor 34 Jahren hielt der Mann, dessen wir heute gedenken, [...] eine Rede, die die ganze Nation aufrüttelte. Wie ein Prophet aus alten Zeiten sprach er über seinen Traum, dass sich Amerika eines Tages erhebt und alle seine Bürger als gleichberechtigt vor dem Gesetz und im Herzen behandelt. Martin Luther Kings Traum war der amerikanische Traum. Sein Streben ist unser Streben: das endlose Streben, unseren wahren Glauben zu leben. Unsere Geschichte wurde auf solchen Träumen und Mühen aufgebaut. Und mit unseren Träumen und Mühen werden wir im 21. Jahrhundert das Versprechen Amerikas erfüllen. [...]

Mögen die Generationen, deren Gesichter wir noch nicht sehen und deren Namen wir vielleicht nie kennen werden, von uns sagen können, dass wir unser geliebtes Land in ein neues Jahrhundert geführt haben, in dem der Amerikanische Traum für alle Kinder wahr wird – in dem das amerikanische Versprechen einer perfekteren Union für alle Menschen Realität ist und Amerikas helle Flamme der Freiheit auf der ganzen Welt leuchtet.

Blätter für deutsche und internationale Politik, Bonn, Heft Nr. 3 (1997), S. 373 ff.

1. *Benennen Sie die Erfolge und Probleme der amerikanischen Geschichte. Prüfen Sie, ob Bill Clinton ein vollständiges Bild der Entwicklung gibt.*
2. *Vergleichen Sie die Rede mit Kennedys New Frontier-Vision (➧ M 3, S. 124) und mit Kings Traum von einem anderen Amerika (➧ M 5, S. 127).*
3. *Arbeiten Sie aus Clintons Rede Selbstverständnis und Vision der politischen Klasse in den USA heraus.*

▲ *Illegale mexikanische Einwanderer versuchen in der Nähe von Tijuana die Grenze in die USA zu überwinden (Foto vom November 1991).*

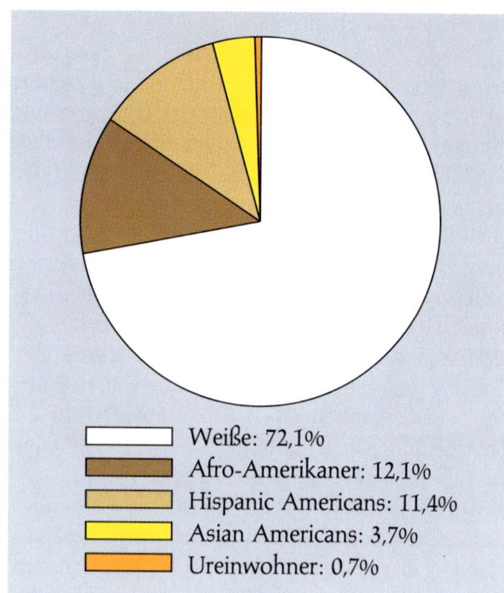

▲ *Ethnische Zusammensetzung der 270 Millionen Amerikaner im Jahr 1998. (Bureau of the Census, Washington D.C. 1998)*

M4

Die amerikanischen Probleme am Ende des Jahrhunderts

Der britische Historiker Paul Kennedy riskiert aus der Kenntnis der Geschichte und Gegenwart einen Blick ins 21. Jahrhundert.

Nichts spricht dafür, dass die Debatte über die Zukunft der amerikanischen Außenpolitik bald beendet sein wird.

Solch eine Debatte kann man nicht von innenpolitischen Belangen trennen, einfach weil die Aufrechterhaltung der weltweiten Position der Vereinigten Staaten einen hohen Preis hat. Dreihundert Milliarden Dollar pro Jahr erkauften militärische Sicherheit für die Vereinigten Staaten, aber sie lenkten auch Ressourcen – Kapital, das Personal der Streitkräfte, Materialien, Facharbeiter, Ingenieure und Wissenschaftler – von der nichtmilitärischen Produktion ab. 1988 zum Beispiel wurden über 65 Prozent der Forschungs- und Entwicklungsgelder des Bundes der Verteidigung zugeteilt, verglichen mit nur 0,5 Prozent für den Umweltschutz und 0,2 Prozent für industrielle Entwicklung. Während sich Amerika mit der Sowjetunion einen teuren Rüstungswettlauf lieferte, musste es mit Alliierten wie Japan und Deutschland um Anteile am Weltmarkt konkurrieren. Diese beiden Länder steckten weit kleinere Prozentsätze ihrer nationalen Ressourcen in das Militär, setzten auf diese Weise Kapital, Personal, Forschung und Entwicklung für kommerzielle Unternehmungen frei, die Teile der amerikanischen Industriebasis untergruben. [...]

Ein Großteil der Kontroverse um Amerikas „Abstieg und Erneuerung" konzentriert sich natürlich auf die Wirtschaft, aber im Gespräch sind auch die Schwächen des Erziehungssystems, die sozialen Probleme, der abnehmende Wohlstand der Mittelklasse, sogar die politische Kultur im Ganzen. [...]

Der täglichen Leserschaft von Amerikas Zeitungen ist die Liste der Gebrechen bis zum Überdruss vertraut: eine Gesundheitsfürsorge-„Industrie" zum Beispiel, welche die Zahl ihrer Angestellten in den Achtzigerjahren verdoppelt – und auf diese Weise die Gesamtarbeitsproduktivität gedrückt hat. Sie verbraucht etwa 12 Prozent des Bruttosozialprodukts, mehr als das Doppelte der Verteidigungsausgaben, aber sie schafft es keineswegs, eine anständige Gesundheitsfürsorge für die Bürger des Landes zu schaffen. Tatsächlich haben etwa 37 Millionen Amerikaner überhaupt keine Krankenversicherung und leiden dementsprechend. Gegen Ende der Achtziger stieg die Zahl armer Menschen mit Gesundheitsproblemen stetig an. In der Schwarzengemeinde, wo die Hälfte der Kinder unter sechs unterhalb der Armutsgrenze lebt, sind die Gesundheitsprobleme enorm und werden durch die Armut verschärft. Da die Vereinigten Staaten kein nationales Gesundheitssystem besitzen, „steht das Land auf dem letzten Rang unter den bedeutenden Industrieländern [...] in Kindessterblichkeit, Lebenserwartung und Arztbesuchen". [...]

Verschärft wird die Situation durch den hohen Drogenkonsum in den Vereinigten Staaten; nach einer Schätzung konsumiert die amerikanische Bevölkerung – die nur vier bis fünf Prozent der Weltbevölkerung ausmacht – 50 Prozent des Kokains in der Welt. [...]

Drogen ihrerseits speisen die Kriminalität, die in den USA bedeutend höher ist als irgendwo sonst in der entwickelten Welt. [...] Die Amerikaner besitzen geschätzte sechs Millionen Handfeuerwaffen und 120 Millionen Gewehre, und sie bringen einander mit einer Rate von etwa 19 000 pro Jahr um, hauptsächlich mit Handfeuerwaffen. Die Mordraten pro Kopf sind vier- oder fünfmal höher als in Westeuropa, Vergewaltigung liegt siebenmal und Raub vier- bis zehnmal höher. Experten verweisen darauf, dass diese Gewalttätigkeit kulturelle Wurzeln besitzt und nicht einfach auf die Armut zurückgeführt werden kann. Die Mordrate in New York ist sehr viel höher als die in den Slums von Kalkutta zum Beispiel. [...]

Die Auflösungserscheinungen in Amerikas Sozialordnung sind nur schwer zu bekämpfen, weil Reformen in einer politisch dezentralisierten, libertären Gesellschaft kaum durchzusetzen sind. Jeder Versuch, die Obdachlosigkeit und Armut in den Stadtzentren – und im ländlichen Süden – zu mildern, würde sehr viel Geld kosten und einen Transfer von Ressourcen von den Wohlhabenderen (die wählen) auf die Ärmeren (die das nicht tun) bedeuten. [...]

Dafür könnten die Vereinigten Staaten mit einiger Rechtfertigung behaupten, eines der besten Systeme höherer Bildung in der Welt zu besitzen. Neben vielen exzellenten Colleges gibt es staatliche

Universitätssysteme (in Kalifornien zum Beispiel oder in Wisconsin), die eine beeindruckende Anzahl von Studenten ausbilden. Vor allem aber besitzt das Land der Welt größtes Angebot an Forschungsuniversitäten und wissenschaftlichen Instituten, mit Professoren, die aus allen Ländern der Erde nach Amerika kommen und eine unverhältnismäßig hohe internationale Anerkennung genießen, was sich zum Beispiel an der Zahl der nach Amerika vergebenen Nobel-Preise zeigt. [...]

Sieht man indessen von der höheren Bildung ab, ist das Bild sehr viel weniger günstig. Viele Amerikaner sorgen sich darum, dass offensichtlich das *allgemeine* Niveau der staatlichen Schulausbildung relativ mittelmäßig ist. Seit den frühen 60ern sind die Ergebnisse von schulischen Eignungstests – was immer die wert sein mögen – beträchtlich gefallen. Trotz der Möglichkeiten, welche das kostenfreie staatliche Schulsystem bietet, verlassen die Schüler es in Rekordzahlen; zwischen 600 000 und 700 000 gehen jedes Jahr vorzeitig von der High School ab, was einem Fünftel aller High-School-Schüler gleichkommt (in den Schulen der Stadtzentren nähert sich der Anteil 50 Prozent). [...]

Was heißt dies im internationalen Vergleich? In einem kürzlichen standardisierten Wissenschaftstest, der Neuntklässlern in siebzehn Ländern vorgelegt wurde, schlossen die amerikanischen Schüler hinter denen von Japan, Südkorea und jedem westlichen europäischen Land ab, hinter ihnen lagen nur noch die Schüler aus Hongkong und den Philippinen. [...] Nur 15 Prozent aller High-School-Schüler lernen *irgendeine* fremde Sprache, und winzige zwei Prozent tun das auf mehr als zwei Jahre. Überprüfungen von durchschnittlichen High-School-Schülern auf grundlegendes Geschichtswissen sind auf große Ignoranz gestoßen (zum Beispiel wussten nur wenige, was die Reformation bedeutet). Überboten wurde das nur noch von der geografischen Unwissenheit der Amerikaner. Einer von sieben Erwachsenen, die in den letzten Jahren einen Test machten, konnte nicht einmal sein eigenes Land auf einer Weltkarte finden. [...]

Prosaischer ausgedrückt könnte man feststellen, dass die Proportionen von Amerikas Bildungsausgaben anders sind als in anderen Ländern. Unverhältnismäßig hohe 40 Prozent gehen an die höhere Bildung (was erklären mag, warum die amerikanischen Universitäten international so hohen Rang genießen), während der Anteil, der an die primäre und sekundäre Erziehung geht, dem in anderen Ländern unterlegen ist. [...]

Obwohl verschiedene Reformbewegungen ihre Sorgen über die Implikationen der globalen und inneren Trends für die Vereinigten Staaten ausgedrückt haben, macht das Wesen der amerikanischen Gesellschaft und Politik es unwahrscheinlich, dass so etwas wie ein nationaler „Plan“ für das 21. Jahrhundert auftauchen könnte – wie vielleicht in Frankreich oder Japan. Stattdessen wird es sehr differenzierte Reaktionen und örtliche Initiativen geben in der traditionellen amerikanischen Weise: Einzelstaaten und Regionen werden ihre eigenen Projekte vorantreiben; die Gemeinden werden mit den örtlichen Umweltproblemen kämpfen; Klein- und Großstädte werden auf ihre Weise versuchen, mit dem Problem der städtischen Armut fertig zu werden; einige Regionen werden von neuen ausländischen Investitionen profitieren, andere werden leiden, da amerikanische Konzerne wahrscheinlich die Produktion weiterhin nach Übersee verlegen werden; in der Geschäftswelt insbesondere wird die „Vorbereitung auf das 21. Jahrhundert“ als Sache individueller Firmenstrategie angesehen werden, nicht als Resultat eines Plans, der von Washington formuliert wird.

Nicht wenig spricht für diese Art der differenzierten, dezentralisierten, individualistischen Reaktionen auf den Wandel: Sie entspricht der Tradition des amerikanischen freien Unternehmertums und der freiheitlichen Kultur des Landes; und die Nation ist an diese Art Reaktion gewöhnt.

Paul Kennedy, In Vorbereitung auf das 21. Jahrhundert, Frankfurt/Main 1993, S. 374, 385 ff. und 411 f.

1. *Arbeiten Sie die zentralen Aussagen des Textes heraus und listen Sie positive und negative Aussagen über die Situation der Vereinigten Staaten auf. Nehmen Sie Stellung zu den im Text enthaltenen Wertungen.*
2. *Projektauftrag: Vergleichen Sie die Probleme der USA mit der Situation in der Europäischen Union, in Russland, China und Japan. Wer scheint Ihnen am besten auf das 21. Jahrhundert „vorbereitet“ zu sein? Vergleichen Sie getrennt nach Bereichen wie Wirtschaftsleben, soziale Stabilität, Bildungsstandard, politisches System, Auswirkungen militärischer Stärke.*

Machtverfall im Weißen Haus

Nach Vietnam und Watergate war das Vertrauen der Bevölkerung in die politischen Institutionen auf einen Tiefpunkt gesunken. Daran änderten auch die Nachfolger Nixons, *Gerald Ford*[1] und Jimmy Carter, nichts. Im Gefolge der weltweiten Ölkrisen 1973/74 und 1979/80 gerieten die USA in ihre tiefste Wirtschaftskrise seit den Dreißigerjahren. Weder gegen Inflation und Arbeitslosigkeit noch gegen steigende Handels- und Haushaltsdefizite hatte die Administration der immer noch führenden Wirtschaftsmacht ein Rezept.
Präsident Carter hatte seinen Kredit verspielt, als es einem US-Einsatzkommando nicht gelang, vom Iran in Teheran festgehaltene amerikanische Geiseln zu befreien. Er verlor deutlich die Wahlen gegen den republikanischen Herausforderer Ronald Reagan, der das konservative Amerika verkörperte und den Patriotismus wieder belebte.

Reaganomics

Eine grundlegende Wende erfuhr unter Präsident Reagan die amerikanische Wirtschafts- und Gesellschaftspolitik. Viele Länder der westlichen Welt folgen seither dem amerikanischen Modell. Bestandteil der so genannten *Reaganomics* waren eine Zurückdrängung staatlicher Aufgaben, eine drastische Senkung der Einkommensteuer und die Befreiung des Wirtschaftslebens von einengenden Regeln, um so den Wettbewerb anzukurbeln. (In der Folge betrug der Anteil der Staatsausgaben am Bruttosozialprodukt nur noch rund 34 Prozent. Zum Vergleich: in Deutschland ca. 50 Prozent.)
Diese Politik war erfolgreich: Millionen von Arbeitsplätzen wurden im Dienstleistungsgewerbe neu geschaffen. Die Arbeitslosigkeit – meist über fünf Prozent pendelnd – blieb weit unter europäischen Verhältnissen. Die prosperierende Wirtschaft verhalf Reagan und seinem Nachfolger *George Bush*[2] zu zwei weiteren republikanischen Wahlsiegen.
Dennoch fällt die Bilanz der Reaganomics nicht uneingeschränkt positiv aus. Der aufgeblähte Rüstungsetat türmte im Verbund mit den gesunkenen Staatseinnahmen einen gewaltigen Schuldenberg auf, der sich zwischen 1980 und 1995 auf 4,7 Billionen Dollar verfünffachte. Das frühere Gläubi-

▲ *Ronald Reagan, erst als Siebzigjähriger ins Amt des Präsidenten gekommen, nutzte bei Fernsehansprachen und öffentlichen Pressekonferenzen geschickt die Möglichkeiten des Medienzeitalters („Fernsehpräsidentschaft"). Die Mehrheit der Amerikaner überzeugte sein Führungsstil: eine klare ideologische Linie, verbunden mit taktischer Flexibilität und einer gewissen Lässigkeit in Detailfragen.*

1) Gerald R. Ford (geboren 1913), republikanischer Führer im Repräsentantenhaus, wurde 1973 Nixons Vizepräsident. Er übernahm nach dessen Rücktritt 1974 das Präsidentenamt. Nicht zuletzt, weil er Nixon durch eine Amnestie vor Strafverfolgung geschützt hatte, unterlag Ford bei den Wahlen 1976 dem demokratischen Kandidaten Carter.

2) George H. Bush (geboren 1924), von 1981 bis 1989 Vizepräsident, Präsident von 1989 bis 1993. Die Wiederwahl des außenpolitisch erfolgreichen Politikers scheiterte in erster Linie an einer kurzzeitigen Konjunkturschwäche.

gerland USA wurde zur größten Schuldnernation der Welt. Auch kam der Wirtschaftsaufschwung nur einer Minderheit zugute. Seit dem Zweiten Weltkrieg waren die Einkommensunterschiede zwischen Arm und Reich noch nie so groß. Und während der geschäftlich erfolgreiche *young urban professional (Yuppie)* zum Leitbild der Gesellschaft stilisiert wurde, stagnierten die Realeinkommen der meisten Arbeitnehmer und der Mittelschichten. Der Anteil der unter der Armutsgrenze lebenden Bevölkerung sank in der Reagan-Ära nur geringfügig auf 13,5 Prozent oder 33,6 Millionen Menschen (1990). Zusätzliche Härten entstanden, weil die Regierung aus Haushaltsgründen die Sozial- und Bildungsausgaben beschnitt. Der Anteil der Sozialleistungen am Bruttosozialprodukt sank zwischen 1976 und 1989 von 19,6 auf 18,2 Prozent.
Den Ausgleich des gewaltigen Haushaltsdefizits als eines der dringendsten Probleme übernahm der Nachfolger Bushs, *Bill Clinton* (➧ M 1). Obwohl der Demokratischen Partei angehörend, steuerte Clinton einen gemäßigt konservativen Kurs, da er seit 1995 auf eine republikanische Mehrheit im Kongress angewiesen war.
Während seiner Präsidentschaft bauten die USA – angetrieben vom technologischen Fortschritt in der Mikroelektronik – ihre führende Rolle in Wissenschaft und Wirtschaft aus. Ein vermutlich epochaler Fortschritt gelang amerikanischen Wissenschaftlern mit der Entschlüsselung des menschlichen Erbguts, die im Juni 2000 in einer Zeremonie im Weißen Haus bekannt gegeben wurde.
1998 hatte Clinton eine Affäre mit *Monica Lewinsky*, einer Praktikantin im Weißen Haus, zugeben müssen. Weil der Verdacht auf Meineid und Rechtsbeugung bestand, wollte das Repräsentantenhaus ein Amtsenthebungsverfahren gegen den Präsidenten einleiten. Dank Clintons Popularität in der Bevölkerung fand das *impeachment* im Senat aber nicht die erforderliche Mehrheit.

Der „Schmelztiegel“: Amerika an der Schwelle zum dritten Jahrtausend

Die Bevölkerung der Vereinigten Staaten wächst unaufhörlich, von 1960 bis in die Neunzigerjahre von knapp 180 Millionen auf über 260 Millionen. Maßgeblichen Anteil daran hat die Tatsache, dass Jahr für Jahr mehrere hunderttausend Menschen zuwandern. Da fast 90 Prozent der Einwanderer aus Südamerika, der Karibik und Asien stammen, verliert die britisch-europäische Kultur langsam, aber sicher ihre prägende Kraft in der Öffentlichkeit. Dies gilt in besonderem Maße für die Südstaaten. In Kalifornien gehört mittlerweile fast die Hälfte der Bevölkerung den so genannten „Minderheiten“ an. Inwieweit der Weg in eine „multikulturelle Gesellschaft“ gelingt, muss die Zukunft zeigen (➧ M 2).
Verbessert hat sich die Lage der über 30 Millionen Afroamerikaner. Viele haben den Aufstieg in die Mittelschicht geschafft (fast die Hälfte lebt in einem eigenen Haus). Einem kleinen Kreis ist darüber hinaus der Sprung auf einflussreiche Positionen in Politik, Militär oder Wirtschaft gelungen. Aber nach wie vor sind Schwarze weit überdurchschnittlich von Arbeitslosigkeit und Armut betroffen. Gut ein Drittel lebt in den Slums der Großstädte, ohne Chancen, dem Teufelskreis von Hoffnungslosigkeit, Drogen, Aids, Gewalt und Verbrechen zu entrinnen. Auch viele Hispanics durchleben ein ähnliches Schicksal, während die asiatischen Immigranten sich erfolgreich in der Gesellschaft behaupten.
Ob die Vereinigten Staaten im 21. Jahrhundert ihre Führungsrolle in der Welt behalten werden, wird nicht zuletzt davon abhängen, ob sie ihre inneren soziokulturellen Probleme bewältigen werden (➧ M 3, M 4).

▲ *Die weltweite Computertechnologie wird ebenso von den USA dominiert wie das Internet, das als Verbund militärischer und wissenschaftlicher Datenträger 1969 von US-Behörden ins Leben gerufen wurde. William H. Gates (oben rechts, geb. 1955 in Seattle) gründete 1975 die Firma Microsoft und wurde durch die Entwicklung und den Vertrieb von Anwenderprogrammen, die die globale Marktführerschaft eroberten, zum reichsten Mann der Welt. Im Jahr 2000 verlor er allerdings 12 Milliarden Dollar an einem Tag , als ein Gericht die Aufspaltung des Konzerns androhte.*

Eine schriftliche Quelle analysieren und interpretieren

1. Klären Sie zunächst Ihnen unbekannte oder unklare Begriffe.
2. Sammeln Sie Hinweise und Informationen über
   a) den Autor: seine Funktion, seinen Beruf, seine soziale Stellung und Lebensumstände, seine politische Haltung, seinen Bezug zum Thema,
   b) die Entstehungszeit der Quelle, die Einordnung in den historischen Kontext (Anlass, Umstände),
   c) die Gattung der Quelle (*primär:* Urkunde, Vertrag, Rede, Brief, Tagebuch, Flugblatt, Denkschrift, Lebenserinnerungen, Zeitungsartikel; *sekundär:* nachträglich verfasste Beschreibung eines Ereignisses oder einer Person; wissenschaftliche Arbeit) und deren spezifische Kennzeichen sowie ihre begrifflichen und sprachlichen Besonderheiten,
   d) die Intentionen (Zweck, Absichten), die Perspektive der Darstellung, mögliche Defizite, die Interessenlage und den Standort des Verfassers, seine Wertungen, Belege, Lücken, Glaubwürdigkeit und Urteilsfähigkeit,
   e) die Adressaten des Textes (eventuelle Beeinflussungsversuche durch den Autor?).
2. Erarbeiten Sie dann aus Ihren Notizen strukturiert und prägnant
   a) die *formalen Merkmale* der Quelle, beschreiben Sie übersichtlich und nachvollziehbar in eigenen Worten den Aufbau und Gang der (plausiblen?) Argumentation,
   b) die *inhaltlichen Aussagen*, um das Verständnis zu klären, und belegen Sie Ihre erläuternden Aussagen mit wichtigen, besonders markant formulierten Zitaten aus der Vorlage. Ziehen Sie ein Fazit.
3. Prüfen Sie abschließend kritisch den *Gehalt*, nennen Sie erkannte *Probleme*. Ordnen Sie die Ergebnisse Ihrer Quellenanalyse in den historischen Kontext ein.

Mit wissenschaftlichen Texten (Sekundärliteratur) arbeiten

1. Bestimmen Sie nach dem ersten Lesen das Problem, um das es dem Autor geht, und eventuell seine Absicht.
2. Gliedern Sie den Text. Unterstreichen Sie wichtige Aussagen. Beschränken Sie sich dabei weitgehend auf das Markieren einzelner Wörter (Schlüsselbegriffe). Fassen Sie in eigenen Worten die wesentlichen Aussagen zusammen. Zitieren Sie dabei kurze, besonders aussagestarke Textstellen und erläutern Sie diese. Ziehen Sie ein abstrahierendes Fazit.
3. Prüfen Sie die Art der Darstellung: Dominieren Thesen und Beispiele oder werden Argumente sorgfältig entwickelt? Was wird festgestellt? Was wird erklärt? Was will der Autor zeigen? Werden die Aussagen belegt? Ist die Darstellung multiperspektivisch? Wie wird gewertet? Welche Kriterien sind dem Autor dabei wichtig? Formulieren Sie selbst Einwände gegen die Darstellung, falls es Ihnen notwendig erscheint.

Eine Statistik auswerten

Zu unterscheiden sind Zahlentabellen und Diagramme. Sie präsentieren und veranschaulichen ermittelte Daten und zeigen, wie sich Mengen im Laufe einer Zeiteinheit verändern, wie sich eine Gesamtzahl in Teile gliedern lässt oder welchen Anteil bestimmte Gruppen am Ganzen haben. Um gültige Aussagen zu erlangen, benötigen wir möglichst viele, einheitliche, untereinander vergleichbare, lückenlose Angaben über eine Sache oder einen Zusammenhang. Meistens sind die in diesem Buch abgedruckten Tabellen bereits bearbeitet worden. Die ihnen zugrunde liegenden ursprünglichen Rohdaten wurden beispielsweise für eine Region zusammengefasst, in einer überschaubaren Messgröße vereinheitlicht, umgerechnet oder nach bestimmten Gesichtspunkten ausgewählt und sortiert.

1. Sammeln Sie zunächst die Aussagen zu Thema, Zeit, Raum, Messgrößen sowie ihre Beziehung zueinander.
2. Ermitteln Sie die Art der verwendeten Daten. Achten Sie auf Prozentwerte oder Indexierungen (Verhältniszahlen, die sich auf einen gleich 100 gesetzten Wert eines Ausgangsjahres beziehen).
3. Vergleichen Sie die Angaben in den einzelnen Zeilen und Spalten miteinander. Achten Sie auf besonders hohe und niedrige Werte. Suchen Sie dabei nach Schwerpunkten und Trends. Beschreiben und erläutern Sie die Veränderungen. Ermitteln Sie Gründe dafür.
4. Stellen Sie Ihre Erkenntnisse in den Zusammenhang mit anderen Informationsquellen. Vergleichen Sie die Aussagen miteinander.
5. Fassen Sie Ihre Arbeitsergebnisse in einem strukturierten Text prägnant und so klar nachvollziehbar zusammen, dass sie für andere ohne Blick auf das bearbeitete Material verständlich sind.
6. Sie können Statistiken sich selbst und anderen veranschaulichen, indem Sie diese in Diagramme umwandeln. Für den Vergleich absoluter Werte eignen sich Säulen, für langfristige Entwicklungen bieten sich Kurven an und in Kreisen lassen sich gut prozentuale Teile eines Ganzen zeigen.

Historische Karten lesen

Geschichtskarten berücksichtigen räumliche, chronologische, thematische und quantitative Aspekte. Sie setzen geografische Bedingungen in eine Beziehung zu historischen Zuständen und Entwicklungen.

1. Welche Bedeutung haben die Zeichen der Legende? Worüber informiert die Karte? Auf welche Region und Zeit beziehen sich ihre Aussagen? Zeigt sie einen Zustand oder eine Entwicklung? Was ist wann wo in welchem Ausmaß vorhanden?
2. Formulieren Sie anschließend, welche Schlussfolgerungen sich ziehen lassen, wenn Sie die einzelnen Fakten miteinander verknüpfen und im Zusammenhang betrachten. Ziehen Sie bei Bedarf andere Quellen heran, um Ihre Erkenntnisse abzusichern oder zu erweitern.

Bildquellen interpretieren

Karikaturen

Karikaturen sind gezeichnete Kommentare. Sie gehen von der Realität aus, die sie jedoch subjektiv vereinfachen und verzerrt wiedergeben, um einen zentralen Aspekt hervorzuheben. Sie zeigen Schwächen von Personen, kritisieren Zustände und Entwicklungen, wollen sie vielleicht verändern.
Meist finden Sie unter dem Bild eine kurze Textzeile, beispielsweise die Aussage einer Person, eine bekannte Redewendung, ein mehrdeutiges Stichwort.

1. Klären Sie zunächst den Bildinhalt.
2. Erläutern Sie dann seinen historischen Kontext, bevor sie schließlich
3. die Intention bestimmen und
4. die Wirkung kommentieren.

Plakate

Plakate sollen Aufmerksamkeit wecken und müssen auf den ersten Blick wirken. Auch sie vereinfachen deshalb eine beabsichtigte Aussage.

1. Beschreiben Sie die bildliche Darstellung. Achten Sie auf dominierende Farben, die mit ihnen verbundenen Assoziationen und auf Symbole.
2. Erläutern Sie den Text und stellen Sie eine Beziehung zwischen ihm und dem Motiv her. Berücksichtigen Sie die Entstehungszeit und den Ort der Veröffentlichung.
3. An welche Adressaten wendet sich das Plakat? Wer hat es entwerfen lassen? In welcher Absicht?
4. Schließen Sie aufgrund Ihrer Kenntnisse aus anderen Materialien auf die Mentalität der Zielgruppen. Berücksichtigen Sie dabei den „Zeitgeist".

Fotos

1. Beschreiben Sie möglichst genau, was das Bild zeigt (Personen, Objekte, Umgebung).
2. Handelt es sich um eine (zufällige) Amateur- oder um eine (geplante/bestellte) Profiaufnahme?
3. In welcher Absicht wurde fotografiert? Für wen? Berücksichtigen Sie den Kontext (Entstehungszeit und -ort).
4. Entdecken Sie Hinweise auf Manipulationen (Retuschen, Montagen, unpassende Übergänge und Perspektiven)?

Gemälde

1. Ausgangspunkt ist wie bei jeder Bildquelle die genaue Beschreibung des Kunstwerks (Formen, Farben, Bildaufbau, Personen, Gegenstände, Raumbeziehungen, Größenverhältnisse, Perspektive).
2. Erklären und deuten Sie danach die verwendeten bildlichen Elemente vor dem historischen Hintergrund des Dargestellten.
3. Bestimmen Sie schließlich die Bildaussage des Künstlers (Intention).
4. Hatte der Künstler einen Auftraggeber? Aus welchem Anlass und für welchen Zweck entstand das Kunstwerk?
5. Berücksichtigen Sie bei jedem Arbeitsschritt Ihre im Kunstunterricht erworbenen spezifischen Kenntnisse oder informieren Sie sich aus der Literatur über Kennzeichen jener Epoche, der das Bild zuzuordnen ist.

Filme

1. Fassen Sie zunächst den Gang der Handlung knapp zusammen. Nennen Sie dabei besonders Ort und Zeit. Wird fortlaufend „erzählt" oder gibt es Sprünge?
2. Charakterisieren Sie die wichtigsten Personen. Bestimmen Sie ihre Beziehung(en) zueinander.
3. Ermitteln und erläutern Sie zeittypische Merkmale des Films. Berücksichtigen Sie allgemeine Grundsätze filmischer Gestaltung. Ziehen Sie eventuell ein Filmlexikon zu Rate, um Ihren Blick zu schärfen.
4. Informiert der Film sachlich? Prüfen Sie kritisch politische oder ideologische Aussagen vor dem Hintergrund der Entstehungszeit des Films.
5. Gab es Reaktionen auf den Film, die Ihnen bei der Interpretation helfen?
6. Ist der Film ein historisches Dokument? Erläutern und begründen Sie Ihr zusammenfassendes Urteil.

Bauwerke

Wir gehen hier davon aus, dass Ihnen Abbildungen von Bauwerken im Arbeitsbuch vorliegen. Deshalb zählen wir sie zu den *Bild*quellen.

1. Wer ließ das Gebäude/Bauwerk errichten oder entwerfen?
2. Welchen Zwecken sollte das Bauwerk dienen?
3. Wurde der Bau verwirklicht? Wie lange wurde von wem an dem Bauwerk gearbeitet? Wer bezahlte es?
4. Was kennzeichnet das Bauwerk (Stilelemente, Form, Größe, Platzierung, Besonderheiten)?
5. In welchem Zusammenhang stehen Stil und Funktion des Baus? Ziehen Sie bei Bedarf für architekturgeschichtliche Aspekte ein Fachbuch oder Speziallexikon heran.
6. Welche Reaktionen auf das Bauwerk gab es? Wurde es später verändert? Warum?

Adams, Willi Paul (Hrsg.): Länderbericht USA, 3. Auflage, Bonn 1999
Adams, Willi Paul: Die USA im 20. Jahrhundert, München 2000
Angermann, Erich: Die Vereinigten Staaten von Amerika als Weltmacht. Innen- und außenpolitische Entwicklung seit 1917, 9. Auflage, München 1995
Behringer, Wolfgang: Lust an der Geschichte: Amerika. Die Entdeckung und Entstehung einer neuen Welt. Ein Lesebuch, München/Zürich 1992
Czempiel, Ernst-Otto, und Carl-Christoph Schweitzer: Weltpolitik der USA nach 1945. Einführung und Dokumente, Bonn 1984
Dahms, Hellmuth Günther: Grundzüge der Geschichte der Vereinigten Staaten, 4. Auflage, Darmstadt 1997
Dippel, Horst: Geschichte der USA, München 1996
Dittgen, Herbert: Amerikanische Demokratie und Weltpolitik. Außenpolitik in den Vereinigten Staaten, Paderborn u.a. 1998
Espenhorst, Jürgen: Arbeitsgesellschaft USA. Eine Einführung aus deutscher Sicht, Schwerte 1995
Flexner, Eleanor: Hundert Jahre Kampf. Die Geschichte der Frauenrechtsbewegung in den Vereinigten Staaten, Frankfurt/Main 1978
Förster, Heinz (Hrsg.): Was ist ein Amerikaner? Zeugnisse aus dem Zeitalter der Amerikanischen Revolution, Leipzig/Weimar 1987
Fraenkl, Ernst: Das amerikanische Regierungssystem, 4. Auflage, Köln/Opladen 1981
Franklin, John Hope, und Alfred A. Moss jr.: Von der Sklaverei zur Freiheit. Die Geschichte der Schwarzen in den USA, Berlin 1999
Franklin, John Hope: Negro. Die Geschichte der Schwarzen in den USA, Frankfurt/Main 1983
Frantz, Klaus: Die Indianerreservationen in den USA, 2. Auflage, Stuttgart 1995
Fröhlich, Stefan: Amerikanische Geopolitik. Von den Anfängen bis zum Ende des Zweiten Weltkriegs, Landsberg/Lech 1998
Greiner, Ulrich: Gelobtes Land. Amerikanische Schriftsteller über Amerika, Reinbek bei Hamburg 1997
Guggisberg, Hans R.: Geschichte der USA, 2. Auflage, Stuttgart 1988
Hacke, Christian: Zur Weltmacht verdammt: Die amerikanische Außenpolitik von Kennedy bis Clinton, Berlin 1997
Heideking, Jürgen (Hrsg.): Die amerikanischen Präsidenten. 41 historische Portraits von George Washington bis Bill Clinton, 2. Auflage, München 1997
Heideking, Jürgen, und Vera Nünning, Einführung in die amerikanische Geschichte, München 1998
Heideking, Jürgen: Geschichte der USA, 2. Auflage, Tübingen/Basel 1999
Helbich, Wolfgang (Hrsg.): Briefe aus Amerika: Deutsche Auswanderer schreiben aus der neuen Welt. 1830 – 1930, München 1988
Helms, Erwin: USA. Staat und Gesellschaft, 9. Auflage, Hannover 1993
Holtfrerich, Carl Ludwig (Hrsg.) Wirtschaft USA. Strukturen, Institutionen und Prozesse, München/Wien 1991.
Hübner, Emil: Das politische System der USA. Eine Einführung, 3. Auflage, München 1993
Hughes, Robert: Bilder von Amerika. Die amerikanische Kunst von den Anfängen bis zur Gegenwart, München 1997
Jäger, Wolfgang (Hrsg.): Regierungssystem der USA, 2. Auflage, München 1998
Jäger, Wolfgang, und Wolfgang Welz (Hrsg.): Regierungssystem der USA. Lehr- und Handbuch, München 1995
Jakobeit, Cord, Ute Sacksofsky und Peter Welzel (Hrsg.): Die USA am Beginn der neunziger Jahre, Opladen 1993

Junker, Detlev: Von der Weltmacht zur Supermacht: Amerikanische Außenpolitik im 20. Jahrhundert, Mannheim 1995
Kronzucker, Dieter: Unser Amerika, Reinbek bei Hamburg 1987
Landauer, Carl: Sozial- und Wirtschaftsgeschichte der Vereinigten Staaten von Amerika, Stuttgart 1981
Larres, Klaus von, und Torsten Oppelland (Hrsg.): Deutschland und die USA im 20. Jahrhundert. Geschichte der politischen Beziehungen, Darmstadt 1997
Lindig, Wolfgang (Hrsg.): Indianische Realität. Nordamerikanische Indianer in der Gegenwart, München 1994
McNamara, Robert S., und Brian VanDeMark: Vietnam. Das Trauma einer Weltmacht, Hamburg 1996
McPherson, James M.: Für die Freiheit sterben. Die Geschichte des amerikanischen Bürgerkrieges, 2. Auflage, München 1995
Meuschel, Sigrid: Kapitalismus oder Sklaverei. Die langwierige Durchsetzung der bürgerlichen Gesellschaft in den USA, Frankfurt/Main 1981
Moltmann, Günter: USA-Ploetz. Geschichte der Vereinigten Staaten zum Nachschlagen, 4. Auflage, Würzburg 1998
Ostendorf, Berndt (Hrsg.): Multikulturelle Gesellschaft. Modell Amerika? München 1994
Raeithel, Gert: Geschichte der nordamerikanischen Kultur, 3 Bände, 2. Auflage, Stuttgart 1986-1989
Redling, Julius: Kleines USA-Lexikon. Wissenswertes über Land und Leute, 2. Auflage, München 1995
Rode, Reinhard: USA, München 1992
Sautter, Udo: Geschichte der Vereinigten Staaten von Amerika, 5. Auflage, Stuttgart 1994
Sautter, Udo: Lexikon der amerikanischen Geschichte, München 1997
Schäfer, Peter: Alltag in den Vereinigten Staaten. Von der Kolonialzeit bis zur Gegenwart, Graz/Wien/Köln 1998
Schambeck, Herbert, Helmut Widder und Marcus Bergmann (Hrsg.), Dokumente zur Geschichte der Vereinigten Staaten von Amerika, Berlin 1993
Schlissel, Lillian (Hrsg.): Frauentagebücher aus dem Wilden Westen, 2. Auflage, Hamburg 1983
Schröder, Hans-Christoph: Die Amerikanische Revolution. Eine Einführung, München 1982
Shell, Kurt L.: Das politische System der USA, Stuttgart 1975
Taylor, Colin: Die Mythen der nordamerikanischen Indianer, 2. Auflage, München 1996
Tenbrock, Christian: Amerika - wohin?, Stuttgart 1996
Terkel, Studs: Arm und reich. Das Amerika der Reagan-Ära. Zeitzeugen sprechen, München 1990
Van der Heyden, Ulrich (Hrsg.): Indianer-Lexikon. Zur Geschichte und Gegenwart der Ureinwohner Nordamerikas, Berlin 1992
Wasser, Hartmut (Hrsg.): USA. Wirtschaft – Gesellschaft – Politik, 3. Auflage, Opladen 1996
Wasser, Hartmut: Die USA – der unbekannte Partner. Materialien und Dokumente zur politisch-sozialen Ordnung der Vereinigten Staaten von Amerika, Paderborn 1983
Wehler, Hans-Ulrich: Grundzüge der amerikanischen Außenpolitik 1750-1900, Frankfurt/Main 1984
Wersich, Rüdiger: USA-Lexikon. Schlüsselbegriffe zu Politik, Wirtschaft, Gesellschaft, Kultur, Geschichte und zu den deutsch-amerikanischen Beziehungen, Berlin/Bielefeld/München 1995
Winter, Rolf: Gottes eigenes Land? Werte, Ziele und Realitäten der Vereinigten Staaten von Amerika, München 1993

Personenregister

Sachregister

Bildnachweis

Archiv für Kunst und Geschichte, Berlin (11); Bavaria, Gauting (2); Chicago Historical Society Museum, Chicago (2); Cinetext, Frankfurt (2); Deutsche Presse-Agentur, Frankfurt (1); Diethelm Knauf, Bremen (1); DIZ, Süddeutscher Verlag, Bilderdienst, München (5); Frankfurter Allgemeine Zeitung, Frankfurt (1); Globus Infografik, Hamburg (1); Houghton Mifflin Company, History of the United States, Volume 2, Civil War to the Present, Boston (5); Interfoto, München (4); Jamestown-Yorktown Foundation, Virginia (1); Keystone, Hamburg (1); Library of Congress, Washington (4); Ludwig Forum, Aachen (1); Musée Nationaux, Paris (1); Museum of Fine Arts, Springfield (1); Preußischer Kulturbesitz, Berlin (6); Sony Video Print, (8); Tate Gallery, London (1); The Associated Press, Frankfurt (5); The Museum of the City of New York, New York (2); The Oakland Museum, Oakland/California (1); Ullstein Bilderdienst, Berlin (1); Universitätsbibliothek, Freiburg (1); Verlagsarchiv.